本书为华中科技大学文科"双一流"建设项目"国家治理湖北省协同创新中心建设专项"基金资助成果

社会认识与社会形态研究丛书

欧阳康◎主编

大数据与社会认识论

DASHUJU YU SHEHUI RENSHILUN

▶ 欧阳康/主编

中国社会科学出版社

图书在版编目（CIP）数据

大数据与社会认识论／欧阳康主编． -- 北京：中国社会科学出版社，2024.9． --（社会认识与社会形态研究丛书）． -- ISBN 978 - 7 - 5227 - 3819 - 2

Ⅰ．C91 - 02

中国国家版本馆 CIP 数据核字第 2024U1E843 号

出 版 人	赵剑英
责任编辑	喻　苗
责任校对	胡新芳
责任印制	王　超

出　版	中国社会科学出版社
社　址	北京鼓楼西大街甲 158 号
邮　编	100720
网　址	http：//www.csspw.cn
发行部	010 - 84083685
门市部	010 - 84029450
经　销	新华书店及其他书店
印　刷	北京君升印刷有限公司
装　订	廊坊市广阳区广增装订厂
版　次	2024 年 9 月第 1 版
印　次	2024 年 9 月第 1 次印刷
开　本	710×1000　1/16
印　张	17.75
字　数	231 千字
定　价	95.00 元

凡购买中国社会科学出版社图书，如有质量问题请与本社营销中心联系调换
电话：010 - 84083683
版权所有　侵权必究

总　序

在大家的共同努力下,"社会认识与社会形态研究丛书"由中国社会科学出版社出版发行了。

自笔者于1986年起在国内哲学界倡导并实际开展社会认识论研究以来,我们关于社会认识论的思考与研究已经走过30多年的学术历程。总体上看,我们这个学术团队对于社会认识论的研究大体可以分为四个阶段。第一阶段的研究以《社会认识论导论》的出版为标志,主要围绕论题确立、学科界说、体系构建、特点探析来展开,这一阶段的研究为社会认识论研究廓清了外围,奠定了基础;第二阶段研究的主要成果是《社会认识方法论》(武汉大学出版社1998年版),主要任务是将研究由理论层面向方法论层面延展,突出社会认识方法论,使社会认识论的理论成果转化为可供实践和操作借鉴的方法论和方法论原则;第三阶段的研究将人文社会科学哲学作为主攻方向,因为人文社会科学是在理论层面上展开的社会认识活动的专门化和典型化形式,社会认识论要在帮助人们更加科学地认识社会和自我方面发挥作用,就必须关注人文社会科学,这一阶段的研究成果集中体现在《人文社会科学哲学》（武汉大学出版社2001年版）这部著作中；第四阶段是在实践哲学的基点上进一步开展社会形态和认识问题的研究。

立足于一个新的学术和时代高度来看社会认识论的发展，这些年来经历了不断的拓展和深化历程。首先，研究视野不断拓展，由比较狭义的社会认识活动进入对于社会认识与社会形态及其互动关系问题的广泛关注；其次，研究思路不断更新，由比较单一的认识论研究到与本体论、价值论、评价论、实践论、决策论等研究思路的综合应用；再次，研究方法不断丰富，大量借用哲学和现代科学方法论，并努力综合地运用和解答问题；最后，问题意识更加鲜明，越来越清晰地指向当代人类和中国的重大理论与实践问题，并且力求做出有理论深度和对策论意义上的解读。

社会认识论的研究得以持续发展，一个重要的因素是博士和硕士生们不断地加盟。笔者自1989年开始招收硕士生，1994年开始招收博士生，先后有一百多位博士生和硕士生加入社会认识论的研究队伍，形成了一个非常和谐协调的社会认识论研究共同体。研究生们不仅积极参加到社会认识论的课题研究中，也以社会认识论作为学位论文的主攻方向，提出和研究了一系列新问题，推动了社会认识论的研究。据不完全统计，先后撰写的比较直接相关的硕士学位论文题目有：《社会认识的评价机制》（乔志勇），《社会认识的预见机制》（何小玲），《社会认识的观测机制》（种海峰），《社会认识的进化机制》（李勇），《社会认识的客观性》（张建华），《简论社会时间》（李学明），《简论社会空间》（王晓华），《简论社会和谐》（田伟宏），《简论社会心态》（胡红生），《简论社会预警》（潘斌），《简论民族精神》（吴兰丽）等。

与此同时，一批博士研究生参与到社会认识论研究，撰写了一批博士学位论文，其中不少论文已经结集出版。例如郑文先的《社会理解论》、刘远传的《社会本体论》、叶泽雄的《社会理想论》、张理海的《社会评价论》和李勇的《社会认识进化论》等已经由武汉大学出版社收入我所主编的"当代人文社会科学哲学研究丛书"出版；吴畏的《实践合理性》、张明仓的《实践意志论》和邹诗鹏的博士后出站报告《实践生存论》由广西人民出版社纳入我所主编的"实践哲学丛书"出版；夏建国的《实践规范论》由中国社会科学出版社出版；孙德忠的《社会记忆论》和董慧的《社会活力论》分别由湖北人民出版社出版；林世选的《国民素质论》由中央编译出版社出版；等等。

本丛书意在进一步推出社会形态与社会认识方面的研究成果，希望它能够成为一个开放的系列，将相关的优秀博士学位论文和研究成果持续纳入其中。首批出版由七部专著组成。其中《社会认识论导论》是我的博士学位论文，于1990年由中国社会科学出版社纳入胡绳主编的"中国社会科学博士论文文库"出版，迄今已经整整30年了，市面上早已无法购得。蒙出版社领导厚爱，《社会认识论导论》此次得以修订再版。其余六部著作都是近年来我所指导的博士在各自博士学位论文的基础上修订完善后首次出版的，有杨国斌博士的《社会阶层论》，胡红生博士的《社会心态论》，潘斌博士的《社会风险论》，谷生然博士的《社会信仰论》，王能东博士的《技术生存论》，谢俊博士的《虚拟自我论》等。它们在社会认识与社会形态领域分别进行了细致入微的探讨。我们衷心希望本丛书的出版有助于社会认识论研究的深化和发展，当然也衷心欢迎和希望来自各方面的批评指教。

中国社会科学出版社的领导和各位编审关心学术建设，积极参加本丛书的策划与编审。赵剑英社长从一开始就介入了本丛书的策划并提出了宝贵意见和建议，为本丛书增色添辉。责任编辑们积极参与本丛书的设计与审校，对本丛书的最终出版付出了大量辛勤的劳动。我们对他们的学术气魄和远见卓识表示由衷的敬意和谢忱。

欧阳康

2020 年 8 月

目 录

前 言……………………………………………………………（1）

一

邹宏如教授致辞……………………………………………（3）
冯颜利研究员致辞…………………………………………（6）
欧阳康教授致辞……………………………………………（9）

二

大数据、社会复杂性与社会认识论研究论纲…………欧阳康（19）
社会认识论视域中的数字化时代民众意愿表达………陈新汉（25）
从否定辩证法的视角看社会认识…………………………王晓升（35）
从社交推荐的逻辑看社会认识论…………………………吴　畏（40）
无人驾驶电车难题的伦理审视……………………………潘　斌（44）
大数据时代的"康德幻象"及其批判 ……………………张　梧（48）
大数据、因果关系与科学方法……………………………张贵红（52）

三

数字文字学和算法治理技术
　　——数字资本主义时代的再生产……………………蓝　江（63）

大数据、晚期资本主义与全球正义……………………李哲罕（84）
大数据时代：数字活力与大数据社会治理
　　探析……………………………………董　慧　李菲菲（97）
大数据视域下加强社会公共安全体系建设的
　　思考………………………………………张云筝　丁壮（112）
论技术在社会统治中的应用：马克思、马尔库塞和
　　福柯的观点………………………………………刘光斌（127）
中华民族形象对外传播的话语体系转换……………李春燕（145）
大数据时代的认识论重塑………………………………余乃忠（159）
大数据与美学新思维……………………………………陶　锋（178）
新时代高校志愿服务在社区治理中的重塑
　　——基于大数据的视角……………冯旺舟　戴芸芸（195）
门户主体、数字对象与非人交往
　　——智能社会认识论刍议…………………………张　炯（209）
网络信息污染的伦理反思与调控策略…………………黄露蓉（221）
大数据背景下生态治理现代化的实施建议
　　——以福建省生态云平台为例……………………叶　燕（232）
民族地区智慧城市建设及路径探析
　　——以青海省玉树市为例…………郑昊霖　查　妍（242）

四

附录一　大数据与社会认识论：追本溯源、领域拓展
　　　　及其实践探索……………………………………胡志康（261）
附录二　中国辩证唯物主义研究会社会认识论专业委员会
　　　　理事会成员名单……………………………………（271）

前　言

2020年12月11日至12日,"大数据与社会认识论"高端论坛暨中国辩证唯物主义研究会社会认识论专业委员会2020年年会在长沙理工大学云塘校区举行。

本次会议由中国辩证唯物主义研究会社会认识论专业委员会主办,长沙理工大学马克思主义学院和哲学系承办,华中科技大学国家治理研究院、华中科技大学哲学学院、华中科技大学哲学研究所、《华中科技大学学报（社会科学版）》编辑部、《江汉论坛》编辑部及《求索》杂志社协办。

12月12日上午举行的开幕式由长沙理工大学马克思主义学院院长陈万球主持,中国辩证唯物主义研究会副会长、中国社会科学院哲学研究所副所长冯颜利,长沙理工大学党委副书记邹宏如,中国辩证唯物主义研究会社会认识论专业委员会会长、华中科技大学国家治理研究院院长欧阳康先后致开幕词。

本次会议以"大数据与社会认识论"为主题,主旨演讲分为4个阶段,来自中共中央党校、北京大学、南京大学、浙江大学、华中科技大学、北京信息科技大学、湖南大学、南开大学、华南理工大学、中山大学、中国科学技术大学、华东师范大学、上海大学、陕西省社科院、湖北工业大学、中南民族大学、长沙理工大学等数十所高校及科研院所的80余位大数据和社会认识论领域的专家学者出席会议，发表了精彩言论。会议收到36篇参会论文。

会议期间，中国辩证唯物主义研究会社会认识论专业委员会召开了会长办公会（扩大），研究了有关重要问题。

为了传承学术，激励探讨，我们将会议成果结集出版。本论文集依托此次学术研讨会的会议成果，主体内容是与会学者的主旨发言及与会专家提交的学术论文。在结构内容安排方面，本论文集由总序、前言、领导致辞、与会学者发言、学术论文、附录和后记组成。第一部分是3位领导的致辞；第二部分是7位与会学者的主旨发言；第三部分是与会专家学者提交的13篇学术论文，需要特别说明的是：在本次研讨会上许多专家既做了非常精彩的大会主旨发言，又提交了学术论文。为使文集内容安排更加合理化，我们以发言专家学者提交的论文为最终成果呈现给读者。第四部分为2个附录，附录一是本次会议综述；附录二是中国辩证唯物主义研究会社会认识论专业委员会理事会成员名单。

本论文集的结集出版，凝聚了各方面的智慧结晶和辛苦付出。首先，各位与会专家学者会聚于本次研讨会，围绕社会认识论基础理论、大数据与社会认识论和大数据与国家治理，探讨了大数据时代拓展和深化社会认识论研究的问题，提出了许多学术观点，对他们的智慧付出表示衷心的感谢！本论文集是在欧阳康教授的总体指导下，在吴兰丽副教授和赵泽林副教授的具体指导下，由博士生胡志康完成了研讨会会前论文的初步收集与整理，博士生匡梦婷具体负责本文集的编排、校核与出版跟进事宜。在文集编排过程中，华中科技大学国家治理研究院杜志章教授，李芳元老师，博士生郭永珍，硕士生蒋霞、李承蔚、孙宇青、汤泽泽给予了热心帮助。在此对他们的辛勤付出表示感谢。最后对中国社会科学出版社编辑人员为本文集的付梓出版所付出的辛劳一并表示谢忱。

论文集中如有疏漏之处,敬请各位专家学者批评指正!

本书编者

邹宏如教授致辞[*]

尊敬的冯颜利会长，尊敬的欧阳康会长，各位来宾，各位同仁，各位朋友，大家上午好。

中国辩证唯物主义研究会社会认识论专业委员会的第二届年会今天在我们长沙理工大学开幕，首先我代表学校党委、学校行政和将近4万名师生向与会的各位专家、老师、同学们表示诚挚的欢迎，向大会的顺利召开表示热烈祝贺。

哲学是智慧之学，哲学也是照亮人类前进的灯塔，是科学的前提和基础。马克思主义哲学是人类把握世界的根本方法，唯物辩证主义的社会认识论、社会方法论也是我们关注社会现实，实现伟大梦想的强大思想武器。中国辩证唯物主义研究会社会认识论专业委员会能够把第二届年会放在我们学校举办，这是对我们长沙理工大学的信任和肯定，也是对我们长沙理工大学哲学社会科学发展的激励和鞭策。

长沙理工大学是一所年轻的大学，2003年由原长沙交通学院、长沙电力学院、湖南轻工业高等专科学校和湖南省水利水电学校合并组建，是一所以工为主，理、文多学科发展的大学。从2003年

---

[*] 邹宏如，长沙理工大学党委副书记、教授。

合并到现在将近20年来,我们坚持特色发展、内涵发展,应该算是湖南省高校里面发展得比较好的一所大学。

我校目前在校学生有39000人,教职工将近有5000人,学校占地面积3500亩左右,通过这些年的发展,长沙理工大学在教学科研、人才培养、科学研究和社会服务方面都取得了一些成绩。学校有5个学科进入了ESI前1%,诞生了一批以本土院士为代表的优秀人才,我们的学生使学校被誉为"不拼爹的学校"和"学生会比赛的学校",他们在全国的各种大赛中成绩非常好。学校在全国各类排行榜里,一般排在120位到180位之间,学生在全国大赛中的成绩一般排在前50。

长沙理工大学尽管以工为主,但对人文社会科学也非常重视,尤其是对马克思主义学院和学科非常重视,马克思主义学院被纳入了学校"双一流"建设的计划中。马克思主义学院在学院党委和行政的领导下,没有辜负学校党委和师生的期待,当前已经成为长沙理工大学发展比较好、进步很快的一个学院,同时也被列为湖南省重点马克思主义学院。学院有马克思主义理论、哲学两个一级学科硕士点和科学学与创新工程管理二级学科博士点,正在申报哲学一级学科博士点,是湖南省唯一申报哲学学科博士点的一家,也得到了省里的推荐。学院这几年来在《哲学研究》《马克思主义研究》《光明日报》《自然辩证法研究》等刊物发表论文200多篇,出版专著40多部。近5年来,尽管学院只有60多人,但是获得的国家基金将近30项,特别是党委书记易显飞教授获得了国家社科基金的重大项目,实现了新的突破。长沙理工大学马克思主义学院发展势头良好,已经成为国内有一定影响的学术机构。这次年会能够在长沙理工大学召开,由马克思主义学院来承办,是对马克思主义学院的一个巨大鼓励。

年会的主题是"大数据与社会认识论",反映了面对复杂多变的社会时，哲学工作的历史使命和哲学工作者的责任担当。希望与会的专家学者畅所欲言，就大会的主题展开广泛和深入的讨论，为建设社会主义现代化强国和哲学社会科学的繁荣发展，提出新的认识。同时，感谢各位长期以来对长沙理工大学及其马克思主义理论、哲学学科的关心和支持，预祝大会圆满成功，谢谢大家。

冯颜利研究员致辞[*]

尊敬的欧阳会长，各位领导，各位代表，上午好。

我受中国辩证唯物主义研究会和中国社会科学院哲学研究所的委托发言，这个辞本来应该亲到长沙理工大学致的，现在只能线上跟大家见面。我谨代表中国辩证唯物主义研究会和中国社会科学院哲学研究所对"大数据与社会认识论"学术论坛的召开表示热烈祝贺。同时，也就欧阳会长，邹书记，各位领导代表，各位朋友，对中国辩证唯物主义研究会，特别是对社会认识论专业委员会的支持表示衷心感谢。

中国社会科学院哲学研究所是一个老所，虽然在职的研究员只有140人，但是退休的研究员有145人左右。今年我们又审批通过了一个新的杂志，2021年可能要创刊，叫《马克思主义哲学》，它是马克思主义哲学里唯一的正式刊物，之前我们一直"以书代刊"叫《马克思主义哲学论丛》。新杂志是中国辩证唯物主义研究会和中国历史唯物主义研究会合办的，马克思主义哲学将作为这个新杂志的主导，欢迎大家关注支持。

中国辩证唯物主义研究会社会认识论专业委员会是2019年12

---

[*] 冯颜利，中国辩证唯物主义研究会副会长，中国社会科学院哲学研究所副所长、研究员。

月由中国辩证唯物主义研究会和中国社会科学院哲学研究所共同讨论拟定并由中央有关方面批准的一个专业委员会，成立于12月29日，挂靠华中科技大学哲学学院。中国知名学者欧阳康教授当选为首届委员会会长。一年后，我们现又在长沙理工大学召开中国辩证唯物主义研究会社会认识论专业委员会的第二届学术年会暨"大数据与社会认识论"学术研讨会。

2020年对中国乃至世界来说都是一个非常特殊的年份，主要是新冠疫情使世界格局发生了变化，它也对国家政策的制定和全世界人的生活造成了巨大影响。在这次抗击新冠疫情的过程中，大数据在新冠疫情的病源追踪、感染者的病情传播路径的确定、疫情的预防控制、治疗手段的研发、疫情的信息发布和科学有序地复工复学等方面，都起到了极为重要的作用。现在我们每到一个地方，基本上都要求出示健康码，每个人的行程大数据一查就很清楚，这就是大数据的应用。在对新冠疫情的预防预警中，大数据起到了非常关键的作用，可以说，大数据改变了此次新冠疫情的走向，它在常态化防控中也起着越来越重要的作用。因此，我们对大数据不能够不重视，必须重新思考大数据和社会认识之间的关系。

习近平总书记说："大数据发展日新月异，我们应该审时度势、精心谋划、超前布局、力争主动。"新冠疫情加速了世界百年未有之大变局的变化，为进一步深化大数据与社会认识的研究，准确把握时代脉络，把握马克思主义哲学的本真精神，贯彻落实习近平总书记关于运用大数据推进国家治理体系和治理能力现代化建设的重要思想，本届研讨会将围绕"大数据与社会认识论"这一主题，在大数据背景下对社会认识的重大理论与现实问题展开深入讨论。

这次在线上参加研讨会我感到非常高兴，由于社会认识论专业委员会的设立，社会认识研究领域现在已经建构起目标明确、力量凝聚、协同攻关的学术共同体，这个共同体在不断推进社会认识论、辩证唯物主义、马克思主义哲学等方面研究的同时不断取得新成果，为中国哲学特别是马克思主义哲学事业的发展做出重要贡献。以会长欧阳康教授为代表的学术团队，在社会认识论的研究方面做了大量工作，新冠疫情期间，在社会认识论与大数据推进国家治理相结合的研究方面，也取得了全国性的影响。我相信，本届研讨会也一定会在推进社会认识论研究、国家治理研究、理论与实践相结合的研究等方面，产生思想碰撞与学术争鸣！预祝研讨会取得圆满成功，祝与会领导专家学者身体健康，生活愉快，谢谢大家。

欧阳康教授致辞*

尊敬的邹书记、冯会长，各位领导，各位老师，各位同学，大家上午好。非常高兴 2020 年中国辩证唯物主义研究会社会认识论专业委员会的年会，能够来到美丽的长沙，能够在长沙理工大学召开。首先请允许我代表我们的社会认识论专业委员会和本次会议的主办方，向在百忙之中前来参加本次会议的所有领导、嘉宾、老师和同学表示热烈的欢迎和衷心的感谢，谢谢你们！

一 对此次会议所有支持者的感谢

有很多话想讲，最想讲的还是感谢。首先要特别感谢中国辩证唯物主义研究会，感谢王伟光会长、冯颜利副会长，包括整个中国辩证唯物主义研究会对社会认识论专业委员会的关心。中国辩证唯物主义研究会是我国马克思主义哲学界的最高学会之一，它代表着我们的最高研究水平，引领着马克思主义哲学的研究和发展方向。我从学生时代到教师时代多年来一直参加中国辩证唯物主义研究会

---

* 欧阳康，中国辩证唯物主义研究会副会长，社会认识论专业委员会会长，华中科技大学国家治理研究院院长、哲学研究所所长。

的活动，从中受益良多。现在中国辩证唯物主义研究会特别关心社会认识论的建设，在已经有了认识论专业委员会的背景下，特别批准成立社会认识论专业委员会。这表明了研究会对社会认识论的高度重视，同时也是对社会认识论研究的特别鼓励。这次会议各位领导也给予关心，冯所长是我们的常务副会长，也是秘书长，用视频会议的方式来给我们做热情洋溢的致辞，中国社会科学院哲学研究所是中国国内引领哲学发展的最高机构，发挥了非常重要的作用。我提议所有与会嘉宾就中国辩证唯物主义研究会、中国社会科学院哲学研究所各位领导同仁对我们的特别关心表示衷心感谢。

同时，特别感谢长沙理工大学和马克思主义学院对我们的关心和支持。我曾经两次来到长沙理工大学，当时主要是受学工口邀请来做一个全国的学工战线的干部培训，也因此与这所学校结下了深厚的友谊。这次会议得到了学校格外的关心和支持，特别由马克思主义学院精心筹备，在较短时间内不仅能够把这次会议办出来，而且给予了我们所有代表一种宾至如归的感觉。来到美丽的长沙，就来到了我们的一个学术大家庭。在长沙理工大学的发展和社会认识论专业委员会的发展中，我们共同写下浓墨重彩的一笔。我们共同为大数据、社会认识论研究、哲学研究乃至于中国的人文学术研究做出我们应有的贡献。我提议所有与会嘉宾向长沙理工大学特别是马克思主义学院的领导、老师、同学们表示衷心感谢。

我作为一名华中科技大学的教师，在此也特别转达来自我们学校的关心和支持。社会认识论专业委员会设立在华中科技大学是我们的荣幸，也是对我们学校的鼓励。华中科技大学哲学学科经过50年的发展，正式成立了哲学学院，目前也处于很好的发展状态。华中科技大学原来是工科见长，学校合并后以工科和医科见长，理科快速发展，现在人文社会科学也逐渐都发展起来了。华中科技大学从1978年招收哲学师资班开始，开启了哲学学科发展的历程,1980年成立哲学研究所,会聚了国内学界一大批非常优秀的学者。到现在为止,我还兼着哲学研究所所长的职务,其实是希望能够把哲学学脉传承下来。在华中科技大学的哲学发展中,产生了一些重要的研究领域,比如邓晓芒教授领衔的德国古典哲学。马克思主义哲学学科从当年的第一任所长李其驹先生开始一直发展到现在,从2001年开始招收哲学本科生,2003年和2005年分别获得马克思主义哲学和科学技术哲学2个博士学位授权点,2007年获准建立哲学博士后流动站,2011年获得哲学一级学科博士学位授予权。在上一届哲学学科评估中,华中科技大学哲学学院以21位教师获得了B+的成果,应该说是很不容易的。这些年来哲学学院规模有所扩大,正式成为一个正处级的单位后发展更为迅速。尽管今天我们哲学学院一些领导和老师没有在场,但是也有我们的王晓升老师、吴畏老师等来到现场了。我也要特别向华中科技大学和哲学学院表示衷心感谢。

此外,我还要感谢所有与会嘉宾,不管是现场的还是以视频方式参加的,大家能够在百忙之中把这样一项会议列入自己的日程,尤其是参会的很多嘉宾还撰写了非常高端的学术论文,进行了认真的思考和研究,这必将使大数据与社会认识论研究结出丰硕的成果。

二 对"大数据与社会认识论"作为会议主题的选择与思考

本次会议在我们上届年会"社会认识与中国道路"的讨论基础上有所深化。上次讨论是希望能够从中国的经济社会发展,尤其是中国特色社会主义道路的角度,来研究社会认识论所面临的问题、机遇和发展方向。这次定位在大数据，提出了一个特殊的课题。对于这个问题，我希望本次会议能够从多种视角来加以考量。

首先，从科学技术的角度，我们看到大数据正引领着整个新时代高科技发展的方向，已经变成第四次工业革命的一个重要基础。大数据实际上引领着整个科技的变革，变革在哪里呢？比如人工智能。人工智能的发展已经有半个多世纪的历史，曾经一度非常兴盛，又一度有所衰落。我曾经向华中科技大学计算机学院的冯丹院长请教，得出的印象是大数据与人工智能结合形成了大数据智能，这使人工智能走上了全新的阶段。我们当下的中国，尤其在"十四五"规划中已经明确提出要建设数字中国，打造具有国际竞争力的数字产业集群，加强数字社会、数字政府建设。从这个角度讲，现代科技在大数据基础上，获得了更加广博的发展机遇。

其次，从哲学的角度关注大数据。这方面中国辩证唯物主义研究会有特别的传统，那就是将马克思主义哲学与现代科学技术发展内在地结合起来开展研究。我在1986年作为一个中国人民大学的博士研究生，曾经参加了中国辩证唯物主义研究会在西安召开的"马克思主义哲学与三论"，当时的"三论"指的是信息论、系统论、控制论，这也是我第一次参与到中国辩证唯物主义研究会的工作。我的老师们都在关注着当时的最新科学技术，这给我留下了极为深刻的印象。可以说，马克思主义哲学永远在关注着科技的最新发展和它为哲学提供的发展机遇，其突出表现就是马克思主义哲学原理的各类教材都以非常大的篇幅浓墨重彩地讲现代科学技术对于马克思主义哲学所提供的思想资源，并从哲学角度对它们进行解读。因此，本次会议实际上是传承了这个传统，又把它引向了当代科技的最前沿。马克思认为，真正的哲学必然是时代精神的精华。精华在哪里体现，大数据给了我们一个思路、一个领域或者一种研究方法来更好地推进马克思主义哲学的发展。

再次，从社会认识论的角度开展研究。我对社会认识论的研究是从 1985 年开始的，1988 年我以《社会认识论导论》一文在中国人民大学哲学系通过了博士学位论文答辩，至今已经 30 多年了。从那以后，中国的社会认识论研究一方面与国际社会认识论研究进行密切交往，同时也不断地开拓着社会认识论的中国特色研究。国际的社会认识论研究代表人物有 Steve Fuller，Antony Flow 等，他们几乎与我们同时开始研究。中国的社会认识论研究经过 30 多年的发展，我一直以社会认识论作为博士生和硕士生的培养方向，指导的博士生先后撰写了 50 多篇社会认识论的系列博士学位论文，在研究领域、学术视域、理论深度、新问题开拓方面都取得了极大进展，几乎深入到了社会生活的各个领域，我们也由此具备了更好的国际对话能力。30 多年来，社会认识论的发展最突出的特点就是它已经走出当年从认识论或者社会历史观开展研究的角度，现在已经拓展到与人相关、与认识相关、与价值相关、与政治相关、与社会相关的几乎所有领域。社会是人的社会，而人是社会的人，无论是人的社会存在还是作为社会存在的人，对他们的认识、对他们的评价、对他们的反思、对他们的规划、对他们的前瞻等，都应该是社会认识论研究的重要领域和内容。社会认识论专业委员会的设定是按照更加广义的社会认识论研究的视域来考量的。社会认识论专业委员会成立之初向全国主要的哲学系发出了征集理事的函件，得到了广泛支持，单位推荐出了来自 50 多个单位的 70 位理事，这样广泛的范围也表明社会认识论研究确实具有多元视域和问题域。

最后，关于国家治理问题。党的十八届三中全会首次提出国家治理体系和治理能力现代化。在此感召下，2014 年 2 月华中科技大学成立了中国首家国家治理研究院，我被聘为院长，我们团队从社会认识论的研究转入国家治理问题研究，王晓升老师、吴畏老师等都共同参与到了华中科技大学国家治理研究院的创建。国家治理的研究要走向现代化，涉及多方面的要素、多方面的领域和多方面的问题，当然也需要研究方法的诸多更新。尤其是习近平总书记明确提出把大数据运用到国家治理重点区域和领域，建设数字政府、数字国家，构建数字强国。我当前正在主持国家社会科学基金重大项目"大数据驱动地方治理现代化综合研究"，这个课题从去年获批后就一直在积极推进。我们在国家治理研究院成立之初就提出了五个层面的研究格局：理论层面、政策层面、国家治理的信息采集与数据处理体系、智能决策支持系统和各种具体应用。对于这个重大课题研究我们也高度重视，初步做了一些尝试。比如关于中国绿色GDP的研究，从2014年启动，经历过曲折，在赵泽林博士前来做博士后并参与课题后取得了革命性进展。我们在全中国全世界也许是唯一真正把绿色GDP计算出来，并以此检测我国GDP绿色程度的单位。我们对绿色GDP的绩效评估用了5个指标，GDP总量、人均GDP、绿色GDP总量，人均绿色GDP和绿色发展指数。我们用这五个指标对湖北省的17个地市做了排名，并发布了2016年、2017年湖北卷，然后又对全国31个省直辖市、自治区做了排名，发布了2017年、2018年全国卷，这个成果在国内获得了很多的奖励，也给了我们很大的信心。

三　对大数据与社会认识论发展的关注

在本次抗击新冠疫情的过程中，国家治理研究院以自己的方式做出了应有的贡献。2020年1月23日武汉封城，我们在1月28日启动了"抗击新冠疫情与公共卫生治理现代化"的课题，提出了10个子课题，得到各方面的支持。我也曾在朋友圈向国际国内征集合作伙伴，学校给予了大力支持，先后有五六十个人参与进来，我们开展跨学科合作，研究、撰写对策。在 1 月 31 日写出第一篇，讲国际抗疫合作的问题，接下来进入精准检测、分类隔离、病员救治、社区防控，包括下一步丧葬、小区谣言的问题，整个系列一口气写下来，在 2020 年 4 月 8 日武汉开城时，我们完成了 100 篇对策建议案，后续共 118 篇。其中五六十篇得到了各界响应，为各种内参所采用，有的还得到了中央领导和省市主要领导的批示。

在这个过程中，我有两点深刻的体会。一个是我们与胡瑞敏教授团队共同对当时武汉的抗疫尤其是无疫情小区创建，做了大数据的仿真研究。胡瑞敏教授是我们"大数据驱动地方治理现代化"课题的成员，也是国家实验室的主任，还曾经是武汉大学计算机学院的院长，有非常强大的计算能力。我们做出的分类别、分时段、分层次解封社区的仿真研究直接成为武汉市小区解封政策的根据，武汉市政法委给我们送来了感谢信。另一个是关于我们的高校如何分级、分类、分步骤返校复学复研的仿真研究，教育部对我们的研究成果也做了转发，对于他们制定相关政策发挥了重要的作用。

我自己出身哲学，也一直关注大数据与社会实际问题的结合，尤其是一些现代技术的具体运用，感受到它所具有的特殊内容和引发的社会变革，曾经于 2016 年在《光明日报》发表了《大数据与人文社会科学研究的变革与创新》等学术论文。在这样的背景中，我们觉得可以进一步来探讨大数据与社会认识论的关系问题。总体来看，我们希望能够以多元视角的方式来关注大数据与中国社会发展、与社会认识论的发展、与马克思主义哲学的发展、与现代科技的发展，关注它们之间的内在联系。我们对大家的研讨充满期盼。谢谢大家！

大数据、社会复杂性与
社会认识论研究论纲

欧阳康[*]

为了节省时间,下面我就直接切入主题,重点谈三个方面的问题。

一 深度认识大数据引发的变革

这种变革实际上是我们当代世界、当代中国都正在深入面对的。有哪些变革呢?

第一个变革是我们的世界在发生变化。原来我们讲世界,它是一个物质世界,后来强调一个生命世界,又加上一个精神世界,现在增加了一个新的世界叫数据世界。大数据世界的产生实际上是给了我们一个全新的世界格局。表面看来是大数据的直接作用,一直储存在电脑里边的这些数据带来了很多新的问题,比如说到底哪一

---

[*] 欧阳康,中国辩证唯物主义研究会副会长,社会认识论专业委员会会长,华中科技大学国家治理研究院院长、哲学研究所所长、哲学学院教授。

个世界是真实的世界？当然，大家会认为实体世界是真实的世界，生命的世界是真实的世界，关系的世界是真实的世界，思想的世界是对于真实的实体世界的反映。如果大数据进一步普及，就会发现我们的思想如何去把握实体世界、关系世界和生命世界，实际上是取决于数据世界与我们的实体世界、关系世界、生命世界的相关性，尤其是相关度。数据世界越真实，我们就越能够看到和看清真实的世界。因此，第一个变革就是我们的世界发生了变化，波普尔曾经提出过"三个世界"的理论，这需要我们来深度研究这在大数据的条件下意味着什么。无论如何，我们生活在一个从来没有如此复杂过的世界里。

第二个变革是大数据所引发的技术变革。由于大数据的产生，整个的信息技术体系从采集、接收、储存、发掘、解读、保护等产生了一系列的变革，甚至可以认为第四次工业革命的核心是数据革命。原来的人工智能为什么现在需要进入大数据智能？这是一个革命性的变化，而且这一次的变化通过5G而被极大地放大。虽然5G直接看起来是一个数据传输的问题，其实是引发了整个世界的生产、生活、交往方式等的系统性和深刻性变革。

第三个变革就是大数据引起的人类生存方式、生活方式、交往方式的系统性和整体性变革。整个世界在发生着深刻的变化，而且这一种变化及其带来的挑战现还在进程中，人类社会的生产、生活和交往等，正在以信息化带动的高科技体系作用下全部重组。中国建立了世界上最强大的工业体系，"中国制造2025"计划完全可能在未来走到世界中央，成为其中既是最大的、最全的，也可能是最先进的、最重要的工业体系。这表明了我们人类的生产生活交往，甚至我们的情感方式也在发生着深刻变化。

第四个变革是世界观的变革。我们过去在观察世界的时候，都是以一个个体化的方式在关注着一个个比较单一的事情，现在面临着一个极度复杂的世界——大数据世界。这个世界的内涵已经超出了我们原来的想象。如果说哲学是时代精神的精华，那么以上三个变革一定会使人们整个的世界观、社会历史观、价值观、人学发生变化，几乎所有的思想理论都会发生变化。

通过以上所述内容，我们可以深刻体会认识大数据所带来的变革，这种变革现在也许仅仅是初露端倪，方兴未艾，未来会走向何方？尚未可预知。

二 深入认识大数据引发的社会复杂性问题

对于复杂性的问题我已经关注了很长时间，从当年的"老三论"到后来的"新三论"，2003年在《哲学研究》上专门发表过《复杂性与人文社会科学创新》，后来研究全球治理和国家治理的复杂性问题，一路走到今天。从当前世界与中国的发展情况来看，社会的复杂性超出我们原来的想象。社会认识论原来也讲社会复杂性，我们原来讲社会复杂性主要区别于自然界，自然界本身也很复杂，但是毕竟它是一个非人的自然世界，按照自然规律来运行，以自然规律为依托。而社会的复杂性有很多更高级的问题。

其一，关于社会的本体存在的复杂性问题，这是全部研究的前提和基础。原来我们讲社会存在和社会意识，现在看来社会数据体系既深刻影响了社会存在，也深刻影响了社会意识。数据实在性或者数据所展示出来的关系的复杂性已经变成社会生活的重要内容，这个问题有待进一步探讨。大数据改变的这一切，首先构成了一个更加复杂的社会世界，而且无论是从其要素、从其关系、从其结构、从其运行方式、从其进化方式来看，它的隔离、它的崩溃、它的灾变恐怕都将变得越来越多。在大数据条件下，一方面我们可以看到世界运行的更加清晰的规律，另一方面我们也可以看到世界充满灾变性、不确定性、多样性、复杂性。

其二，社会价值和意义的变化。社会价值，我们一般讲的有人与人之间对于财富的分配，对于权力的分配，对于话语的分配，对于社会地位的分配等。现在看来，数据正在变成一种权力，一种财富，也变成影响社会的公正性和不公正性的一个重要因素。如何能够真正对数据这样一种特殊的战略资源进行公正意义上的分配？我以为，大数据时代的突出特点就是数据分配和数据占有的不均衡性、不充分性。不同的个体和社会群体采集、掌握、解读数据的能力有极大差异，掌握大数据技术的能力差异更大。在此背景下，从价值论的角度来看，社会的价值多样化包含了一个极为重要的因素，就是数据价值如何得到社会的公正分配、合理使用、安全保障。如果说有一个价值体系，由于大数据的渗入，变得极度复杂，以至于可能超出我们现有的价值分配体系和社会掌控能力，那么我们如何对大数据进行合理的应用？

其三，关于数据时代的认识问题。我们还是从比较传统的马克思主义哲学的角度来看，到底什么样的认识是可靠的？原来我们一直讲经验性的，眼见为实，耳听为实，手摸为实，你要知道梨子的滋味，就得亲自尝一尝它，这方面在我们生活中仍然是存在的，但也产生了新的领域，这就是对于大数据的认识和解读。对数据及其内涵、意义的认识和解读变得极度复杂和多维，这导致人们的认识能力的相差悬殊。这意味着认识论现在面临着在大数据的条件下数据的真实性和虚假性问题及如何对其进行评价与辨识等更加复杂的新问题。这对我们的认识能力提出了前所未有的挑战。

其四，关于社会历史发展的逻辑问题。社会历史的发展到底是一个怎样的运行逻辑？到底是依托于一个实体性的传承，还是一个关系性的碰撞，还是数据性重组，还是它们之间的一种极度复杂的相互作用？我们过去一直在讲力的平行四边形，由于以上三个方面的变化，社会的存在方式、演进方式都发生了巨大变化，甚至如何去把握历史进步的逻辑也发生变化。我以为这里最核心的问题就是常态逻辑与异态逻辑以及它们之间的交织与互动。我们过去关注的主要是常态逻辑，现在看来，异态逻辑的影响极为重要。

三　面向复杂数据社会的社会认识论研究

因为时间关系，这里只能提一个方向。我们多年来研究社会认识论，就是在研究社会复杂性问题。我在提出社会认识论的时候，附加了一个任务，深入探索人类社会的自我认识之谜。当时以为自我认识就比对象性认识复杂。现在看来，即便对于社会的对象性认识，也是极端复杂的，由于大数据的介入，就变得更加复杂了。我后来写了一篇文章，叫《深入探索人类社会的复杂性之谜——社会认识论的回顾与前瞻》。大数据视域中的社会认识论有多复杂，这需要我们系统地加以探讨。这里有很多的问题，其中有三个核心问题：

其一，关于社会和社会认识论，它的研究视野需要拓展到与大数据相关的极为复杂的社会世界，研究高度数据化了的社会世界的复杂性；

其二，我们的研究方式需要极大地拓展与更新，要能够学习运用大数据的理论和方法来应对已经高度数据化的社会世界；

其三，要积极地开展跨学科的研究，大数据本身已经从根本上打破了我们传统的学科界限,以至于我们所有人都需要对自己有一番革命性的改造,才可能真正习得开展跨学科研究的能力。我们自己要自觉地、不断地自我更新和自我超越。

我期盼着本次会议和我们以后的研究能够为社会认识论的发展提供更多的思想理论和实践成果,谢谢大家。

社会认识论视域中的数字化时代民众意愿表达

陈新汉[*]

刚才我听了好多人的发言，对我的启发很大。我们可以从两个角度来定义社会认识论，一个就是我们的认识对象是社会，还有一个是我们的认识主体是社会。从刚才提到的情况来看，大家实际上都是从这两个角度来理解社会认识论的。我主要是从社会作为主体的角度来进行社会认识论的研究，我所从事的研究是社会认识论的一个分支就是社会评价论，为此写了《社会评价论》。我认为社会作为主体来进行社会评价，它的主体实际上有两个方面，一个是国家统一机构或者说权威机构，还有一个就是民众。为此，我写了《权威评价论》和《民众评价论》。

今天我给大家分享的就是从民众意愿表达的角度来看待社会认识论的问题。我认为这里面的问题有很多方面，但是因为时间原因，我想着重讲以下几点。

---

[*] 陈新汉，上海大学哲学系教授。

一　利益是民众表达的根本动因

价值的本质就是"为我而存在的关系",其中的"为我"就是对于主体"我"而言的利益。这种"主体-利益"结构决定了作为价值世界创造者的人民主体与其利益不可分离。在社会历史领域内进行活动的都是追求各种利益的人。"自从阶级对立产生以来,正是人的恶劣的情欲——贪欲和权势欲成了历史发展的杠杆。"[①] 追求利益是人们活动的根本原因,从而就成为人们意愿表达的根本动因。一旦个人的利益尤其是切身利益受到损害,个体就会感觉到"如鲠在喉",必然会把维护自身利益的价值诉述表达出来。

在社会基本矛盾运动的量变阶段,社会处于相对稳定时期,人们维护自己利益的价值诉求在程度上比较缓和,针对社会基本矛盾运动中否定因素形成的否定否定因素的"共同意志"所推动的行为,主要以平和的和合法的方式进行;在社会基本矛盾运动处于质变阶段,人们维护自己利益的价值诉求在程度上相当激烈,针对社会基本矛盾运动中否定因素形成的否定否定因素的"共同意志"所采取的行为,主要以暴力的和非法的方式进行;在社会基本矛盾运动处于部分质变阶段,即社会处于马克思所说的"人体解剖"式的社会自我批判阶段,由于社会具有特殊条件,人们维护自己利益的价值诉求在程度上比较激烈,然而针对社会基本矛盾运动中否定因素形成的否定否定因素的"共同意志"所采取的行为,由于社会环境比较宽松,主要以总体上平和的和合法的方式进行。

"'共同利益'在历史上任何时候都是由作为'私人'的个人

[①] 《马克思恩格斯选集》第4卷,人民出版社2012年版,第244页。

造成的。"①针对民众切身利益受到的损害之源——社会基本矛盾运动中的否定因素,就会形成要否定否定因素的"共同意志"。无论是采取和平的和合法的方式,还是非法的和暴力的方式,维护自身利益的价值诉求都是人们意愿表达的动因。

二 民众意愿表达的体制外途径

在社会自我批判中,民众意愿的表达可分为体制内途径和体制外途径。体制内途径表达主要通过人民代表和政协委员的"议案"和"提案"。此外,还有"上书"和"信访"等。体制外途径表达具有三个特征:无机性、自发性、巨大能量,主要表现为社会舆论、社会谣言、民谣、社会思潮等,此外还有游行、集会、示威等,由于人数众多,具有巨大的能量。

在社会自我批判中,社会舆论是指社会内相当数量的成员就与自己利益相关的社会现象所发生的倾向较为一致的意见。社会舆论的本质是"社会公众对社会某些事件、现象或人们行为的评价和态度"。如果不能做到社会公开,而人们"非吐不可"的欲望又相当强烈,于是就会出现社会谣言纷起的现象。社会谣言通常会带来许多危害,但是另一方面我们也应该看到,社会谣言的生命在于流传,关键在于大家为什么会流传。谣言的流传本身说明了民众的一种心理,从某种角度来讲,也是民众意愿的一种表达。民谣是"那些牧童灶妪村妇野叟以天籁的方言方音,发表他们真挚浓厚的情意"的口唱形式,包括民谚、民歌和顺口溜。"诗言志,歌咏言",民谣是老百姓的口头诗,是艺术形态的社会

---

① 《马克思恩格斯全集》第3卷,人民出版社1960年版,第276页。

民众批判活动。在人们眼中社会思潮似乎就是错误的思潮，这是片面的。社会思潮是"反映特定环境中人们的某种利益和要求并对社会生活有广泛影响的思想趋势和倾向"。社会思潮以民众意愿的表达为内容，以体制内和体制外民众意愿的表达为形式，并且主要以体制外的社会舆论、社会谣言和民谣等为形式。社会思潮具有巨大的能量，会使人形成"顺者昌，逆者亡"的感觉。除了社会舆论、社会谣言、民谣以及社会思潮等方式等，还有其他很多方式，例如集会、游行、示威等。

在民众意愿的表达中，社会固然需要体制内途径，这一点我们现在很强调，并且我也认为这是非常重要的；但也需要体制外途径，并且不可缺少。体制内途径和体制外途径，可以形象地比喻为"议会民主"和"广场民主"，尽管不是很恰当，但是比较形象。

三 自媒体及其对民众意愿表达的两个革命

从社会发展史看，人类经历了农业革命、工业革命，正在经历信息革命。比特使人类进入了数字化的"新的社会形态"。于是，人类进入了以互联网为技术基础的数字化时代。自媒体实际上就是在互联网基础上发展起来的。"We Media"的核心内容就是"参与式"。民众意愿的表达与信息的制作和传播密切地联系在一起。与其他媒体相比较，自媒体使民意表达的信息制作和传播发生了巨大的变化。我们可以把它概括为两个革命。

首先是信息源革命。传统传媒的"进入壁垒极高，例如，报纸、杂志、广播、电视等始终都是被为数不多的机构掌握，它们在信息与话语层面上垄断着公共空间",因此对于一般民众说来,就成为"他媒体"。自媒体开启了媒介的"民众化转向的新时代","每一个信息源都有了一个现身与表达的平台"①。自媒体中的每一部手机或每一台电脑,都能成为潜在的信息源,"这就成为自媒体引爆的'信源革命'"②。

其次是传播渠革命。自媒体使信息传播由过去的"教堂式"转化为"集市式";自媒体突破了传统的媒介传播的时空限制,它的传播可以不在同一个空间,也可以不在同一个时间;自媒体把传统传媒传播的门槛和费用降到极限低点,大家都可以在网上发布自己的消息。

尽管在现代社会人人都有自由发表意见的权利,然而确实存在着由话语的社会性占有产生的对话语权的限定,即对社会声音的表达而言有音量大小之区分。自媒体所引发的在"信息源"和"传播渠"方面的革命,使众多个体在表达自己意愿过程中的分散观点的聚合更加迅速,从而使民众意愿的表达能迅速形成网络中的社会舆论、社会谣言和民谣以及由它们作为表现形式的网络社会思潮。自媒体就"越来越多地成为社会舆论的发源地和发酵平台"。

四 自媒体中民众意愿表达的"本真"和"后真相"问题

"本真"中的"本"指根,与"末"即现象相对应;"真"指真实,与"假"或"伪"相对应。"本真"的德文是"Eigentlich",其

---

① [澳]格雷姆·特纳:《普通人与媒介——民众化转向》,许静译,北京大学出版社2011年版,第231页。

② 潘祥辉:《对自媒体革命的媒介社会学解读》,《当代传播》2011年第6期。

词根"eigen"是"自己的，属己的"，而"本己"具有统一性，对此海德格尔说："本己性要求此在形成一个整体，把非本己此在从这种分散状态中凝聚起来。"① 他提出了"本真的此在"和"非本真的此在"命题。由此，"本真"与本质、整体和真实相联系。

与我们的论题相联系，"本真"的问题就是：民众通过自媒体所表达的意愿能否真实地体现民众意愿的整体的本质状况？不能把民众通过自媒体表达的意愿与民众的意愿简单地等同，然而两者确实具有很大的相关性。我认为应该从网民的结构、网民交往中的符号化以及网络交往中的信息聚集来分析。自媒体作为人们表达意愿的工具，主要对形成社会舆论、社会谣言、民谣以及社会思潮等具有相当的催化作用。

人作为知意情的统一体，总具有情感和情绪，个体情绪经由传播和互动就会形成社会情绪。评价或批判活动作为主体利益的态度表达总与情绪相联系。在社会自我批判时期，自媒体所产生的信息源革命和传播渠革命使民众意愿的表达很容易形成情绪极化，即"网络情绪表达中体现出来的情绪极端化或情绪暴戾现象"②，尽管这有其深层的社会原因。这种"义和团式情绪的出口"③ 对民众意愿表达的"本真"性会造成很大的破坏作用。人们把这种情况与"后真相"联系在一起。

"'后真相'意指相对于情感及个人信念，客观事实对形成民

---

① ［德］马丁·海德格尔：《存在与时间》（修订译本），陈喜映、王庆节译，生活·读书·新知三联书店2006年版，第15页。

② 孙立明：《对网络情绪及情绪极化问题的思考》，《中央社会主义学院学报》2016年第1期。

③ 洪兵：《强国论坛：新的平台及其前景》，《新闻大学》2020年第3期。

意只有相对小的影响。"①"'后真相'之所以'后',是因为真实与否已经降低到了次要位置,不同的人群只选择相信符合他们各自偏好的信息。"② 在"2018年中国网络媒体论坛"上,新浪董事长兼微博董事长曹国伟提出了"后真相时代"的"舆论乱象问题",即:"一是由于内容生产和传播门槛的降低,造成假新闻的泛滥;二是由于社交媒体的'部落化、圈子化',造成非理性舆论现象突出;三是由于机器算法投用户所好,造成'信息茧房'效应;四是由于机器算法替代人工,'把关人'缺失造成内容导向和价值观错误;五是主流媒体如果发声不及时不到位,自媒体谣言和假新闻常有可乘之机。"③ 总体来讲,自媒体所产生的信息源革命和传播渠革命使得以自媒体为载体的社会民众批判活动所具有的无机性更加凸显。

五 互联网民众意愿表达中的大数据及诠释

信息时代就是数字化时代,数字化所形成的浩如烟海的数字碎片,经过数字挖掘中的云计算,就成为"大数据"。在本体论视域中,大数据体现着"人类生存范式的一种转变和扩展,即人类的生存范式从单一的物质实体生存向物质实体生存和其镜像化生存融合的综合生存方式转变",在认识论视域中,大数据是以"镜像化"

---

① 全燕:《"后真相时代"社交网络的信任异化现象研究》,《南京社会科学》2017年第7期。
② 王维佳:《什么是真相?谁的真相?——理解"后真相时代"的社交媒体恐惧》,《新闻记者》2018年第5期。
③ 曹国伟:《价值:"后真相"时代的媒体责任》,http://blog.sina.com.cn/s/blog_457a80c60102xv1s.html。

的方式来"表征显示物质世界中各种真实关系的生存方式"①。不管是通过"议案"和"提案"等途径所表达的民众意愿,还是体现为社会舆论、社会谣言、民谣和社会思潮等类型所表达的民众意愿,只要通过自媒体与互联网连接,就被数字化了。然而,这浩如烟海的数字碎片只有经过数字挖掘中的"云运算",分析其中的各种数据之间的关系,才能形成关于民众意愿的大数据。

这种以"镜像化"方式表达民众意愿的大数据,正体现着大数据制作者对于以数字化形式存在的民众意愿表达的诠释。马克思把诠释学建立在实践基础上,把对文本或世界(世界也是一种意义的"文本")的理解与从事实践的人相联系。他认为:"对对象、现实、感性",不能"只是从客体的或者直观的形式去理解",而必须"当做感性的人的活动,当做实践去理解",即必须"从主体方面去理解"。②马克思的实践诠释学决定了对于大数据的诠释必须站在人的生存或人的实践的立场上来进行。因此必须站在社会主体的立场上来诠释民众意愿通过自媒体在互联网上的表达,以便在数据挖掘中形成大数据。

必须对民众意愿通过自媒体在互联网上的表达具有敬畏态度,这是历史唯物主义基本原理,由此就成为进行诠释的根本态度。以劳动大众为主体的广大民众,必然能在生产物质生活过程中感受到源于社会基本矛盾运动中否定因素对于自身利益的损害,并把自己维护利益的价值诉求表达出来。这就是对于民众意愿通过自媒体表达所持有的根本态度。

正是从这个根本态度出发,才能正确对待民众意愿通过自媒体在互联网上表达形成海量数字碎片所进行的数字挖掘。数

---

① 贾利军、许鑫:《谈"大数据"的本质及其营销意蕴》,《南京社会科学》2013 年第 7 期。
② 《马克思恩格斯选集》第 1 卷,人民出版社 1995 年版,第 54 页。

据挖掘就是运用云计算技术把作为特定对象的数字碎片予以整合和分析，寻找其中相关数据之间的相关关系，形成能应用到一定决策程序中的大数据，这不仅是一个科学问题，更是一个价值问题。这就决定了对于民众意愿通过自媒体表达所进行的数字挖掘的诠释本质，因此对民众意愿表达必须持以敬畏的根本态度。

对民众意愿通过自媒体在互联网上的表达进行数字挖掘的一个重要任务就是在形成大数据的过程中，要以"镜像化"的方式区分互联网"众声喧哗"中的"本真"和"后真相"。这就涉及大数据中的相关关系与体现本质的因果关系之间的关系。数字化时代倡导在"量化一切"中使"世界万物数据化"①，从而在使因果关系转化为相关关系中，实现一种范式转化。大数据中各个数据之间的相关关系具有深刻的因果关系意蕴，"相关关系是因果派生关系"，这就"决定了相关关系的或然性质，说明了相关关系的因果派生强度和因果派生层次"②。这就说明了大数据中的相关关系可以反映民众意愿自媒体表达与因果关系相联系的本质，可以把"本真"与"后真相"予以区分，尽管它是以"镜像化"的方式体现出来的。

正是把民众意愿从在自媒体表达中的"本真"与"后真相"予以区分的基础上，习近平指出，"运用网络了解民意、开展工作"，使"互联网成为我们同群众交流沟通的新平台，成为了解群众、贴近群众、为群众排忧解难的新途径，成为发扬人民民主、接受人民监督的新渠道"；同时对"利用网络鼓吹推翻国家政权，煽动宗教极端主义，宣扬民族分裂思想，教唆暴力恐怖活动，等等"

---

① [英]维克托·迈尔－舍恩伯格、肯尼思·库克耶：《大数据时代》，盛扬燕、周涛译，浙江人民出版社2013年版，第123页。
② 王天恩：《大数据相关关系及其深层因果关系意蕴》，《社会科学》2017年第10期。

"坚决制止和打击，决不能任其大行其道"，对"利用网络进行欺诈活动，散布色情材料，进行人身攻击，兜售非法物品，等等"，"也要坚决管控，决不能任其大行其道"。① 如何落实和深化这些指示，正是社会主义深化改革中推进国家治理体系和治理能力现代化中的一个重要课题。

好的，我就讲到这里，谢谢大家。

---

① 《习近平谈治国理政》第二卷，外文出版社2017年版，第336页。

从否定辩证法的视角看社会认识

王晓升[*]

在社会认识领域，大数据是一个非常重要的认识手段。这对于我们从不同侧面把握社会的趋势等具有重要的意义。但是大数据在社会认识中也会有一定的缺陷。我们现在要讨论的就是这种缺陷。

首先我们说数据怎么来的？数据是采集来的，但是采集来的数据一定会有一个基础，这个基础是什么？同一性。例如，我们这个会议室里面有多少人，不管这些人高矮胖瘦男女等等，只要是人就能计数。因此，数据研究的核心哲学基础就是同一性，在同一性基础上，我们才得到数据。有这样一种基础，通过这样一种同一性得到数据的方法，其实就是我们哲学去把握本质的一种方法。也有人会对此提出质疑。比如在现代数据技术中，有一种模拟方法，能够识别每一个人。这就是说，数据可以描述人的个别特性。这其实还是抓住人可比较的外表上某些特点来描述人。比较的前提就是同一性。只有预设了同一性，人们才能进行比较。

人的本质就是找到一个共同性的东西。那么人的本质是什么？两腿无羽毛的动物，这就是人共同的东西。这固然是掌握本质的一

---

[*] 王晓升，华中科技大学哲学学院教授。

种方法，但是这还不够。因为在我们说本质的时候，不仅仅是说这样一个普遍性、同一性的东西，我们还要说非同一性的东西。非同一性的东西是什么呢？例如，张三是张三，这个人必须有成为张三的一个特性，它既是唯一的，又是不能用任何概念来概括的东西，这才是张三的本质。张三有多高之类的就不是特性，只有使张三能够成为张三的东西，才是张三的本质，这也就是非同一性的东西。比如，我们可以根据张三的一个神态来判断，这个人就是张三。假如张三换脸了，计算机数据模拟也无法识别了，但是熟悉张三的人还是能够从张三的神态中识别他。这个所谓的神态就是无法用概念来表达的东西。这就如同一个书画鉴定专家能够根据书画的样子来鉴定书画，把真品和赝品区分开来。

非同一性的东西其实就是本质，它是真正的本质。我们如何获得对这样一种本质的认识？哲学史上的哲学家们在不同层次上注意到这个问题，现代哲学最重要的哲学家胡塞尔，采用现象学的方法，即面对事实本身，这个事实本身就是非同一的东西。对非同一的东西，胡塞尔认为只能直观地认识。在直观认识的时候，我们把张三这个人的高矮胖瘦等等全部悬置起来了，就直观张三这个人本身。我们就面对张三这个事实本身。凡是能够用概念来概括的，表示张三特点的东西都被我们悬置起来，我们直观的是张三本身，那个使张三成为张三的东西。如果我们一定要问，张三是谁，那么我们只能说，张三就是张三。当一切共性的东西都被剔除之后，我们就无法用任何一般的概念来描述张三了，凡是能够用来描述张三的概念都是一般的特性，而不是特殊性、个性。可是，如果我们说张三就是张三，那么我们其实什么也没有说，人们也不能从这个说法中得到任何东西。张三在这里就变成了一个极端空洞的名词。胡塞尔想到的是一个找到最具体东西的办法，回到事物本身，面向事物本身，结果得到的是一个最抽象的东西，这就是一个非常奇怪的现象，最抽象的东西，居然能够与最具体的东西合在一起。

如果看黑格尔的《精神现象学》，那么我们就会发现第一章里面有分析"这个"。"这个"是最具体的，但是"这个"词还可以说任何一个东西。任何东西都可以叫"这个"，因而"这个"是最具体又最抽象。我们搞马克思主义哲学的人经常说马克思讲具体的人，其实这个"具体的人"的说法，也是最抽象。这就和"这个"的情况一模一样。这种方法被海德格尔继承了，海德格尔的存在就是这样的。凡是不能够被概括在一般性的东西当中的最具体的东西，就可以被命名为"存在"。"存在"这个名词要说"不可说的"。存在表示不能说出来的东西，因为它最具体，不能用概念概括，一概括就不是存在了。张三是具体，张三就是张三，他的特殊性不能概括在一般概念当中，一概括那就错了。海德格尔说存在是什么，存在就是存在，这个存在是最抽象又最具体的东西。海德格尔从来不解释，别人也不知道他说什么，他实际上就是这么个意思。海德格尔认为，他用存在这个概念说出了不能说的东西，其实他还是失败了。究竟有什么办法我能把非同一的东西说出来？其实没有其他办法，只有一个办法，就是要借助于中介。当我问张三是谁的时候，如果有人说张三就是张三，那谁也不知道张三是什么。但是，我们可以借助中介。比如，我们说，张三是教师，张三是男的，张三多高等等。我们只能借助于这些东西来说张三，但是张三本人，张三作为张三，本真的张三永远不会以本真的方式出现。或者说张三，他的出现永远都是以否定的方式出现的；本真的张三是以否定的方式出现的，我们也可以说，他永远不能以本真的形式出现。同样，我们在座的每一个人，当你在这里的时候，我不知道你是不是本真的自我。你不能本真地显示出来，你一定要借助于其他中介显示出来，本真的自我不可能显示。

如果本真的自我不可能显示这样一种思路是正确的，那么我们的社会也是这样的。我们认识社会的时候,把数据统计起来,大数据就出来了。我们前面说过,大数据是建立在一般性基础上的,大数据借助于一般性来显示社会。它是中介,它不能显示社会本身。理论上的中介不是社会本身,因为社会本身不可能显示出来。从这个角度来说,我们需要大数据,但是有大数据还不够,即使有这个数据,社会本身也没有显示出来。例如,我们说社会的时候,这一群人就构成了一个社会,一个个家庭就构成了一个社会,但这些都是实体性意义上理解的社会。但是能看见的社会其实都不是社会本身。社会是以否定的形式出现的。我们学生找工作,到处找,到处碰壁,碰壁的时候,你发现原来有个东西在那里起作用,那个东西就叫社会。当你去借钱的时候,到处借钱没有人愿意借给你,社会就出现了,它是以否定形式出现的,它不是以一个肯定形式出现的。

社会学的研究都是实证的研究,社会学研究者很骄傲。他们认为,他们所说的是真正的社会,其实他们认识的只是社会的中介,社会本身不显示出来。当然,不能说实证主义是错的,社会学研究方法是错的,它只是不能研究本真的东西,不能把本真的东西显示出来。哲学要把本真的东西显示出来,但是要显示本真的东西必须借助于中介。或者说,哲学也必须借助于社会学才能认识社会。哲学不满足于社会学所认识的社会,哲学要在否定社会学的基础上,进一步认识社会。前面已经说到现象学的方法是有缺陷的。海德格尔的存在论也不行,不能把本真的东西显示出来,只能用中介。然而,中介一定是错的,既然错了,就用辩证法,不断否定的方法,叫否定的辩证法。通过否定的辩证法来不断地认识社会,这是一个可行的也是正确的方法。

当然,在座的老师们和同学们可能会说,你这个说法太康德主义了,本真就是看不到的样子,是自在之物。张三本身不显示出来,他显示出来的这个现象是假的,康德也这样说。你可以这么说,但是我借助于阿多诺所提出的这个思路和康德不一样。康德把本质和现象割裂开来了。对他来说,借助于中介也不能达到本质。在这个问题上我们要学习黑格尔,本质和现象是结合在一起的。我们可以通过现象来认识本质,因为现象和本质是结合在一起的。不存在脱离张三那些共性而生存着的纯粹的张三。黑格尔的问题在于,他认为借助于现象我们可以达到本质,好像本质和现象一样最终可以被把握。黑格尔最终还是走向了同一性。从否定辩证法的视角看社会,我们就既能够看到实证的东西的重要意义,同时也看到实证社会学所没有发现的东西。

谢谢大家。

从社交推荐的逻辑看社会认识论

吴　畏[*]

大家知道我们现在的大数据和人工智能的应用当中有一个非常普遍的现象，叫作"社交推荐"（social recommendation）。具体表现在，各种购物网站会根据你浏览或购物留下的痕迹向你推荐各种类似的产品。你在一些新闻类 App（比如头条）看过的某些新闻，下次你再浏览时就给你推送类似的新闻内容或视频。最近有个叫"探探"的软件，甚至可以给你推荐异性朋友。

社交推荐涉及的算法是什么？我曾跟一位计算机科学的教授进行交流，他说哲学家作为局外人去思考什么是大数据的哲学问题，你们想多了。这促使我思考，哲学反思对于大数据和人工智能到底是想多了还是想少了这一问题。我想以社交推荐这种算法为例来说明，哲学想少了。我最近查阅了大数据和人工智能关于社交推荐的一些文献，想重点了解一下具体的推荐方式和推荐内容。原来传统社会认识论都是从形而上学的角度，或者从社会本体论的角度来进行讨论如何认识社会的。从分析社会学以后就开始转向不再讨论"社会"（society）是什么，因为即使可以把社会看作总体，但无法

---

[*] 吴畏，华中科技大学哲学学院教授。

确定哪个或哪种是"社会",而是转到讨论"社会性"（the social）。大数据和人工智能的出现为我们呈现了一个描述人和人之间甚至是可以计算、可以设计的关系这样一个全新的"社会性"。当然,这种社会性如何去准确定义,到底社会性还有别的什么含义,还需要进一步去思考。

我做完相关的阅读和分析之后,发现社交推荐系统有它自己的逻辑原则。那么,它们要怎样去定义社会性呢？我讲一下文献中间提及的三个概念。第一个是冷启动问题。冷启动是指什么呢？打一个比方,如果我注册了拼多多,但是我在这个App从来没有购买行为,也就是从来没有留下任何可供追踪的潜在信息,它就没办法识别我的行为,它没办法向你推送任何东西,这就叫冷启动。第二个是稀疏性。比如,很多人只是偶尔在这个App购买几件彼此相关性很差的东西,使得数据非常零散和杂乱,对这些数据的分析无法判断哪些东西真正与主体强相关。第三个是排他性。也就是各种不同的App没有统一的算法逻辑,也有着不同的内容语言,也就是说,各种算法都具有排他性,从而导致你在各种不同的算法中有着不同的"形象"。解决上面这三个问题,对于我们的社交推荐系统是很重要的。

社交推荐系统的整个逻辑推演还是有它们的基准。第一个是基于标签。什么叫标签？就是你在推荐系统中的分类。如果根据年龄把你分类为学生（而你实际上已经辍学）,系统只会给你推荐学生的产品。你喜欢运动,就有一个标签系统就把你归结为喜欢篮球、足球或其他。第二个是基于情境。比如,如果大家都是一个年纪的小学生,系统就会向他们推荐同样的课外读物。第三个是基于"社群"（community）,这个词本来是个多义词,很难翻译。这种逻辑是通过偶然性来设定相关性。比如说我偶尔购买了一个东西,或者我只是偶尔把它推荐给需要它的朋友,算法就通过这种偶然性把你们当作社群。第四个是基于内容或基于推荐的项目。这是现在最常见的。比如说你打算买一件毛衣，做了很多浏览但还没购买，再次打开这个 App 时，就会发现给你推荐的全是毛衣。当然还有季节性的推荐、品牌的推荐。你今年买了两件同一个牌子的衣服以后，它专门给你推荐这个品牌，或者按季节来推荐一年的东西。第五个是基于社会影响力。中国就不用说了，有一个非常火的叫直播带货。为什么国外没有这个东西？其中的这个逻辑算法是非常有意思的。当然还有一个例子是朋友圈。现在的算法识别工具很厉害，可以从各种朋友圈的内容来推测你和他是什么关系，但你和他又是两个不同的人，这就存在一个识别的问题。还有一个，我们叫群体（group），就是我们的各种群体，例如我们正在开会的这个群体。第六个非常有意思，就是基于信任关系。

这些推荐逻辑不都是涉及社会（社会性）的哲学的问题吗？在此之前我还关注了，从自然科学的立场来看，这个数据科学到底是个什么样的科学。我想了解一下数据科学、自然科学中是怎么处理数据和现象问题的，到底数据反映出来的人是什么样的？它有没有与哲学相对应的东西？很多文献都不会采取本质主义的方法，而是采取操作主义的方法来定义各种需要的概念。比如，什么是信任？在大数据和人工智能中，不会考虑人的本质是什么这一问题，通常采取社群探测的算法来定义。为了满足算法逻辑，信任源自对可受监视或监控的行动之间的相关性。而一般的哲学定义是，信任就是能动者的一种主观信念，或者是，信任是能动者能够实施一个特定行动的主观概念。实际上这是主流的哲学观点，包括知识论当中讨论什么是知识、什么是信念的时候，都会引用主观概率这样的东西。

其实，每一个算法系统中，很多的语言、知识本来都没有交集，也都只是形式化语言。这种逻辑到底是原来因果关系的说明逻辑、统计的说明逻辑，或仅仅只是一种翻译。算法逻辑通过把人的所有行为数据化并拿来编辑，从而可以得出这样的结论：如果他相信与某人进行交易，遵守规则的回报不是受损，那么这个人就可以作为信任的对象。这种对信任的定义颠覆了我们的很多传统观念。

对于理解大数据和人工智能而言，自然科学怎么去处理数据和现象的关系也是一个重要的参考。首先是数据和现象如何区分的问题。现象通常是指，自然界和实验室发现的过程、因果要素、结果、实体，还有规则，还有与本体相关的一些其他东西。数据是什么呢？数据是研究者的感官系统，或者是实验仪器的结果的记录。数据对认识的有用性取决于它所具有的反映现象或者密切相关的因果要素对它的因果关系的影响。因果关系，现在成了判断数据科学的基本逻辑的一个关键问题。这是由于，相关性是完全可以人为设计的，它没有任何的客观必然性。因此，传统的数据科学实际上越来越成为一种偶然性科学，成为被算法绑架的科学。

当时还有一个特别有意思的地方，就是它们对交往概念的数据化改造。交往不再是哈贝马斯意义上的那种必要形式条件。你的交往关系被数据化在各种系统中，它似乎属于另外一种被格式化的东西。怎么去描述这个东西？我觉得可以通过改变交往关系，改变你的整个人的生存世界，改变社会和社会性来进行思考。大数据和人工智能确实给社会认识论带来了很多新问题，值得深入研究。

无人驾驶电车难题的伦理审视

潘 斌[*]

人工智能研究是近年来学界研究的热点与业界研发的重点,围绕着人工智能的讨论日益进入学术研究的话语中心地带,在这其中无人驾驶是一个极具争议性但发展前景广阔的产业,围绕着无人驾驶所引发的伦理争议也成为 AI 研究的核心议题。

无人驾驶的伦理问题要追溯到电车难题。它的最早版本来自伦理学家威廉姆斯。威廉姆斯提出了一个著名的枪杀原居民的思想实验,就是说,如果一个独裁者逮捕了 20 个徒步的印第安人,他要求一位植物学家选择枪杀这 20 人的一个人,那么将释放其余 19人,如果不这样做,那将导致 20 人全部被杀。此时此刻,如果你是这位植物学家,是选择枪决其中的某一位而拯救其余 19 位,还是拒绝动手使这 20 个人被全部枪决。针对这个问题,福特后来在一篇文章中提出来两个经典教条和一个思想实验,这个思想实验就是我们所熟知的电车难题版本。桑德尔在这个版本中说,当一辆电车失控的时候,如果不做干预,那么可能会撞死 5 个人。如果你是一个扳道工,当发生这种情况的时候你进行扳道的话,这一行为可

---

[*] 潘斌,华东师范大学哲学系教授。

以挽救5个人但会杀死1个人。当初在福特的版本中，这个案例是这样的：有一个疯子，他把5个人捆绑在一起放在铁轨中间，而另外一个铁道中间有1个人。如果扳道工坐视不管，那么失控的列车会把5个人撞死，如果他采取行动就只撞死1个人。很明显这就面临着一个严重的伦理难题，要么就是杀死这5个人，要么就是杀死这1个人。如果采取杀死这1个人的做法，那么这是一个功利论的选择。因为直观上而言，5个人的生命会比1个人的生命具有更大的价值。但是如果明知5个人的价值更大却坐视不管，放任5个重要生命的死亡，这也无疑是一种道德冷漠。由此必然带来或者是功利论或者是义务论的两难困境。

伦理学界围绕电车难题进行了持续不断的讨论，形成了多种多样的版本，其中有一个著名"天桥版电车难题"，说的是如果天桥上有一个人是一个500斤的胖子，下面就是失控的列车，当时你正站在胖子身后，假如你把胖子推下天桥，他落入铁轨中摔死了，但正好恰恰会阻止列车的运行从而挽救5个人，那么这个人可不可以这样去做？很显然，如果他这样去做了，那么他就是谋杀；如果他不这样去做而是袖手旁观，那么5个人会死掉。究竟是选择义务论还是选择功利论？围绕这个问题产生了一系列的版本，西方学界后来就把这些版本整合在一起，叫作"电车学"，并出版了一本名叫《你会亲手杀死那个胖子吗？》的书。

如果我们把电车难题放在AI视域下来讨论，这将带来电车难题的升级版，即无人驾驶视域下的电车难题。首先我们可以做一个思想实验，作为一个有道德责任感的主体，你处于一种接近"无知之幕"的状态中，即你不知道处于铁轨中的5个人或者1个人的身份地位、出身、能力等背景性知识，甚至也不知道你自己处在一个什么样的位置，你有可能是被捆绑的这1个人，也可能是5个人中的一个，甚至说你是一个旁观者。当你是旁观者还是行动者这些数据信息都不知道的时候，你要不要选择拉杆？不管拉杆与否，传统的思想实验都认为抉择者本人不会死。如果你处在两条轨道中间的某一个位置，当你拉下杆的时候，你也可能死，那么这时你应该怎么样来选择？还有就是你作为1个人或5个人中的一个，这对你拉杆的影响有多大、你拉杆的概率有多大，这也是一个统计学的难题。

如果在AI环境下，这一电车难题可以进一步修正如下：如果有这样的一台无人驾驶的高度智能化汽车，它以正常速度在自己的轨道上行驶，在它前面是一辆同样正常行驶的大车，但是大车突然发生事故，那么无人驾驶的智能汽车面临着两难选择：一个是直接撞向前面的大车，后果就是乘客因撞车事故而重伤；另一个选择是撞向马路，当时马路上正有两个步行的路人，结果是无辜的路人可能被撞死，但无人驾驶汽车上的乘客因此受益，仅仅是轻伤而已。

因此，当无人驾驶汽车面临不可避免的交通险境的时候，如何进行最后的决策？通常有一种观念，就是我们把这种决策权交给乘坐汽车的乘客或者司机，从无人驾驶切换到人工驾驶，那么这个人工驾驶会怎么样选择？当汽车发生事故的时候，如果你选择撞向路人，那么你就等于在杀人；如果你不选择撞向路人，你前面撞上了一辆皮卡，你的选择将使自己面临严重的生命危险，甚至导致死亡，这个时候对乘客来说也是一个巨大的考验。根据大数据调查结果，作为乘客，大多数人是自利性选择。那么我们就不能把这样一个最后的决策权交给乘客或者司机来行使，因为他们往往为追求自保而伤害他人。但由此带来的难题就是：如果不把决策权交给乘客或者司机的话，乘客或司机就不能或无须做抉择；如果他们没有自由选择的权利，那也就意味着如果发生了交通事故，他们是不需要为此担负责任。换句话说，如果无人驾驶的汽车把路人撞死了，那么乘客是不需要承担责任的。乘客不需要承担责任，那由谁来承担责任呢？是否应该由汽车制造厂商来承担责任？对汽车制造厂商来说，就会面临着一个严重的考量。当发生这样的事故的时候，如果我生产的汽车不能保护乘客的安全，而是选择牺牲乘客的利益，那么这个汽车还有市场吗？显然不会有人买这个汽车。反之，如果汽车选择保护乘客，而故意撞向路人，那这个汽车就变成了一个故意伤害他人甚至杀人的工具，相关管理部门显然也不会允许这种汽车上市。当把这些难题抛给汽车开发商的时候，汽车开发商认为这个问题太难，能做到保护每一方利益的无人驾驶汽车显然很难开发出来。

回顾现实，2018 年 Uber 就曾发生一起交通事故，无人驾驶的汽车把路人给撞死了。事故调查表明，它完全可以不选择撞路人，但是发生事故的无人驾驶汽车的算法设计是优先保护乘客的安全。如果保护乘客的安全，那么就是选择牺牲路人的生命，这就遭到了严重谴责。这个谴责其实就是算法主导了无人驾驶。通过采集大量的大数据，算法如何来保证汽车的驾驶运行，使其能够保护更多的公共利益？MIT 曾做了一个研究，发现在无人驾驶时汽车会进行选择性取舍，核心是优先保护自身利益。例如，无人驾驶汽车面临着是撞狗还是撞人等一系列问题的时候，要怎么选择？欧盟的伦理委员会做出一个大致的、比较抽象的概括，就是人类生命优先于动物生命，那么在无人驾驶汽车中预先设置的道德规范就驱使汽车选择撞向动物，但如果真是这样的话，人的生命价值就变成可以计算，进而可以交易，这终将导致无人驾驶的算法原则沦为功利主义的后果。

时至今日，无人驾驶之所以远远未取得重大突破与实际应用，除了本身的技术受限之外，还因为没有建立一个能充分保障各方合理利益的伦理规则。目前为止，人工智能领域中认为可信任的人工智能是首要的发展目标，如何建立可信任的 AI 伦理将是哲学伦理学未来研究的重要使命。

大数据时代的"康德幻象"及其批判

张 梧[*]

非常感谢能够给我这么一个发言的机会，我发言的题目是"大数据时代的'康德幻象'及其批判"，欢迎各位专家和前辈学者批判指正。

按照黑格尔对康德的批评，康德哲学停留在主观领域没有达到真正的客观性。进入大数据时代，我个人的突出感受是，康德哲学已经从主观思想转变为社会现实。例如，康德曾经提出物自体和表象的著名区分。在大数据时代，所有事物都将获得数字表象。人们留下的数据痕迹不仅可以拼接出一个连我本人都不认识的"数字人"，而且可以比我本人更好地"认识我自己"。如果说马克思历史唯物主义的出发点是"现实的个人"，那么大数据时代的出发点便是"超现实的个人"。

但是，在大数据时代，哪怕数据表象能够完全覆盖事物的全部感性存在，但是数据表象仍然停留在现象界，不能完全替代事物的感性存在。也就是说，感性存在也就成为康德的"物自体"。大数据会记住我们生活的每一个细节，但是大数据和人脑的差别

---

[*] 张梧，北京大学哲学系研究员、助理教授。

仅仅在于：大数据只会加工这些数据信息，而人却会遗忘这些生活痕迹。究其实质而言，人的遗忘过程同时也是记忆生成的过程，更是意义的筛选过程：留下有意义的回忆，抹去无意义的痕迹。对活生生的人而言，生活并不只是活过的样子，而是记住的样子。大数据技术虽然能够掌握人的全部现象，而唯独无法抵达人的现实深处。所以，数字存在仅是由数据信息构建起来的表象，而不是事物自身。

人们在此又看到了康德曾经揭示的事物表象与物自体之间难以跨越的绝对界限。然而不同的是，康德的物自体规定了理性的限度，而大数据时代的"物自体"（即感性存在）见证了数字的僭越，以至于作为物自体的感性存在沦为被人遗忘的存在。在大数据条件下，人们停留在表象领域，而感性存在成为永远被滞留在彼岸世界的物自体。真实的感性存在反而成为一个在数据存在之外的、被遗忘的事物支撑。这将会带来非常大的挑战和危险，人们将会沉迷在数据的表象世界之中。

在此意义上，我特别认同王晓升教授所讲的问题，当我们处在完全沉迷于数据表象的时代，那么否定何以可能？批判何以可能？反思何以可能？哲学理论何以可能？这就会成为一个突出的问题。进入数据表象占据统治地位的时代，我们认为它会倒逼出社会认识论去思考很多问题，因为它界定了社会认识论的新边界，从而催生了很多问题。

在此不妨以创新为例。大数据本身是创新的产物，但是大数据有可能会遏制我们的创新。苹果手机的发明者乔布斯喜欢引用福特的一句话："如果你去问大家，问当时的美国人需要什么，他们不会说我们要一辆汽车，他们只会说我们要一辆更好的马车。"也就是说，大数据分析始终是基于过去的数据痕迹而进行推算，它不可能突破数据痕迹的藩篱而实现颠覆性创新。颠覆式创新不是仅靠现有的数据痕迹并加以分析处理就能实现的，恰恰相反，颠覆式创新需要突破人们的认知边界，打破人们的信息封闭。在我国深入实施创新驱动发展战略，推进以科技创新为核心的全面创新的新时代，我们应当高度关注大数据思维对创新思维的负面影响。更重要的是，人们也要不断以颠覆式创新打破数据表象思维的认知垄断。

在大数据时代，"康德幻象"的另一个表现是，康德的先验统觉也在大数据时代成为社会现实。据说在大数据时代，相关关系将代替因果关系，人们不再需要关注"为什么"，只需关注"是什么"，因为"知其所以然"的规律将由大数据的"知其然"的过程中自动呈现。大数据自动升级为"智能"，依靠海量数据规模而"转识成智"。大数据呈现规律的"自发性"与康德所谓"纯粹的统觉"的先验性高度相似：前者是海量数据自动呈现出某种规律，后者是感性杂多经过知性范畴的整理而成为知识。照此看来，康德哲学在大数据时代正从形而上学成为直接的"社会现实"。

大数据时代的算法便是"先验统觉"的表征。然而，在这里值得注意的是，与康德的先验统觉相比，算法归根到底是社会的产物，而非数据的产物。在此意义上，人们应当对算法进行社会性维度的批判和反思，这便是马克思在大数据时代的出场路径。人们可以看到，数据算法的底层逻辑就是资本逻辑，外卖配送员困在算法系统便是一例。正如康德哲学的先验统觉是对感性杂多的整理一样，算法也把这些数据当作感性杂多而加以统合，以至于给人们造成一种"先验错觉"，造成一种数据好像能够自己说话的错觉和幻象。

大数据时代的这些幻象需要我们借助马克思社会批判理论加以反思。最后，我的结论可以归结为一句话：大数据时代是康德哲学从一种思想的主观性变成了一种客观的社会现实，越是在这个时候，我们越要追问新的批判何以可能。因此，即使身处大数据时代，我们仍然需要马克思。

这就是我大致的结论和心得体会，谢谢大家，请大家批评指正。

大数据、因果关系与科学方法

张贵红[*]

很多学者指出大数据变革了我们的科学方法，改变了我们对因果性的认识，其实这是一个误解，通过分析大数据的方法和因果性问题可见，它也符合因果关系，而且它也是一种典型的需要理论、需要模型的科学方法。本文首先分析大数据神话的起源，为什么大数据被传得神乎其神？其次分析大数据和因果关系或者因果性之间的联系。再次分析大数据的科学模型是怎样的？最后指出大数据也是一种解释，它的方法也是寻求一种解释现象的科学方法。

大数据神话起源于 2008 年的三位大数据专家及其代表性言论。克里斯·安德森（Chris Anderson）在《连线》上说相关性取代了因果关系，此说法传得最广，好多人就说从因果关系到相关关系是一种变革。谷歌的彼得·诺维德（Peter Norvig）写的，他是大数据的先驱人物，他说模型都是错误的，没有模型也可以成功，意思就是大数据没有传统的科学模型，但他并不是说不需要模型，而是说模型都有问题。詹姆士·格雷（James Gray）的经典论文，论文来

---

[*] 张贵红，中国科学技术大学人文与社会科学学院副教授。

自一次经典的演讲,在 2007 年的时候他说科学已经改变了,现在是一种数据驱动的科学,以前是计算驱动、理论驱动和实验驱动,现在是第四范式,很多人就说大数据带来了新的科学范式,实际上也是对他的误解。

这里面安德森讲的这句话被引用最多,后面两个也都是经常被人们误解的。总体来说,关于大数据的神话可以总结为三个观点:第一,大数据使因果关系变成相关关系;第二,数据科学即数据驱动的科学不需要模型和理论;第三,大数据的解释力高于旧的科学方法。这三个观点都是有问题的。

一 大数据和因果关系

很多人认为因果关系正转变为相关关系,有的人说这意味着理论的终结,这个是维克托·迈尔-舍恩伯格(Viktor Mayer-Schönberger)等人在《大数据时代:生活、工作与思维的大变革》里大肆宣传的。因果关系为什么没有被取代,南茜·卡特莱特(Nancy Cartwright)曾指出,因果关系的特征是因果知识可以帮助我们做事情,能够为我们提供解决问题的答案、方式,所以它是一种策略基础,只有相关性不能帮助我们决定如何做事情、干预事件。大数据做出的预测,比如说当你投票的时候或者买东西的时候,它推送给你东西,实际上它背后是有因果支持的,不可能完全无规则地推送,它会找到一些原因出来,至少涉及一些共同的原因,例如根据你的购物规律不停地向你推销。当然,这是大数据背后的业务关系的普遍性,大数据方法的典型方法就是进行训练,通过搜集很多数据,然后对这个数据进行分析,不停地对这些不同参数和变量进行挖掘和分析,从中找出一些相关性出来。仅仅相关性不能告诉我们如何有效干预世界,因此,如果大数据是关于做出干预的预测,例如让人们投票给某个特定候选人或点击某个广告,那么它就必须以因果知识为目标,而不能仅仅满足于相关性。请注意,可靠的预测即使不能证明干预的合理性,也总是需要因果知识,至少要知道共同原因的存在。例如,可以基于气压计读数来预测天气,因为气压是两者的共同原因。

我们通过两个典型例子来继续分析。一个是网络购物,根据你的购物数据,你购物次数越多,它给你推荐的东西越精准。比如说买书,如果你买哲学的书多,时间一长,下面推荐的都是哲学的书,也就是说,它是不停地训练出来的,一开始推荐的书并没有这样的规律和准确性。第二个是疾病的成因,比如说某种疾病它的原因是什么,你如果看病看得多,那么原因就会自然而然逐渐浮现出来。大数据是积累出来的,不停地训练,在训练的时候寻找的是变量和结论之间的联系,不停地训练本身就是一种模型,它构建一种训练的模型。大数据,虽然可以自动训练,不需要更大的理论,但它本身在一个点上的训练能够让它实现一个可广泛应用结果,这是它的方法的关键。这个方法非常像弗朗西斯·培根(Francis Bacon)和约翰·密尔(John Stuart Mill)提出的消除归纳法,消除归纳法也是归纳法,它也符合因果关系,这是一个典型的方法,它并不在整体的一个大的理论下寻找某个关系,而是把那些无关的边边角角数据去掉,然后单一地从一个角度来探索因果关系,也不需要一些规律来解释一个现象,这是消除归纳法。大数据的这种训练与它极为相似,所以它的优势是解释复杂现象,尽管我们没有一个理论来解释,但是我们能够通过一个细节来分析这个复杂现象,寻找我们要的东西。

典型的大数据问题涉及大型训练集,输出相对于大量输入参数 x 的分类或回归的变量 y,x 也称为预测变量或协变量。与常规统计问题相比，主要区别在于输入变量的高维性和有关系统各种配置或状态的可用数据量。消除归纳法可以根据某种现象相对于特定上下文的必要条件和充分条件来确定因果关系。为了通过消除归纳法建立复杂现象的可靠因果知识，必须在尽可能多的不同情况下提供所有潜在相关边界条件的广泛信息，而这种信息是由大数据提供的。消除归纳法非常适合于识别具有上述特征的大数据定律。该方法可以处理大量参数和任意复杂的关系，不能将其简化为简单的方程式。它可以解决上下文的相关性，因为它仅针对进一步边界条件的特定背景建立因果相关性。此外，消除归纳法可以从仅比较两种情况的差异方法中识别出仅在少数情况下或者是单一因果关系的关系；或者说，确定原因时无须考虑任何规律性。

在大数据出现之前，复杂现象的因果结构非常难以分析，因为几乎不可能有效地收集和处理大量数据。大多数情况下，科学家会进行一些简化工作，例如可以忽略对现象的少数几个主要影响，并且这些主要影响遵循简单的功能关系。但是这些假设主要不是出于经验上的考虑，而仅仅是出于使数据适合可用的科学工具箱的需要。通过考虑到越来越多的边界条件，大数据使科学的情境化越来越有可能。基于消除归纳法的数据密集型科学不会在整体水平上检查现象，即实例集合有哪些共同点，但可以解决个别情况。这种发展的例子是大数据的微观定位方法，个性化的网络搜索或个性化的在线广告。

二　大数据方法与科学模型

关于科学模型，格雷提出了四个范式，分别为实验范式、理论范式、计算范式以及数据密集型范式。这四个范式不能说第四个代替了前三个，比如说现在数据收集技术好了，所以有了新的研究方法研究以前不能研究的问题，例如就北京雾霾成因案例而言，以前的简单分析就是建几百个观测点，然后收集数据，现在我们可以将2000万北京市民都作为观测点，他们都有手机，都有这种功能，理论上是可以把它的所有数据都收集起来的，也就是说，可以寻找到雾霾的更准确的模型或者更好的原因。因此，大数据模型实际上是一种跟以前不一样的模型，没有明显的层次，不需要构建一个塔桩，它是一种平行的水平模型。这个非常典型，就是说它只要根据数据来建立一个理论，就不需要中间的一些细节结构。

还有两个经典案例。一个是机器翻译，我们发现谷歌翻译用得越多，译文的准确度就越精准，这是它的一个典型例子。另一个是选举，比如美国选举的时候，我们会看到肯定是存在多种干预因素的，国外的或者内部的一些干涉，它其实就是一种典型的大数据模型方法的应用。这种模型有五个特点：一是水平模型；二是数据代表了现象；三是它的解释跟以前的解释不一样，它缺乏结构，所以解释力量会弱一点；四是理想化的简化，就是说把模型简化了；五是它只关注一个一个点，而不是整体。很多人说它更好用，解释得更好，其实是它解释的范围更广了。我们以前不知道的事情，比如我们购物的时候为什么买这个？另如雾霾天气为什么会这样？我们用大数据可以解释它了，尽管解释的范围大了，但它的解释力却变弱了，对某个点的解释力不如以前的那些模型。如果能建立更经典的模型，解释的效果肯定就会更好。

我们现在可以列出将大数据建模与更常规的科学建模区分开的功能。由于数据存储和处理的能力有限，数据存储和处理的目的是有效地减少数据量和适当的知识结构，从而使通用性不断提高。大数据建模由于具有处理大量数据的能力而具有不同的应用范围。分层结构对于预测和操作变得不再是不可或缺，因此大数据方法是一种"水平建模":它直接从数据中进行水平建模的预测,而无须求助于简化模型。由于数据已经代表了现象的所有相关配置,因此几乎不需要引入抽象的描述级别,因此,大数据模型缺乏大多数传统科学所特有的分层嵌套结构。

三 大数据与科学解释

此节进一步详细讨论大数据科学的解释力,为此,先要区分两种解释。第一种为统一性的解释,它指的是形成一般定律或规则,以及因果关系的解释。从上面的讨论中可以看出,大数据可以进行因果关系的解释,但是在很大程度上不能提供统一性的解释。现在,我们已经可以消除有关大数据建模的因果关系和解释性的困惑,它本质上还是因果关系、模型解构和解释的混淆造成的。大数据模型旨在确定因果关系,因为它们适用于现象的预测和操纵。

统一性解释直接强调了统一的本质。这是科学解释的本质,科学通过减少必须接受为终极的或给定的独立现象的总数来增强我们对世界的理解。在其他条件相同的情况下,一个独立现象更少的世界比一个更多的世界更容易理解。菲利普·基彻(Philip Kitcher)进一步发展了这一思想,以根据论证模式进行解释。就其还原论精神而言,统一性解释与假设推论的解释非常相似。两者都希望从少量足够普遍的定律中得出观察或现象,只有前者关注论点结构,而后者则关注前提。

第二种为因果性解释,即因果解释,只能通过已经存在因果关系的概念来理解。例如统计相关性或反事实说明。从前文的案例讨论中可以明显看出,大数据模型非常适合产生因果性解释,以解释事件所发生的因果关系。然而,此处的因果解释有时可能根本达不到统一。这种方法其实是对推理即 IBE（Inference to the Best Explanation, IBE）的最佳解释，通过结果来分析哪些原因更能对结果进行解释。

简单总结如下：首先，科学理解通常以统一主义的解释为前提。通过将现象与其他现象联系起来并减少独立假设的数量，可以理解该现象。所使用的数据越少，涵盖的现象范围越大，则对主题的理解就越深刻。显然，这种理解概念与层次建模和有意识的人类认知设备紧密相关，而后者在数据存储和处理方面存在局限性。面对复杂现象，例如由于缺乏普遍性的定律，因此社会科学根本无法实现统一性解释。因此，人类对这些现象的理解可能总是受到很大限制。这意味着要重新考虑人类专家在复杂科学中的作用，因为在理解受限的情况下人类专家能通过提供理解来指导研究过程。

传统的解释就类似于演绎定律规则，因果解释就是基于典型的大数据复杂现象的解释，它涵盖的范围不需要一种普遍的定律，就像社会科学里的解释一样，这些结论让我们看到大数据的问题，即它的滥用非常容易出现，也就是说，很多时候跟你完全不相关的一些现象也会干预到你，这实际上就是大数据的滥用。数据输出的背后也是有因果的，它的优点当然体现在使对经济社会现象进行大数据分析成为可能，以前分析都是解释性的，现在能够用数学计算来分析一些人文社会现象，数据科学的这种方法正在普遍应用于人文社会科学领域。

可见，所谓的大数据对科学方法的变革，并没有改变其背后因果关系的存在，同时大数据科学方法可以通过最佳说明推理来理解。在未来几年中，基于非参数统计的大数据水平建模将大大扩展复杂科学中的因果知识。例如，通过经济和社会方面的大数据，更有效的管理方式将成为可能。但是，这也潜存着滥用等相当大的危险，尤其是在社会科学中。通过大数据方法建立的知识将包含大量因果定律，这些因果定律通常涉及许多参数，并且是高度依赖于上下文的，即仅在少数情况下可以实例化。这些定律的复杂性以及缺乏可将其集成到其中的层次结构，使得尽管无法进行更深入的了解，同时又可以进行预测和干预。

三

数字文字学和算法治理技术

——数字资本主义时代的再生产*

蓝 江**

摘 要：随着数字时代的来临，福柯意义上的治理技术也从原先的规训和安全模式，变成了算法治理技术。在这种治理论技术下，形成了一种普适的算法语言，这种语言通过将所有人的行为、话语、习惯甚至面容和声音变成可数字化的数据，然后在数字文字学的平台上进行精炼和增补，成为可以被人们阅读和利用的数据。而这种数据的最终结果是，出现了适应于数字时代治理技术的数据人，算法治理技术的对象就是数据人。通过将数据人嵌入算法治理技术的框架，重新塑造了现实世界中的主体。通过这种方式，数字资本主义不断再生产着数据人的生存架构。

关键词：可数字化 数字文字学 算法治理 数字资本主义 再生产

---

* 本文系国家社科基金重大项目"后现代主义和哲学发展路径与新进展研究"（项目号：18ZDA017）阶段性成果，已发表于《山东社会科学》2021年第3期。

** 蓝江，南京大学哲学系教授，博士生导师。

三

> 要找到一种语言——而且,正因为语言就是观念,使用一种宇宙语言的时代必将到来!
>
> ——兰波

也许在 19 世纪时,很少有人知道兰波在《通灵人信札之二》中为什么要通灵,那种普适的宇宙语言又是什么。兰波不信任有限的感官,试图用一种普适语言来实现与另一个世界通灵,这也是他为什么坚持诗人是一个通灵者。通灵者不会囿于一个故步自封的世界,不会玩着永世轮回的游戏,通灵者需要走出循环时间的迷宫,让另一个世界的希望照亮荆棘密布的此世,让人们可以在没有上帝的世界里重新看到走出时间循环的可能性,这就是为什么兰波将希望寄托在一个根本不存在的宇宙语言的身上,他满怀希望地说道:"诗人在他于宇宙之灵中觉醒的时候将给未知以定量,诗人一定可以提供更多的东西——比他的思想模式,比他的走向进步的记录还要多!不正常状态一旦转而成为正常,一旦被所有人所吸收,诗人便将真正成为一个进步的促进者!"[①]

一个多世纪之后的今天,我们似乎看到了兰波的这种普适的宇宙语言的曙光,但是我们看到的却是另一番景象,我们今天的确"给未知以定量",因为我们将一切都转化为数据,并在数字算法的后台中将其纳入到一个庞大的数字网络中去,我们的确得到了更多的东西,我们也获得了巨大的进步,我们的状态也越来越正常,但是创造这一切的不是兰波式的诗人,是数字技术和算法。我们面对的是一个全新的时代,一个普遍数字化的时代,一切事物,一切可以经验到的东西并不是变成可说的事物,而是变成了一个新的存在方式——可数字化的数据。在今天到处充满着智能网络,到处使用

[①] [法]阿尔蒂尔·兰波:《地狱一季》,王道乾译,花城出版社 1991 年版,第 80 页。

手机、笔记本电脑、智能终端等设备，这些已经不再是纯粹工艺学上的技术和设备的更新换代，而是一种存在方式的改变，不仅如此，我们也在整个数字化网络中不断再生产出我们自己，以及我们的各种社会关系。在这样一个时代里，我们并没有成为一个真正的诗人，一个在此世和另一个世界的通灵者，而是进入一个更巨大的轮回当中，即数字资本主义时代的再生产。为了理解这种再生产，我们需要借助本雅明、德里达和福柯的武器，为我们揭示出将我们绑定在数字结界上的魔法。

一 从可说性到可数字化

1916 年 7 月，在本雅明写给马丁·布伯的一封信中，本雅明曾说道："要彻底消灭语言中的不可言说的东西。"本雅明在这里提到的不可言说的东西（the unsayable），实际上指向了西方哲学史上的一个十分重要的问题，即可说之物（the sayable）的问题。

为什么会有可说之物的问题？实际上，我们知道，世界存在着一个基本的二分，即词与物、概念与现象、能指与所指、符号与意义的二分。我们可以将一朵花视为属于物的世界或现象世界的东西，而将一般性的"花"的概念看成词的世界或概念世界汇总的东西。但更为重要的不是这个二分，而是词与物、概念与现象的两个世界之间存在着一种隐秘的关联，我们可以将这种关联视为映射关系和对应关系。譬如，当我们说"花"这个词时候，一定会让我们联想到物的世界上的某个对应的可以被称呼为花的东西，例如眼前的这一朵梅花，凌霜傲雪，暗香浮动。这种能指和所指、词与物之间的对应关系，保证了两个彼此分开的世界存在着一定的关联，从而保证了世界的统一性。这就是最初的哲学是本体论的（onto-logie）的原因，本体论不是纯粹对物的世界或实体（on）的探究，也不是对纯粹的词语和概念世界或逻各斯（logos）的研究，因为本体论从一开始，就是本体与逻各斯的关联，即在逻各斯下的被言说的本体或实在。正如亚里士多德在《范畴篇》中就提到柏拉图主义的关键就是建立起理念与事物之间的关联，亚里士多德说："由于分有，众多和理念同名的事物才得以存在。"[①] 这样，在古希腊的本体论中，实体与逻各斯，物与词语的对应关系建立起来了，而这些对应关系被最终归结为理念（Idea）。

不过，这里还有一个比较重要的问题：词与物，逻各斯与世界的对应关系是如何建立起来的？而这个问题引出了一个更为重要的问题，逻各斯与实体之间的关系真的是没有遗漏的——对应关系吗？当我们言说一个词语的时候，是什么东西保障了一定有一个实在物与之对应，而所有的实在物都应该有一个名称来称呼它？事实上，在当代思想家瓦尔特·本雅明那里，两者之间的这种对应关系似乎更像是自柏拉图以来的一种形而上学的伎俩，也就是说，形而上学通过某种特定的方式，让原本并不能直接对应的关系（即词与物，言说与实体，逻各斯与世界）变成了对应关系。在《德意志悲苦剧的起源》中，本雅明就十分明确地坚持了这种反形而上学的立场：

> 概念的标尺是用来表达一个理念的，它将理念现实化为概念的组合（Konfiguration）。因为理念并没有将现象纳入其中。现象没有被理念所包含。毋宁说，理念是现象客观化了的虚拟整饬，是对现象的客观化阐释。如果理念既没有将现象吸纳入

[①] ［古希腊］亚里士多德：《形而上学》，苗力田译，中国人民大学出版社2003年版，第17页。

自身，也没有化解在自己的功能中，化解在现象法则，化解在"假设"中的话，那么就会有这样一个问题：理念将以何种方式达致现象？①

本雅明的意思在这里十分清楚。理念和现象、词与物之间的对应关系，实际上是完成了一个魔法：理念或词语根本没有把现象和物对应起来，或者用本雅明的话来说，根本没有"将现象纳入其中"。从一开始，理念、词语、概念与现象、物、实在之间的对应关系就是一种虚幻，倘若如此，与词语和理念对应的"物"和"实在"究竟是什么？本雅明给出的答案是，对应的"物"和"实在"实际上是理念或词语在逻各斯的范畴内所再现（Repräsentation）的对象，是"现象客观化了的虚拟整饬"。这是什么意思？简单来说，在实在世界里，实际上现象或实在一开始并不是以彼此分离的具体对象或物存在的，原初的世界在根本上是一个无差分（indifference）的世界，这就是拉康意义上的真实界（le réel），而这个无差分的真实界也正是后来思辨实在论（speculative realism）和新实在论（new realism）的基础。也就是说，在没有词语和概念的前提下，我们无法将某一特殊对象从它的周围环境中隔离出来，比如说一朵花，它在现象世界中并不是天然独立的，它混同在其他诸多事物当中，唯有当我们言说"花"这个概念的时候，花才能作为一个独立的对象与周围分离出来，成为我们观看和言说的对象，成为笛卡尔哲学以后的客体概念。

但是，这里存在一个问题是，作为对象和客体的花，与原先混合在周围无差分环境中的花是不是一回事？对于在词语中被言说的

---

① ［德］瓦尔特·本雅明：《德意志悲苦剧的起源》，李双志、苏伟译，北京师范大学出版社2013年版，第10页。

花，在本雅明看来，就是被再现出来的花，"花"的概念通过某种属性的规定，让"花"可以与周围的"非花"事物隔离开来，让眼前的花成为一个独立的对象。在这个意义上，当我们可以将一朵花从植物的茎上摘下来时，已经意味着这朵花被主体视为一个可以与周围环境隔离开来的对象，从而我们可以用手将花摘下来。我手中这朵被摘落的花不再是长在植物根茎之上的鲜花，而是通过我们"花"的理念不仅在词语上隔离出来，也在现实中将其隔离出来的对象，所以我手中的花不再是原始的自然状态下的花，而是被我们的理念或概念"再现"出来的花。

更为重要的问题是，通过词语和理念可以被再现出来的花（并非言说中的"花"），实际上就是我们通常认为的与概念对应的物。这样，我们便可以理解，与概念对应的根本不是实在，不是自然状态下的现象，也不是原初的世界，而是被概念和理念介入，将与之对应的材料与周围的世界隔离开来形成的对象。这个对象已经包含了词语所规定的属性，从而可以在概念层面上表现出与概念或词语的一一对应性。也就是说，这种词与物、理念与现象之间的对应关系实际上是一种伪像，所有的对应关系全部发生在词语层面和理念层面，词语和理念完成的是对原初世界和现象的切割，就像我们可以将那朵花从植物的茎上摘下来一样。表面上看，花还是那朵花，但是，花的意义已经发生了改变，原初在自然环境中经验到的具有生命活力的花，突然变成了主体凝视和把玩的对象，沦为了客体，成为被主体送上概念解剖台上的僵死的对象。这些对象不仅被概念和词语切割，它们之间的关联也不再是在原初世界上的真实关联，而是在一个新的平台上，按照词语或能指之间关系进行的重新组合，并在这个平台上被再现为新的状态。本雅明把这个将活生生的现象和实在变成词语和概念手术台上的对象的平台称为聚阵

(Konstellation)。本雅明说："理念是永恒的聚阵结构，包含着作为这样的聚阵之连接点的现象元素，由此现象既被分解又得到了拯救。而那些元素，将其从现象中抽离出来的就是概念的任务，那些元素在极端情况下（das Extreme），最是显露无遗。"[1] 在概念聚阵的平台上，原初与世界的直接经验被转换为经由概念和词语再现的对象，我们的身体对世界的实在经验反而变成了无关紧要的东西，正如本雅明在《经验与贫乏》中强调的，木匠的经验被直接的现代加工工艺学的知识取代，而我们对世界的直接体验，被各种意识形态的话语切割成鸡零狗碎，"我们承认：这种经验的贫乏不仅是个人的，而且也是人类经验的贫乏，也就是说，一种新的无教养"[2]。

作为本雅明精神衣钵的传承者，意大利思想家阿甘本显然也接受了本雅明理念的聚阵的概念，不过，他更希望将这个概念与古代希腊化时期的斯多葛学派的一个重要概念——可说之物（lekton）——联系起来。斯多葛学派承袭了柏拉图在《蒂迈欧篇》中的区分，柏拉图很明确地感受到，在词与物、概念与实在之外，还存在着第三样的东西，对于第三样东西，柏拉图给出了一个名称 kora，kora 是一个空洞的空间，它是一个虚无的架构，但是只有物体和现象，进入 kora 这个空间之后，才能与词语和概念形成对应关系，即形成所谓的本体-逻辑（onto-logie）。那么，正是这个空洞的空间，即 kora，在后世的斯多葛学派那里，被称为可说性（lekton）。在《蒂迈欧篇》中的柏拉图，以及后来的斯多葛学派看来，过程实际上是这样的：纯粹的现象和实在，从一开始无法与我们的

---

[1] ［德］瓦尔特·本雅明：《德意志悲苦剧的起源》，李双志、苏伟译，北京师范大学出版社2013年版，第11页。

[2] ［德］瓦尔特·本雅明：《经验与贫乏》，王炳钧、杨劲译，百花文艺出版社1999年版，第254页。

知识和语言建立起有效的关联,如果需要建立关联,必须让现象和实在进入 kora 或 lekton 之中,成为与概念对应的可说之物。所以,阿甘本指出:"为了这个目的,恢复柏拉图的态度,所以斯多葛主义为他们的意义理论加上了'可说性'(lekton)。从'玫瑰'一词和'玫瑰'的概念,可以指向个别的现存的玫瑰,我们需要假定玫瑰的观念,即纯粹可说性上的玫瑰,即它的'诞生'。"[1] 也就是说,自然现象或纯粹实在,并不是直接可以被我们言说的对象,我们需要通过 kora 或者可说性,或者本雅明意义上的聚阵,让其在这个平台上,变成可说之物,从而才能变成与我们言说的词语和概念一一对应的对象。换句话说,人类在语言诞生的过程中,产生了这种可说性的机制,让不可言说的纯粹现象变成了可说之物,然后,它才能在人类的语言中交流,成为我们互相言说的对象。从纯粹世界中的实在成为逻各斯之下的可说之物,这是人们语言最大的奥秘。

当然,追溯本雅明的聚阵、柏拉图的 kora、斯多葛学派的 lekton,最根本的意思在于,我们人类社会的文明如果是建立在语言和概念基础上,那么其前提是所有的物体和实在要变成可说之物。在我们今天,即兰波宣称的具有宇宙语言的时代,我们面临的是一种全新的状况,因为在我们世界中运行的不仅仅是我们人与人之间交流的语言,更重要的是,在我们的语言交流的背后,还有一个潜在的更大的数据世界,那里收集了大量的数据并在计算机语言的算法下掌控,已经形成了全新的聚阵,这不再是本雅明的语言或理念的聚阵,而毋宁就是数据的聚阵或算法的聚阵。根据本雅明、柏拉图或斯多葛学派的结论,我们是否可以做出这样的推理,即今天的

---

[1] [意] 吉奥乔·阿甘本:《什么是哲学?》,蓝江译,上海社会科学院出版社 2019 年版,第 110 页。

可说性已经让位于一个更大的数字平台，我们面对的世界不仅仅是需要将纯粹现象变成可说之物，更重要的是要将其变成巨大的数字平台上的可数字化之物。所以，今天我们面对着一个全新的 kora、全新的 lekton，这个新的平台就是由数字和算法支撑的平台，而我们今天想成为现代人、成为数字时代的一个前提就是要成为可数字化之物，而成为可数字化之物，代价必然是本雅明曾提到的真实经验的毁灭。但我们知道，正如本雅明所说，这既是毁灭，也是新的拯救。我们在可数字化之物下抛弃了旧时代的藩篱，也陷入了更精密的囚笼当中。

二　数字文字学的诞生

数字资本主义时代的困境不仅仅在于原初经验的失却，即将原初的实在和物被可说性的理念切割成可以转化为与词语对应的对象和不可被词语消化的残余。在数字化时代，这种可说性变成了可数字化的平台，即任何的经验、任何的实在，必须经过数字化的转换器来进行。即便是我们生活中的词语和对象，一旦不能变成网络平台上的数据，也自然与之前被可说性切割下来的残余经验一样，成为新的残余，这是第二次切割，也是我们经验的第二次丧失。从可说之物向可数字化之物的转变，也正是从人类的语言交换体系的普遍化向数字平台的普遍化的转变。

然而，在这个发展过程中，还有一个更深层次的裂变，也就是说，不是所有可数字化的信息或数据都可以在数字平台上交流。在数字平台上，天天采集着与我们日常生活息息相关的各种数据，齐泽克曾说："人类个体也变成了'物'，他们的言说和行为在他们不知道的情况下，都能不断地变成数据并被传递出去：他们的身体行动、金融交易、健康、饮食习惯、购买与售卖记录,他们读什么,听什么,看什么,所有这些都被收集到数据网络中。"① 不过,这里需要注意的是,将人的行为和习惯变成可数字化之物,仅仅只是这个步骤中的第一步。也就是说,从我们的具体行为、言说和经验变成数据,并被各大数字平台采集,实际上只是一个采矿过程。加拿大加速主义的代表人物尼克·斯尔尼塞克(Nick Srnicek)有一个不错的比喻,他说:"简单来说,我们应该把数据作为必须提取的原材料,用户的活动就是这种原材料的天然来源。这就像石油一样,数据是一种被提取、被精炼并以各种方式被使用的物质。数据越多,权力越大。"② 斯尔尼塞克说的没错,的确,数据就是数字资本主义时代最重要的资源,数据的地位可以与产业资本主义时代的石油和煤矿相媲美,谁拥有了更多的数据,谁就拥有了更多的权力。

但是,这个比喻也指出了一个新的问题。这就好像在产业资本主义时代,仅仅开采了原油,并不能直接得到数字资本主义生产的产品。在斯尔尼塞克的隐喻中,记录了我们社会生活的话语和行为痕迹的数据,实际上并不能带来数字资本主义的繁荣,所以对于数据的原材料而言,必须还有一个精炼(refined)过程。正如有了开采原油的油田,也必须有加工原油产品的炼油厂。在数字资本主义时代,数字平台一开始完成的只是其数字生产的初级活动,并没有完成其生产活动的更为重要的部分:对数据的精炼提纯,让其成为能为我们所用的数字产品,也成为能为数字资本家赚取巨额利润的数字资本。

---

① Slavoj Zizek, *The Relevance of the Communist Manifesto*, Cambridge, UK: Polity Press, 2019, p. 6.
② [加]尼克·斯尔尼塞克:《平台资本主义》,程水英译,广东人民出版社 2018 年版,第 46 页。

实际上，为了理解对数据的精炼与提纯，德里达的文字学（grammatologie）是一个非常不错的切入口。首先，这里涉及德里达提出的一个十分重要的概念：书写（écirture）。德里达并不是在语言学中来看待书写的，也就是说，书写的痕迹与语言学上的发音、词汇和意义的统一体没有关系。那个词语的统一体属于可说性层面，在 kora 的层面上与其他的词语和意义形成交换关系。但是，书写完全是一种静谧的痕迹，一旦书写出来，它不再在语言系统直接承担语言交流的使命，而是作为一个曾经发生过的语言交流事件以物质痕迹的方式沉淀下来。德里达说："与那种统一体相比，书写是衍生的、偶然的、外在的，是能指的备胎（redoublant）。"[1] 德里达的书写不是一种处于交流中的书写符号，不具有能指的功能，也就是说，书写的痕迹并不一定指向了某个具体的所指。书写是一个被固定下来的痕迹，它是言说和记录行为的残余物，它也是某个直接语言交流行为最后留下的记录，除了指向一个曾经的交流行为，它什么也不是。在这个意义上，德里达认为书写是衍生的、偶然的、外在的，它之所以是偶然的，就是因为书写不一定以固定的方式存留下来，之所以是外在的，因为书写本身不是言说行为。但在德里达看来，恰恰是这个留下的书写痕迹，抵抗着德里达意义上的在场形而上学（métaphysique de la présence），也抵抗着逻各斯中心主义。也正因为书写的存留，让发音、词语和意义的统一性发生了动摇，书写痕迹在这个统一体之外形成了一个而无法被语言学消化的内核，所以，德里达用一个比喻来形容这种书写："书写，它既是感知材料，也是人造的外在性，它是一件'外衣'。"[2] "外衣"的比喻，意味着书写痕迹，根本不在意指关系（signification）的语

---

[1] Jacques Derrida, *De la Grammatologie*, Paris: Les Éditions de Minuit, 2011, p. 44.
[2] Jacques Derrida, *De la Grammatologie*, Paris: Les Éditions de Minuit, 2011, p. 51.

言学或符号学体系之内,我们不能从索绪尔、本维尼斯特等人的语言学来看待留下的书写痕迹。在一定意义上,这些痕迹连能指都不是。于是,德里达认为,在常规的语言学(linguistqiue)和符号学(semiologie)之外,必须形成一种专门关注残留的书写痕迹的学问,这门科学的名称就是"文字学"。需要注意的是,尽管在中文中,grammatologie 虽然长期以来被翻译为文字学,实际上它根本不指向具体的语言学下作为能指的文字,而是一种被文字留下的残余的痕迹。它以语言学残留的遗迹存在着,并保持着它特有的独立性,书写痕迹的存在,必然抵抗着发音、词语和意义的统一体,也抵抗着语言学和符号学为中心的意指关系的统一体。

显然,德里达并不打算十分消极地看待这些作为能指的备胎,也正是因为它的残留,才超越了当下的时间性的限制,让书写痕迹可以在新的基础上焕发出青春。首先,按照德里达的定义,书写痕迹实际上并不直接具有交流的作用,它并不完全在语言学和符号学的统一体之内。这个定义一方面表明了书写痕迹相对于符号体系的外在性,也在另一方面说明了,当在另一个时间和地点,当人们直接面对书写痕迹的时候,是无法直接理解它的。书写痕迹是某个历史时间上的语言行为的衍生物,是备胎,但是这是一个不完整的备胎,它只留下了历史岁月的线索,并不直接将书写痕迹的原始能指的内涵直接传递给历史时空之外的阅读者。千百年之后的阅读者,如果要解读面前这个残留的书写痕迹,就必须进行一项操作:增补(supplément)。增补也意味着,我们在当下对千百年前书写痕迹的解读,绝不是回到原来的真实含义,而是一种在新的当下的增补。德里达说:"增补进行着补充。它只是进行着替代。倘若它填补了空缺,它在替代(à-la-place-de)的位置上进行着干预或实现了饱和。"① 于是，在若干年后的解读中，实际上并不是我们阅读了书写痕迹，而是通过增补，让原先无法阅读的书写痕迹能够变得可以阅读，而在这个过程中，增补由于让不可阅读的书写痕迹变得可以让我们阅读，于是，我们便忘却了增补的存在。德里达将这个通过增补让书写文字重新变得饱满起来的过程称为文字化（grammatisation）。这样，所谓的文字学就是对既定的书写痕迹进行增补加工的过程，对书写痕迹的每一次调用，都面临不同的增补，也意味着面对着不同的文字化。文字化是面向当下的生产，让不具有意义的书写符号重新在语言学或符号学意义上获得饱满的意义，从而成为让后世的人们可以阅读和理解的词语和文字。这是两个层次，一个层次是书写痕迹的纯粹文字学的层次，它与真正的语言交流存在着一定的距离，另一个层次是通过文字化，书写痕迹得以在语言学上变得可读和可理解的层次。在经过文字化增补之后，不可阅读的书写痕迹变成了当下可以阅读的语言，这两个层次就仿佛未装修的不可居住的毛坯房和经过装修的增补而变得适合人们居住的生活房之间的区别。那么，当代的文化工业，绝不是让我们回到那个不可阅读的书写痕迹，而是将它们作为材料，重新成为我们当代语言可以理解的意义。

那么，在数字资本主义社会里，我们所面对的情况与德里达的文字学的描述非常近似。深受德里达影响的当代法国技术哲学家贝尔纳·斯蒂格勒曾十分明确地指出，文字化，即"数字回溯技术就是自从旧石器时代以来的文字化最高阶段，人们开始学会对各种各样的经由他们和他们自己生产的数据流进行离散化（discrétiser）处理和再生产"②。这样，斯蒂格勒数字资本主义时

---

① Jacques Derrida, *De la Grammatologie*, Paris：Les Éditions de Minuit, 2011, p. 202.
② Bernard Stiegler, *La société automatique*, Paris：Fayard, 2015, p. 42.

代重建德里达的文字化概念，文字化实际上即是一种对产生的离散化数据进行再处理的方式。直接从人们的行为和言说中采集的数据，对于互联网中的个体来说，是离散的，是不可阅读的，也是没有价值的。比如说，我们自己不会在意我们在 Google 的浏览记录和淘宝上的购买记录，因为这些离散的数据无论是对我来说，还是对其他人来说，都没有太大的价值。然而，大数据平台收集了这些数据，产生了具有高度的价值的产品，就是对这些在普通人看来无法阅读也没有价值的数据进行精炼和提纯，我们可以将这个过程称为数据的文字化（grammatisation de la donnée）过程。在数据的文字化的过程中，也存在着与德里达的文字学对应的两个层面，一边是无法阅读的、在普通人看来毫无价值的原始数据（données brutes），这些原始数据是离散的、无价值的；另一边是经过文字化精炼得出了具有高度分析价值的数据，如通过对百万人的数据的分析，可以得出在这百万人中大致的兴趣偏好和消费倾向，这种数据对于互联网用户来说是可读的和有价值的，也是一种通过算法增补让原始数据重新获得价值的过程。在这个意义上，我们面对了一种新型的文字学，我们不妨称之为数字文字学（grammatologie digitale）。这样，数字平台对采集过来的数据进行增补、精炼、提纯的过程就算是数字文字学。数字文字学的目的就是让原先不能阅读的原始数据，在通过一定的文字化算法计算之后，成为可以被数字资本和普通用户利用的有效数据。这样，我们面对的数字资本实际上不是直接从各个用户身上直接采集的原始数据，而是经过数字文字学加工后的数据，在数字资本高度发展的今天，我们不仅面对着一般性的数据的诞生，也面对着数据精炼和增补技术的数字文字学的诞生。

三　数据人与算法治理术

无论是对原初数据的采集，还是对原始数据进行进一步精炼和提纯的数字文字学，它们事实上都服务于一个更高的目的：形成数据人，并实现对数据人的算法治理。如果说福柯的生命政治学的分析，旨在将现代性的过程视为塑造规范的现代人的过程，而这种规范的现代人与生命政治的治理技术，尤其是新自由主义之下的安全机制的治理技术是天然契合。那么在进入数字时代之后，一切在市民社会中的生产性和安全性治理，即将让位于背后的数字算法的自动化治理，为了与这种算法治理术相契合，就必须要形成特定的新的主体，这种新主体就是数据人。

在1976年法兰西学院讲座的末尾，福柯突然提到了人口统计学相对于治理技术的意义。在福柯看来，人口统计学的意义不仅仅是一个民族国家能够直接了解自己的人口数量，尽管人口因素在民族国家发展初期，已经被视为衡量国家实力的一个重要参数。福柯实际上更关心的是人口这个概念，即当我们将具体生活中的人，可以悬搁他们的具体身份，如他们的年龄、性别、籍贯，甚至可以悬搁掉一个人是贵族还是平民，我们把多样化的人的生存还原的冷冰冰的数据统计上的一，一个人的身份和地位无论多么显耀，一个女性无论多么雍容华贵，一个乞丐无论多么贫寒，他们都一律被人口统计学还原为数量上的一，一个贵族在统计学上的数字绝不会多于路边行乞的乞丐。这样人口统计学就具有了一种现代平等的意义。此外，福柯还看到了人口统计学对于现代治理技术下的主体的塑造效果，福柯说：

在由生命政治学建立的机制中，首先当然是预测、统计评估、总量测量，同样它也不是改变某个特殊的现象，也不是改变某个作为个体的人，而是主要在总体意义的普遍现象的决定因素的层面上进行干预。①

　　福柯对生命政治学和人口统计学的判断十分重要。因为，在生命政治学之下，需要改变的并不是某个具体的人，而是生产一种人口总体，这种人口总体让政府治理的关注转向了人口的出生率和死亡率，以及整体人口的素质和质量。至于一个贵族生产了多少后裔，一个富家小姐是嫁给了穷小子还是门当户对的贵族，在新的治理技术中统统不重要，重要的是，现代社会让人成为符合现代治理技术的规范人，通过医院、学校、监狱、精神病院，甚至资本家的工厂、市民社会将人们从复杂的血缘关系中抽离出来，成为原子化的个体，一个可以被统治的个体。所以福柯说："在知识－权力的内部，在经济的技术和治理内部，在属于人口的层面和不属于人口的层面或者说工具性的层面之间有这样的断裂。最终的目标是人口。人口是适合作为目标的，而个人，一系列的个人，成群的个人，杂多的个人，是不适合作为目标的。而仅仅作为在人口层面获得某种东西的工具、替代或者条件来说才是适合的。"② 那么，在生命政治的治理技术之下，也是在自由主义的安全治理技术之下，规范化的、独立的个体成为治理的有效对象，这些可以被量化统计所计数的规范个体形成的总体就是人口。人口统计学意味着，将人们塑造成规范性的统计性个体，而不符合这些规范的，则变成了不正

---

① ［法］米歇尔·福柯：《必须保卫社会》，钱翰译，上海人民出版社1999年版，第252页。
② ［法］米歇尔·福柯：《安全、领土与人口》，钱翰、陈晓径译，上海人民出版社2010年版，第33页。

常的人（les anormaux），不能被规范的尺度测量和统计的个人被分别送到了精神病院、监狱以及医院的隔离病区，与规范的人口保持着距离，从而保障整个现代社会可以在规范有序的治理下良性地运作。

于是，我们可以问，如果今天存在一种不同于福柯所讲的安全机制下的生命政治治理技术的新型治理技术的话，那么是否还需要一种全新的主体来对应于这种治理技术呢？答案是肯定的，正如福柯研究的学者斯蒂芬·夏皮罗（Stephen Shapiro）提出，尽管福柯晚年已经开始关注到从凯恩斯主义向新自由主义的转变必然带来治理技术的变化，即新自由主义带来了博弈型的投机主体（subjet spéculatif）的出现，但是"他的死亡，彻底关禁了他继续思考的道路……他没有见到 2008—2011 年的金融危机，也没有看到由数据技术的广泛使用所填补的真空，这将创造一种新的自由资本主义版本，而不是简单地对之前的资本主义的替代"[1]。在夏皮罗看来，如果顺着福柯的谱系学进行推理，在新的数字时代的治理技术下，一定会形成一种新型的治理对象或主体。那么，这种数字化背景下的新型主体是什么呢？

美国芝加哥大学的社会学家科林·库普曼（Colin Koopman）提出的信息人（informational person）是一个十分有益的思路。在库普曼看来，福柯对 19 世纪之前和 19 世纪的治理主体的探讨实际上就是忏悔主体[2]和统计主体，而库普曼提出了一个新的概念即信息人

---

[1] Stephen Shapiro, "Foucault, Neoliberalism, Algorithmic Governmantality, and the Loss of Liberal Culture", in Liam Kennedy and Stephen Shapiro eds., *Neoliberalism and Contemporary American Literature*, Hanover, NH: Dartmouth College Press, 2019, p. 54.

[2] 福柯晚期在朴次茅斯学院的讲座《自我解释学的起源》中谈到了中世纪基督教的忏悔技术对于自我的主体的塑造和治理，通过发明了忏悔的话语，让自我的忏悔可以在罪恶和善良之间做出抉择，从而形成适于基督教治理的忏悔主体，而奥古斯丁的《忏悔录》就是这种忏悔主体生产的标准文本。参见［法］米歇尔·福柯《自我解释学的起源》，潘培庆译，西南师范大学出版社 2018 年版，第 35—63 页。

或信息主体的概念。库普曼说："如果19世纪的主要形象是忏悔主体和统计主体，那么20世纪产生了新的信息主体，直到今天，这种信息主体仍然对我们来说十分新鲜。事情在20世纪最初20年里发生了至关重要的转变。信息开始先于人而存在。人们可以从人身上提取信息，一些放满各种纸卡的盒子会一直伴随着从我们出生到死亡的历程。我们从出生开始就变成了一种形式：独一无二的出生证证明了充满一生的纸质材料痕迹的诞生，这些痕迹甚至能超过证明我们的死亡事件的死亡证而继续存在下去。"[1] 库普曼的信息人的谱系学研究卓有成效，他看到了福柯研究视野之外的东西，即除了我们现实中的肉身存在之外，还存在着一个真正作为治理对象的信息人的存在，这个信息人不完全等同于我们的肉身。库普曼特意提到，即便我们拿到了死亡证，即我们的生理生命的结束，也并不意味着我们的信息主体的身份的结束，因为我们的某种存在会在各种纸质档案中存在。

但是，库普曼的研究只看到了一方面，即看到了我们在生命过程中的轨迹所产生数据的方面。这个数据的采集从20世纪最初20年里开始，记录所有可能的生命的档案，这是一个数据采集过程。它们变成了德里达意义上的书写痕迹（écirture），但问题也在于，这些数据和信息也仅仅是书写痕迹而已，这些痕迹只能作为一个曾经的生命事件的遗落的物质残余物，在世界上与我们并存。也就是说，这些装满各种纸卡的档案和信息，虽然完整地记录了不同个体的生命活动的各种痕迹，但是这些信息和数据缺少德里达的文字化的过程，这些档案往往记录下来之后就被永远封存在档案馆布满灰尘的房间里，如果没有一个新的事件需要调用这些档案，它们将与

---

[1] Colin Koopman, *How we Became our Data: A Genealogy of the Informational Person*, Chicago: The University of Chicago Press, 2019, p.6.

这些纸张一起归于尘土。

因此，将今天的数字资本主义时代与库普曼的信息人区别开来的不是数据的收集，而是形成了一个数字文字学的界面。与20世纪那些一旦记录下来就有可能被永远尘封起来的档案不同，今天的数字数据会被计算机算法随时调用分析，成为有效的数据，即算法不断地将原始数据文字化，并在可读的和可利用的数字文字学的界面上将其再生产出来。因此，导致数字时代新型治理技术对象产生的，并不是库普曼的信息的收集和贮藏过程，这个过程顶多算是开采原油并储存的过程。更重要的过程是对原料的精炼和加工，让其在数字文字学的层面上浮现出来。经过算法分析和增补，数字文字学层面上浮现出来对具体个体微粒化的分析，这些分析根据我们的出行、消费、购物、饮食、住宿、交友等信息，具体可以分析出来一个主体的精准的特征，加上新产生的面部识别和声音识别技术，现代的数字技术已经不满足于仅仅采集和储存数据，而是可以在第一时间捕捉到对象之后，就可以精准地描绘出所需要的主体的性格特征、行为习惯、爱好、口味，甚至可以利用的缺点。这是一种数字图绘（digital profiling）技术，也就是说，经过详尽的数字图绘，计算机算法在屏幕背后形成了对主体十分精准的分析，正如齐泽克所说："数字网络中收集和处理的信息，将比我们自己更了解我们。"[1] 于是，我们可以置换一下库普曼的信息人的概念，我们可以将这种经过精准的数字图绘产生的人叫作数据人（digital person）。

对于数字时代的新的治理对象或适宜于数字时代算法治理的主体，即数据人，我们需要进一步得出两个结论。

（1）和信息人一样，数据人并不等于自然人，甚至可以在自然

---

[1] Slavoj Zizek, *The Relevance of the Communist Manifesto*, Cambridge, UK: Polity Press, 2019, p. 6.

人之外而独立存在。齐泽克十分强调这种在我们意识不到的情况下，作为我们数据身份的数据人不断地在网络中进行的数据交换和生产。也就是说，数据人的本质不是我们的备胎（redoulant），而是一种再生产的主体，它们存在的目的并不是完全地再现出我们的实在，而是再生产出数字时代下的算法治理的架构。也就是说，数字资本主义的根本目的就在于不断地生产出数据人，让它们成为适宜于算法治理的对象。

（2）数字时代的数字文字学的界面并不是在原初数据的基础上形成的，而是数据人，即经过原初数据提纯和增补加工后形成的数据身份。也就是说，算法治理技术面对的对象根本不是现实世界中存在的自然人，而是数据人。如果进行算法治理，需要调用的恰恰是经过数据加工后的数据人，然后对数据人的治理结果反过来再影响到现实中的人的存在。例如，如果我们通过统计算法，根据所精炼的信息，得出什么样的主体更适合完成某项任务，计算机算法会进行对数据人的筛选和列举，然后这个任务直接与现实中的个体建立关联。这是一个反向的过程，现实社会中的人通过可数字化的程序，将我们变成数据，然后在数字文字化的过程中成为算法治理的对象，然后在算法的统计计算中，再次被塑造成适宜于治理的对象，通过这样的构成，现实社会中的主体不断被转化为数据人，并嵌入巨大的算法治理的框架中。

的确，我们今天经历了比布尔迪厄的社会和文化的再生产更复杂的再生产。这是一种数字时代的再生产，这种再生产就是通过算法治理来实现的，算法实现的基础就是不断地将现实社会中的个体再生产为数据人，并嵌入巨大的算法治理的框架中。这是一个比福柯的监控和规训社会更严格的治理技术，这种治理技术虽然不需要将权力施加于我们的身体，但是它可以通过数据收集、分析和统计，清楚地了解每一个数据人的具体倾向和行为可能性，并掌控每一个个体的可能弱点，并加以引导，从而形成更完善的安全机制。在这样的机制下，已经很难出现颠覆性的事件，而算法治理技术不断地再生产出适宜于数字资本主义治理和盘剥的对象。这是一个最好的时代，因为我们面对了最大的技术跨越的可能性，让我们看到了人类社会的狂飙猛进，但也是最坏的时代，这种数字技术和算法治理技术的代价是，我们每一个人都变成牵线木偶，成为巨大的算法治理平台上的数据人。

大数据、晚期资本主义与全球正义*

李哲罕**

摘　要：大数据作为一种新现象，引发了许多亟须解决的新问题，但这并不意味着我们不能通过改造旧的理论分析进路而对之加以剖析和尝试解决。重要的是，就大数据的外部运用而言，它应该是政治哲学与社会哲学的研究对象。首先我们要将之放在一个晚期资本主义的语境下进行思考，大数据问题并不单纯只是传统意义上个人与国家之间的对立与制衡，甚至个人会依靠国家与各种大经济体、跨国企业（资本势力）进行对抗与制衡。此外，面对大数据的高度流动性、各国在具体能力上的明显差别性以及全球治理体系建设上的严重滞后性，也非常有必要将之同时置于全球正义视角下加以审视。

关键词：大数据　晚期资本主义　全球正义　政治哲学　社会哲学

---

*　本文系国家社会科学基金项目"'社会学启蒙'研究"（20CZX045）阶段性成果，已发表于《华中科技大学学报》（社会科学版）2021年第1期。

**　李哲罕，哲学博士，浙江大学哲学系"百人计划"研究员，博士生导师。

一 作为政治哲学与社会哲学对象的大数据问题

"大数据"（big data）这个词近年来频频出现于大众视野之中，似乎政府或企业运用大数据就可以解决很多之前无法得到解决的问题，而同时也有各种个人隐私数据泄露、购物平台大数据杀熟之类的负面事件。通过在中国知网以"大数据"为主题词的检索就可以发现，自2012年以来，这方面的论文大有井喷之势。以此管窥，就像之前纳米技术、区块链技术和量子技术之类新出现的术语一样，大数据似乎也有变成满大街都是、难免会被滥用乱用的趋势，这就使得我们非常有必要对大数据问题进行有效的分析。根据美国智库麦肯锡全球研究院（the McKinsey Global Institute）的报告，大数据的定义非常简单：一种规模大到在获取、存储、管理、分析方面大大超出了传统数据库软件工具能力范围的数据集。[1] 从此基本定义出发，我们可以认识到大数据和传统数据是相似又相异的，这种相异主要体现于"量"在突破了一个"度"之后所引发的"质"的变化。这种"质"的变化具体表现为大数据超出了传统的信息技术、认知模式所熟悉的边界，而在边界之外的事务——正如亚里士多德所谓的"城邦之外，非神即兽"一般——对我们而言从认知到操作上都是非常陌生的。当然，这种边界本身就是不断变动和向外推延的，那些人们现在早已习以为常的传统信息技术在刚出现的时候也引发了许多类似的思考或争议。

---

[1] James Manyika, Michael Chui, et al., "Big Data: the Next Frontier for Innovation, Competition, and Productivity", https://www.mckinsey.com/business-functions/mckinsey-digital/our-insights/big-data-the-next-frontier-for-innovation, May 1st, 2011.

大数据正是因为其数据庞杂（大量、多样性和低价值密度）的特性使得特定主体可以通过各种专业的处理技术（即所谓的算法）将海量的碎片化信息提取与加工，以形成闭环与迭代，从而使得其能够更为彻底与有效地根据自身需要以掌握事物本身及其演化趋势。在这样一种技术合理化的倾向下，各种浮于表面的差别性被敉平、还原和统一为算法中可以处理的和已经被处理过的各种信息要素。在此背景下，关乎人类"意志－自由"层面的决断或选择空间就日益狭隘了。在微观层面的购物和短视频等各种应用上，厂商可以根据对用户个人信息的采集、对大数据的特定算法分析，进而对特定个人进行有针对性的推送。荒谬的是，这些应用甚至可能比用户本人更为真实地了解用户自身。

大数据的本质只是作为一种新现象的大量信息资源（以及对其特定的算法与运用）。我们可以将大数据内部的力量视为一种技术逻辑，不过笔者并无意过多地展开对技术逻辑的分析，而只是将视域限定在社会认识论范围内展开考察。大数据无疑是变革性力量，这会给人类生活带来许多积极的改变。当然可以预计，大数据也难以避免地会产生各种相关的社会问题。这里的关键点在于大数据的收集与使用等都是具有一定技术门槛而且是涉及特定主体的，而特定主体则是有其自身目的导向性的。与上述麦肯锡全球研究院的报告中试图将大数据适用于经济，特别是适用于生产效率提升方面不同，在此应更为强调此问题在政治哲学与社会哲学方面的重要性。其中原因是，技术或经济方面的进步如果在一个失调的社会结构中只会进一步强化或固化这种失调的社会结构，甚至造成更为深层次的危机，而我们的目的则在于引导技术或经济方面的进步以促使其对失调的社会结构进行变革，使得其能够服务于人类美好生活这一重要目的。简言之，在大数据技术中技术逻辑是否会被权力逻辑和资本逻辑绑架——而非技术逻辑自身——才是我们需要关切的问题所在。

在大数据的收集与使用上，无疑会涉及个人、资本、一国政府和境外势力等各种问题。上述区分是基于特定主体自身利益诉求的不同，这无疑是传统政治哲学与社会哲学的分析进路。这里可能存在的大致最为基本的六对对立与合作关系是：（1）个人与国家；（2）个人和资本势力；（3）个人与境外势力；（4）资本势力与国家；（5）资本势力与境外势力；（6）国家与境外势力。需要说明的是，上面只是以非常简化与笼统的方式处理了现实中非常复杂的状况，诸如资本势力内部不同的集团也有可能是相互对立而非统一的。上述这六组关系又可以在现实中进一步排列组合演化出各种更为复杂的关系。这里存在的关系并不是形式上平等的，而是有很大的实质性差别的，也即上述各方在专业技术能力、资金和人力等各方面实力上存在着显著的——甚至是非常悬殊的——实质性差别，而且又加之大数据技术对硬件和软件的要求门槛非常高，所以各方在关于大数据技术的认知和操作等方面就会表现出各种严重的不对等性。在这种状况下，个人无疑就会处于一种劣势地位，这就像王海明所指出的："自然人虽然获得了信息传递的便利，但其个人信息留痕、收集、使用、处分等各种处理方式所涉及的信息范围、数量，所涉及的信息处理路径、方式、形式、技术等方面，完全失去了与控制主体相互制约、相互制衡的可能。"[①] 在此背景（即下文所谓的晚期资本主义）下，个人就非常有必要依靠国家与各种大经济体、跨国企业（资本势力）进行对抗和制衡。此外，也可以将这种关于个人层面的讨论扩展到国家层面，因为我们可以发现不同国家在关于大数据的各种具体能力方面（在技术水平之外，还包括经

[①] 王海明：《自然人信息权利的风险与救济》，《中国社会科学报》2020年7月22日第4版。

济发展水平、教育水平、法律监管环境等）上也存在着很大差别，这是现行全球范围的社会结构中存在着事实性的不正义的结果，而且这也还可能会是这种不正义被进一步加剧的原因，所以我们不得不涉及全球正义的讨论。关于大数据的这些问题在晚期资本主义和全球正义两个视角下会进一步地清晰化，而上述那些关系将得以更为实际地归类或框定从而得到分析与处理。

二 晚期资本主义语境中的大数据问题

晚期资本主义（late capitalism/Spätkapitalismus）就是国家干预的资本主义，这不同于自由放任（laissez-faire）的早期资本主义。"晚期资本主义"这个词最早是由西奥多·阿多诺（Theodor Adorno）在第二次世界大战后提出的。在西方马克思主义者，特别是在法兰克福学派从弗朗茨·诺依曼（Franz Neumann）、阿多诺和尤尔根·哈贝马斯（Jürgen Habermas）等人那里，对此及相关问题的分析和批判中可以看到非常清晰的理论发展脉络或线索。[1][2] 晚期资本主义所针对的问题主要是：早期资本主义任由逐利的资本逻辑发展，形成了各种垄断和半垄断，导致了各种社会危机，因此就非常有必要通过国家出面对资本势力加以干预。这也可以联系列宁1916年在《帝国主义是资本主义的最高阶段（通俗的论述)》一文中对垄断问题的分析，[3] 也即资本会通过卡特尔、辛迪加和托拉斯等各

---

[1] 李哲罕、张国清：《弗里茨·诺依曼和德国民主法治国的构想》，《浙江大学学报》（人文社会科学版）2017年第6期。

[2] 李哲罕：《社会国还是社会法治国？——以当代德国法治国理论为论域》，《浙江学刊》2020年第3期。

[3] 《列宁选集》第2卷，人民出版社2012年版，第575—688页。

种方式纵向与横向地打通社会的各个环节，从而获得更多的利润。我们必须坦率地承认资本势力也有其积极的面向，对人类美好生活的实现也多有助益，不过这只是"在一定条件下的"，因为其目的仅仅是获得更多的利润，而并非让人类过上美好生活。如果任由资本逻辑发展，资本势力必然就会将人进行"非人化"的对待与处理。这在早期资本主义阶段就已经发生过了，诸如我们所熟知的"羊吃人"现象。只是在大数据时代，这种"非人化"的过程会以更为隐蔽和更为彻底与有效的方式来实现，所以国家的干预在此就显得愈加必要。有鉴于各种新现象会让传统上的国家立法程序表现出明显的滞后性，在此情势之下必须要大量依靠行政指令而非一般法律进行调整，在这里，国家也将要突破传统自由主义中三权分立的消极限制而表现出其关于（行政）权力的积极的能动面向。①

我们简化一下其中关系以方便分析，那就是这里存在个人、国家和资本势力之间的三元结构。在晚期资本主义阶段，主要存在的问题是个人和国家联手与资本势力（各种大经济集团、垄断企业和跨国经济集团）之间的对抗与制衡问题，而已经不再仅仅是作为资本主义象征式意识形态的经典自由主义中个人与国家、权利与权力的对抗关系了。在晚期资本主义阶段，国家非常符合经典马克思主义论述中的"国家消亡论"，从阶级矛盾不可调和的产物逐渐转变为公共服务性机构。②我们在一定程度上甚至可以认为晚期资本主义社会是资本主义社会进入更深层次危机的阶段，也是在某种形式上向社会主义过渡或转变的阶段。在这里，黑格尔《法哲学原理》

---

① 李哲罕：《社会国还是社会法治国？——以当代德国法治国理论为论域》，《浙江学刊》2020 年第 3 期。

② 方博：《去政治的政治哲学方案——马克思的"真正的民主制"》，《学术月刊》2018 年第 3 期。

意义上的（政治）国家有必要得到复兴，以作为民众对抗资本势力的建制性依靠。与盎格鲁－撒克逊传统中国家作为"不得不存在的恶"相对，在日耳曼传统中，国家表现为一种个人充分实现自身的积极的场域。在半个多世纪前，法兰克福学派的两位思想家关于民族社会主义政权性质的争论中就已经有所说明：弗里德里希·波洛克（Friedrich Pollock）提出了"国家资本主义"（state capitalism），弗里茨·诺依曼则反对波洛克的观点而认为民族社会主义政权是"极权垄断的资本主义"（totalitarian monopoly capitalism）。[①] 上述两者之间的差别主要在于国家是否具有凌驾于资本势力之上的能力。国家要从其出于普遍利益而凌驾于资本势力之上的能力获得自身的正当性，而非与其沆瀣一气。如果国家和资本势力相结合，那就只会导致马克斯·韦伯（Max Weber）意义上合理化的"铁笼"（iron cage）一般的末世论之前的场景了。如果说国家代表了权力逻辑，而资本势力代表了资本逻辑，那么，韦伯所谓的克里斯玛式政治家对"政治"的"复魅"的目的就在于对上述这两者做出区分，而并不是让其合流，这样才可以解决各个领域中的合理化趋势。[②] 通过国家与资本势力的对抗与制衡，也即权力逻辑与资本逻辑的对抗与制衡，才可以确保个人能够在此夹缝中稍稍寻得一些活动的空间。简言之，在大数据时代，个人寻得自由的方式其实并不只是黑客式的破坏行为，或者通过故意输入或留痕错误的信息以误导算法，而且还应该包括——相对也是更为可行的——通过与国家联手以遏制资本势力。

在晚期资本主义阶段，虽然个人唯有依靠和国家的联手以对抗

[①] 李哲罕、张国清：《弗里茨·诺依曼和德国民主法治国的构想》，《浙江大学学报》（人文社会科学版）2017年第6期。

[②] 李哲罕：《论作为前现代政治哲学剩余物的主权人格化身——以韦伯与施米特对帝国总统的论述为对象》，《复旦政治哲学评论：韦伯与现代文明危机》2020年第12期。

和制衡资本势力，但是个人与国家之间的对立并未完全消除，依旧是存在的。即使某个国家是奠基于主权在民的论证，这个国家也并不是个人的简单组合物，不是简单计数式投票的表达，而是作为一个实体有其自身的目的的，这就使其不仅有时会侵害特定少数人的利益，甚至有时也会侵害许多人的利益。似乎国家掌握大数据技术就会让人们产生对乔治·奥威尔（George Orwell）小说《1984》中"老大哥"（Big Brother）的恐惧。斯诺登（Edward Snowden）揭露美国政府的秘密监控工程与阿桑奇（Julian Assange）通过"维基解密"（Wiki Leaks）揭露各国政府秘密文件这两件事情其实正构成了辩证意义上的统一。上述例子所显示的就是传统上个人与国家的对立。不过这并不意味着一个国家（政府）不可以依照马基雅维利式的（Machiavellian）"国家理性"（ratio status）而不顾道德从事政治行为，因为在传统领域中国家也正是如此行事的，那在互联网领域或者其他新现象的背景下做出相类似的举动也并没有多么令人意外。如上文所述的，在晚期资本主义阶段，国家开始转化为公共服务性机构，而现代社会日益广泛与复杂的社会生活（即现代行政法意义上的"生存照顾"这个领域）就使得国家职能范围在日益扩大的同时，增加了系统内部负载和需要处理的复杂性，而利用大数据技术可以有效应对此问题。大数据的确为国家在制定宏观政策以及各种方案时提供了科学与有效的指导，诸如我们最近非常熟知的大数据流行病学调查所揭示的一样。国家（政府）做出的政治行为的正当性必须要出于普遍利益而非特殊利益。国家收集和使用大数据无疑会侵犯到个人隐私以及其他权益，不过出于公益考虑也在所难免。国家（政府）事实上是由具体的政党和个人所构成的，如果不加以各种程序性与建制性的规范，那无疑就会产生各种隐患，所以在对大数据收集与使用上要像对待一般的公权力的授权与运用一样加以必要的规范。简言之，在晚期资本主义阶段，一个国家

（政府）必须出于一种普遍性利益而有效地运用大数据，但不能滥用大数据，同时也并不能任由资本势力运用大数据宰治人民。

三 全球正义视角下的大数据问题

资本的发展逻辑必然要求它将自身的结构全球化，因此与资本势力的斗争也必然是全球化的。大数据问题和其他相关问题一样，并不可能仅仅是局限于一国范围之内的，而是处在全球范围的社会结构中的。那么，针对大数据这样一个处在全球范围的社会结构中的问题，特别是针对大数据的高度流动性、各国在具体能力上的明显差别性以及全球治理体系建设上的严重滞后性，也就非常有必要将之同时置于全球正义视角下加以审视。

"全球正义"（global justice）的字面意思就是要在全球范围的社会结构中实现规范性的正义，抛开那些在当代主流全球正义理论中流行的从人权或人类尊严出发的本体论意义上的规范性论证或奠基，[①]其所暗含的意思就是在现行全球范围的社会结构中存在着事实性的不正义。这种全球范围内的不正义的社会结构是历史生成的（如果单纯是由自然灾害这样的偶然事件造成的，那当然也就没有什么正义不正义可言），而且就像"马太效应"一般，大有"强者愈强，弱者愈弱"的趋势，也即发达的国家和地区利用自己历史生成的优势，垄断资本、技术、专利和标准等有意无意地将发展中的或欠发达的国家和地区纳入自己的产业链的中下游，达到与维持实质性的支配与剥削，而发展中的或欠发达的国家和地区则处于事实上被支配的地位。这个过程在某些欧洲国家15世纪以来对撒哈拉

---

① 徐向东编：《全球正义》，浙江大学出版社2011年版，第1—34页。

以南非洲的一系列活动中可以找到其现实原型。①

大数据其实和资本一样，不仅各国所占有的比例极不平衡，对数据的处理能力也相差甚大，而且具有很强的跨国流动性。如果我们能够清楚地认识到各种国际组织的疲软无力以及各主权国家各行其是的现状，那么也就不难理解在全球范围内的资本监管为何是没有多少成效的，同样，在既有的建制框架内，我们也并不应该对在全球范围内的大数据监管抱有不切实际的美好幻想。我们非常清楚许多资本势力利用一些发展中的或欠发达的国家和地区法律监管体系的不完善、国家权力的羸弱，而将其作为避税、洗钱或者是血汗代工厂的所在。同样，电信诈骗也会和制造毒品一样倾向选择一些这样的国家和地区作为行为地。② 那么，在大数据方面，这样的状况也难免发生或就要发生了。

具体展开而言，全球正义就需要通过一种政治性组织对发展中的和欠发达的国家和地区进行一种建制性的救助。③④⑤ 可能对当代主流全球正义理论而言，一种最低标准的生活（生存）必需品的"薄"的救助相比关于各类发展权利的"厚"的救助而言或许更为可行，不过这也存在着很多的问题。如果我们只是将全球正义问题局限于一种最低标准的生活（生存）必需品——如以涛慕思·博格（Thomas Pogge）等人为代表的当代主流全球正义理论通常所关注的食品和医疗——进行救助的层面，⑥ 而忽视了大数据这样的层面

---

① ［圭］沃尔特·罗德尼：《欧洲如何使非洲欠发达》，李安山译，社会科学文献出版社2017年版，第1—30页。
② ［圭］沃尔特·罗德尼：《欧洲如何使非洲欠发达》，李安山译，社会科学文献出版社2017年版，第1—30页。
③ 李哲罕：《当代全球正义理论辨析》，《中国社会科学报》2017年8月23日第7版。
④ 李哲罕：《全球正义研究的前提辨析》，《中国社会科学报》2018年4月25日第7版。
⑤ Li Zhehan, "On the Justifications of Contemporary Global Justice Theories", *Yearbook for Eastern and Western Philosophy*, No. 4, 2019, pp. 55–62.
⑥ 徐向东编：《全球正义》，浙江大学出版社2011年版，第1—34页。

（当然这其实也包括教育、经济和法律监管等发展权利），那不仅无助于从根本上改变现状，而且还会继续存在全球不正义问题，甚至这种情况会进一步恶化。换言之，这里的问题并不仅仅是让人生存下去而已（尽管生存问题非常急迫和紧要），而是更为重要的人可以作为人实现自身整全性的发展。诸如最近非常畅销的经济学著作《贫穷的本质：我们为什么摆脱不了贫穷》中，作者将贫穷者的诸多行为或习惯还原到后来只不过是一种社会结构（制度）在个体心理上的投射而已，[①]因此，重要的是对既有的社会结构进行变革。现行全球范围的社会结构中存在着的事实性的不正义，则需要对既有的全球社会结构进行变革。众所周知的是，大数据的收集和使用是需要大量的硬件和软件支持的，在技术水平之外，这背后还需要包括经济发展水平、教育水平、法律监管环境等前提条件的，而一些发展中的和欠发达的国家和地区显然并不具备这些前提条件，就像在传统的经济和信息技术领域一样，它们在现行全球社会结构中很容易会因为缺乏保护或有效的抗争手段而彻底沦落为发达国家和地区或资本势力支配下的单纯的客体，而非主体。这就需要建立在联合国框架下的国际组织与公约、各国的相互合作等，以使得发展中的和欠发达的国家和地区在大数据方面（当然还包括许多其他方面）不仅受到消极意义上的保护，而且作为主体可以积极地参与其中，这样才有可能从根本上实现全球范围内社会结构（朝向正义）的变革。

此外，一国或资本势力对他国大数据的窃取与分析也成为"网络战争"（cyber war）的主要内容。"网络战争"这种行为正在世界各地隐匿地发生着，不过它显然并未像传统战争一样被加以正式

---

① ［印度］阿比吉特·班纳吉、［法］埃斯特·迪弗洛：《贫穷的本质：我们为什么摆脱不了贫穷》，景芳译，中信出版社2013年版，第227—232页。

与严肃地对待，但是它所表现出来的敌对性和危害性并不比传统战争少。① 如果不对"网络战争"加以一种正式与严肃的对待，那么某个大国或资本势力就可以利用自己在信息技术上的明显优势对某个小国造成单方面的、强弱悬殊的打击，而且还不需要承担什么责任，该小国也对此无可奈何，甚至都无法察觉自己被侵害了。那么，这也就使得一国政府出于"国家安全"的理由而对境外软件或网站进行适当限制的行为具有了必要性和正当性。当然，对境外软件或网站的限制并不意味着任由国内资本势力在垄断或半垄断的情况下肆意妄为。综上所述，出于一种全球正义层面的考虑，有鉴于当今全球结构的实质依然是以各主权国家为基本单位，为限制国际领域现实存在的"丛林法则"状态，就非常有必要提供关于大数据收集与使用的在联合国框架下的国际组织与公约与各国的相互合作。我国作为一个负责任的大国，也作为大数据领域的重要先行国家，不论是出于自身利益考虑还是出于广大第三世界国家利益的考虑，都非常有必要对此采取有实质性内容的行动。

四　结　语

技术既是中性的，又不是中性的。技术本身并没有多少价值判断在内，只有在特定主体对技术的拥有、使用等方面才会存在价值判断意义上的善恶好坏。作为一种技术的大数据也同样适用于此。我们既没有必要将大数据视为洪水猛兽，也没有必要将之视为救世良方，而是应该坦然面对它。对待大数据这样的新现象，我们依旧

---

① Brandon Valeriano, Ryan C. Maness, *Cyber War Versus Cyber Realities*: *Cyber Conflict in the International System*, Oxford and New York: Oxford University Press, 2015, pp. 5, 8.

可以通过改造旧的理论分析进路而对之加以剖析和尝试解决。如上文所述的，如果大数据被权力逻辑或资本逻辑裹挟，那只会进一步巩固和加强权力或资本势力的影响。在晚期资本主义阶段，个人唯有依靠和国家联手以对抗和制衡资本势力。同时，针对现行全球范围的社会结构中存在着事实性的不正义，就非常有必要提供关于大数据收集与使用的在联合国框架下的国际组织与公约与各国的相互合作。简言之，就为了人类美好生活这个目的而言，重要的是让大数据获得透明、规范的运用，而这则需要在全球范围内权力逻辑与资本逻辑的相互对抗与制衡中才有可能实现。

大数据时代：数字活力与大数据社会治理探析

董 慧 李菲菲

摘 要：数字活力，即当今数字科技、数字社会表现出的强大生命力、竞争力和创造力。数字活力是大数据时代动力机制的核心要素。数字活力依据自身强大的生命力、竞争力与创造力推动着社会治理方式的创新，使社会治理与最先进的信息高科技成果相结合，实现治理目标更加清晰、治理思维更加创新、治理手段更加丰富的目标，推动社会治理向源头性、系统性、综合性方向发展。探索中国特色的社会治理之路，满足人民日益增长的美好生活需要，我们应积极探索大数据内在规律，大力发展大数据生产力，促进数字活力的持续释放，推进大数据社会治理和社会治理共同体的实现。

关键词：数字活力 大数据时代 大数据 社会治理

---

* 本文系 2017 年度高校示范马克思主义学院和优秀教学科研团队建设项目重点课题"思想政治理论课教学改革研究"（项目编号：17JDSZK026）阶段性研究成果，已发表于《学习与实践》2019 年第 12 期。

** 董慧，华中科技大学马克思主义学院教授、博士生导师，国家治理研究院研究员。李菲菲，华中科技大学马克思主义学院博士生。

社会治理是国家治理的重要方面。新时代中国特色社会主义制度体系的完善及其优越性的充分展现，要求我们致力于全面实现国家治理体系和治理能力现代化，积极推进国家大数据战略和数字中国建设。2017年12月，习近平总书记在主持中央政治局集体学习时指出，要"审时度势、精心谋划、超前布局、力争主动，实施国家大数据战略，加快建设数字中国"[①]。大数据时代大规模生产、分享与应用数据的开启，使大数据业已成为衡量社会治理水平、网络化发展水平的重要尺度。为了促进社会治理现代化的理论与实践创新，探索中国特色的社会治理之路，满足人民日益增长的美好生活需要，我们应积极探索大数据的内在发展规律，促进数字活力的持续释放，发挥大数据在社会领域中的重要生产力作用，进而推进大数据社会治理和社会治理共同体的实现。

一 大数据时代的社会治理问题

随着中国特色社会主义进入新时代，全面深化改革进入攻坚期和深水区，党和政府高度重视国家治理体系和治理能力现代化建设。社会治理现代化是国家治理体系现代化的重要支柱与坚实基础。为了确保人民安居乐业、社会安定有序的美好生活的实现，党的十九届四中全会通过的《中共中央关于坚持和完善中国特色社会主义制度 推进国家治理体系和治理能力现代化若干重大问题的决定》（以下简称《决定》），明确将"社会治理"上升到制度层面，

---

① 习近平：《实施国家大数据战略 加快建设数字中国》，2017年12月9日，新华网（http://www.xinhuanet.com/2017-12/09/c_1122084706.htm）。

并将"科技支撑"纳入社会治理体系中,提出"要坚持和完善共建共治共享的社会治理制度,完善党委领导、政府负责、民主协商、社会协同、公众参与、法治保障、科技支撑的社会治理体系,建设人人有责、人人尽责、人人享有的社会治理共同体"①。

当前我国处于百年未有之大变局中,社会高速发展、科技发达、信息流通、交流密切、生活方便,而大数据在这个高科技信息社会发挥着越来越多的生产要素作用。马克思曾指出,提高劳动生产力的"主要形式是:协作、分工和机器或科学的力量的应用等等"②。数据作为新的生产要素、基础性资源以及战略性资源,已经渗透到我国经济发展、社会治理、国家治理、人民生活等各项领域,成为我国建设"互联网+教育""互联网+医疗""互联网+文化"等一体化数字社会的生产力要素。大数据应用是信息化发展的新阶段,世界各国都把推进社会数字化作为实现社会创新发展的重要动能。站在新的历史起点上,我们需要审时度势,精心谋划大数据与社会经济协同发展,超前布局大数据发展思路与发展战略。

但是,大数据作为新生事物在治理领域的应用尚未成熟。大数据作为一场时代革命,推动着社会的前进和发展,对现有生产力与生产关系结构体系产生关键性的影响作用。"在技术的媒介作用下,文化、政治和经济都并入了一种无所不在的制度,这一制度吞没或拒斥所有历史替代性选择。这一制度的生产效率和增长潜力更利于社会的稳定,并把技术进步包容在统治的框架内。技术的合理性已

---

① 《中国共产党第十九届中央委员会第四次全体会议公报》,2019 年 10 月 31 日,新华网(http://www.xinhuanet.com/politics/2019-10/31/c_1125178024.htm?baike)。
② 《马克思恩格斯全集》第 47 卷,人民出版社 1979 年版,第 290 页。

经变成政治的合理性。"[①] 但大数据作为社会发展过程中的新事物经历着一个接纳、运用、批判等反复被认识的过程。在这个曲折发展的过程中，大数据在一定程度上影响了社会组织系统中的内在秩序，它日益表现出来的"以数为本"的理念偏向，所引发的数字身份同质化，虚拟现实空间造成人际关系的机械化以及"数字劳动"等问题，对于社会治理无疑是一种挑战。

在大数据运用于经济社会文化等诸多领域已经成为常态、科技支撑成为社会治理现代化技术保障的关键时期，也应认识到大数据的应用同时必然伴随着一定程度的非理性，它创造的劳动生产率极大地满足了人的需要，同时也增加了治理的难度。为了使大数据等新技术不断推动社会治理创新，本文运用马克思主义理论原理与方法，对大数据时代、数字活力与大数据社会治理等问题进行初步探讨，试图揭示大数据时代带来的诸多问题，进而探寻大数据社会治理与"建设人人有责、人人尽责、人人享有的社会治理共同体"的内在联系。

二 "大数据""数字活力"作用下的社会治理

随着大数据信息科技的广泛应用，人们认识到"数据"和"大数据"确实能够为社会经济系统内部各要素提供巨大的发展动力。大数据成为当今时代一种新的资产和资源类型，解决大数据所引发的问题、探索大数据为基础的实现方案，成为提高劳动生产率

[①] [美]赫伯特·马尔库塞:《单向度的人——发达工业社会意识形态研究》，刘继译，上海译文出版社1989年版，第7—8页。

和经济效率的重要手段。动力是一切事物的源泉，是事物发展过程中的推动力量，其中事物的内部矛盾又是事物自身运动的源泉和动力。大数据能够在信息社会中脱颖而出，根本原因在于大数据自身蕴含的内在机制。数字活力由于其对生产力、竞争力和创造力的巨大激发作用，成为大数据内在动力最重要的表现形式。

"数字活力"，即当今数字科技、数字社会表现出的强大生命力、竞争力和创造力。这里的数字不同于传统意义上的计数，"计数是摇摆于感性和思维之间的理智的最初的理论活动"[1]，而数字是指科学技术的数字化，它借助一定的设备使信息社会呈现为一种二进制数字逻辑与数字状态，并贯穿于生产、交换、分配和消费等社会生产的全过程。活力与朝气蓬勃、生气勃勃、精神焕发等息息相关，是指旺盛的生命力，表现为行动上、思想上或表达上的生动性，它"存在于变化之中，流动性与对立面是事物保持其活力的本性"[2]。对活力概念的认识离不开社会与历史的范畴。数字活力是指在信息数字社会内部展现出的一种生命力、竞争力和创造力，其爆发式增长、海量集聚性的特征及其裂变，为万物互联、人机交互的数字空间创造了条件。在数字空间中，人们的生活状态超越现实世界和时空限制，呈现为一定程度上的虚拟性和超现实性，表现为主体与客体通过数字技术实现特殊的实践活动。数字活力作为推动数字经济、数字空间及社会发展的内在力量，是人类在实现经济－科技－社会全面发展的过程中，所展现出来的特殊能动性与创造性。

数字活力是大数据时代动力机制的核心要素。动力机制是"一个社会赖以运动、发展、变化的不同层级的推动力量，以及它们产生、传输并发生作用的机理和方式"[3]。数字活力之所以能够成为大

---

[1] 《马克思恩格斯全集》第1卷，人民出版社1956年版，第140页。
[2] 董慧：《社会活力论》，华中科技大学出版社2008年版，第46页。
[3] 李忠杰：《论社会发展的动力与平衡机制》，《中国社会科学》2007年第1期。

数据内在机理的重要表现形式,能够推动大数据在社会治理中发挥科技支撑作用,一方面,源于数字经济、数字产业的强大生命力和创造力,使大数据作为当今信息社会的新生"物质资料要素",成为制约和推动高科技社会下生产关系发展变革的重要因素,并推动社会治理现代化朝着更加完善、更高级、更优越的方向跃进。另一方面,未来移动互联网、5G技术、物联网、万物互联互通的广阔前景,也深刻影响和决定着人类社会的存在状况和发展趋向。正如"文明的一切进步"是"科学、发明、劳动的分工和结合、交通工具的改善、世界市场的开辟、机器等等"[①]。各个要素综合起作用的结果,但推动社会发展、实现革命变革的关键在于寻找社会系统内部推动发展的动力因素。生产力是社会发展的根本动力,大数据是推动信息高科技社会发展的重要生产力,而数字活力是实现信息化与工业化深度融合、推进工业互联网基础设施和数据资源管理体系建设的关键动力要素,它充分彰显了信息高科技社会"生产力－生产关系"结构体系的本质特征。

　　数字活力对推进新时代社会治理现代化具有重要意义。党的十九届四中全会《决定》对我国社会治理体系建设、完善和创新进行了重大部署,提出"完善党委领导、政府负责、民主协商、社会协同、公众参与、法治保障、科技支撑的社会治理体系",而"科技支撑"的引入,将凸显新时代我国社会治理的"大数据－智慧化"发展方向。"他把科学首先看成是历史的有力的杠杆,看成是最高意义上的革命力量。"[②] 大数据技术与人们生产生活的交融,使其在社会治理中发挥着至关重要的作用。但是社会治理"大数据－智慧化"的发展绝非仅仅只是大数据技术的引

[①] 《马克思恩格斯全集》第46卷上,人民出版社1979年版,第268页。
[②] 《马克思恩格斯全集》第19卷,人民出版社1963年版,第372页。

入，而应该强调大数据的技术内核在社会治理运用中产生的积极成效，而这离不开数字活力的内在推动力。数字活力依据自身强大的生命力与创造力推动着社会治理方式的创新，使社会治理与最先进的信息高科技成果相结合，实现治理目标更加清晰、治理思维更加创新、治理手段更加丰富的目标，进而驱动社会治理向源头性、系统性、综合性方向发展。因此，为了推进新时代社会治理"大数据－智慧化"的发展，我国迫切需要充分发挥大数据技术中数字活力的动力机制作用，利用大数据平台，分析风险因素，提高感知、预测、防控能力，"高度重视大数据发展，秉持创新、协调、绿色、开放、共享的发展理念，围绕建设网络强国、数字中国、智慧社会，全面实施国家大数据战略，助力中国经济从高速增长转向高质量发展"，使我国成为智慧化治理竞争中的领跑者，进而推动构建人人有责、人人尽责、人人享有的社会治理共同体，实现更加平等、开放、合作、共享的社会和谐治理。

三 大数据时代：主体赋能、时空延展与社会关系重构

数字活力作为大数据时代动力机制的生成要素，通过海量数据的聚集与裂变所展现出的生命力、竞争力和创造力，在大数据时代实现了主体赋能、主体权力分散与转让、时空延展与流动、社会关系的打破与重构等，为传统的社会治理增加了发展过程中的无限可能与数字动力，促进了数字社会与现实社会相关联的公民权力赋能、人的体力和智力的时空延展、社会主客体的内在统一。大数据生产力由工具层面、实践层面逐渐转移到社会安排或治理层面，顺

应着社会治理发展的必然趋势,促进着人人有责、人人尽责、人人享有的社会治理共同体的实现。

第一,大数据时代的主体赋能、主体权力分散与转让。在治理语境下,治理权力主体范围呈现中心化的问题,即治理主要表现为一种政府的治理工具,治理权力则主要集中于体现和调节政府的行为方式问题。主体权力集中的分散与转让强调的是治理主体的去中心化过程,即实现社会治理中政府、市场、社会组织以及公民之间的治理多元化。在大数据时代,社会治理不仅仅是政府部门的事务,我们"每一个生活在这个星球上的人都正在被实际或潜在的危害所影响着"①。这种纵横交错的数字社会交往要求治理权力的分散与转让,而大数据的多中心特征恰恰起到了推动作用,其表现形式为"数据科学家"②的出现。数据科学家正是由于大数据专业性技术挑战传统社会物质空间、思维空间,从而产生的一种新的主体类型。数据科学家作为统计学家、软件程序员、作家等的结合体把当前社会分化为基于数据本身、技能要素以及思维要素等多种处理单位,使大数据形成一种多中心特征,进而实现了社会主体赋能,通过数据科学家的处理,加速了主体权力集中的分散与转让过程。

"人人有责"的治理理念也要求权力的分散与转让。人人有责是指社会主体在治理领域中担负共同努力、共同谋划、共担治理责任的理念,它要求社会主体掌握参与治理技能,树立"为天地立心,为生民立命,为往圣继绝学,为万世开太平"的境界。人们生活的社会空间是一个附属着集体记忆与归属想象的共同体。社会治理要达到和谐有序、共建共享的状态,需要社会治理权力的分散与

---

① [英]安东尼·吉登斯:《现代性的后果》,田禾译,译林出版社2011年版,第67页。
② [英]维克托·迈尔-舍恩伯格、肯尼思·库克耶:《大数据时代》,盛杨燕、周涛译,浙江人民出版社2013年版,第160页。

转让为其提供条件。正如"各民族之间的相互关系取决于每一个民族的生产力、分工和内部交往的发展程度，这个原理是公认的"①；社会善治作为国家治理体系和治理能力现代化的价值旨归，也内在要求了人人有责的社会治理必须坚持多元主体协同支撑的治理方式。这一治理方式对社会主体树立人人有责治理理念、肩负起社会治理的相应责任、加强成员间的协同工作、开展相互间的全面交流具有积极作用，使治理权力不再仅仅以政府为中心，而是可以将权力分散与转让到政府之外的人手中，打破政府居于唯一地位的统治和治理思维，让社会主体和市场力量获得充分权力参与公共生活。

第二，大数据时代的时空延展、挣脱与流动。人们的活动通常会受到"时空限制"，这反映的是场域的问题，即人的有限性导致在庞大物理时间与空间内所表现出的极限值，这种极限值使人与人之间的交流被局限在一定的场域范围内。时空延展、时空限制的挣脱与流动则是场域的脱域过程，即"社会关系从相互联动的地域性以及时间的不确定而形成的重构关联中'脱离出来'"②，达到的一种脱域状态，进而突破边界，实现"时空延伸"的过程。在大数据时代，社会治理不再仅仅是人际疏离的状态，而是致力于实现跨层级、跨地域、跨系统、跨部门、跨业务的协同治理。这种多方位的协同治理要求时空限制的挣脱与流动。大数据的"赋权"本质即其容易进入、具备流动性以及引发变迁的能力加速了时空延展、时空限制的挣脱与流动进程，使数字社会挣脱了时间、空间的限制与束缚，消除了物理空间距离，解决了空间阻隔问题，实现了人的体力、感官能力以及脑力的延伸，顺应了社会治理网络化发展的必然趋势。

---

① 《马克思恩格斯全集》第 3 卷，人民出版社 1960 年版，第 24 页。
② ［英］安东尼·吉登斯：《现代性的后果》，田禾译，译林出版社 2011 年版，第 18 页。

"人人尽责"的治理理念要求对时空限制的挣脱与流动。人人尽责是人人有责的进一步发展，人人尽责要求社会主体将人人有责的理念付诸实践。人人尽责治理理念，一方面，要求社会在治理过程中尊重人民群众主体地位，使人民群众成为最积极参与者；另一方面，要求社会主体摆脱虚幻共同体中固有的私人与公共关系之间的利益矛盾，向"有象斯有对，对必反其为；有反斯有仇，仇必和而解"的境界趋近，最终不断趋向真正的社会治理共同体的实现。真正的社会治理共同体作为人人有责的实践目标，一方面要求社会主体树立人人尽责意识，主动肩负起社会治理的相应责任，发挥主观能动性使社会治理汇集更多的人力、物力与创造力，提高社会治理各层级的专业化水平；另一方面要求社会治理始终坚持以公众参与为支撑，走群众路线，加大基层信息化与网络化投入力度，加速时空限制的挣脱与流动进程，消除"信息孤岛"，打破信息壁垒，建立数据共享机制，实现社会治理的合力互动，为实现人人尽责的治理打下坚实基础。

第三，大数据时代数字社会关系的打破与重构。在大数据时代，数据的大量繁殖以及纷繁复杂数据的混入，人们在数字社会空间打破了真实社会关系的确定性状态，脱离了既定性、必然性的轨道，为人们打开了一个从未涉足过的新世界，创造更多的数字社会选择与结果，也促使社会主体获取不同角度观察事物并对事物形成整体理解与重构的权利。"'万物皆数'，数是现实的基础，是决定一切事物的形式和实质的根据，是世界的法则和关系。"[①] 数据作为一种基础，通过连接、集成和分析各种形式的每种软件所产生的信息，可以使人们对社会空间有一个更紧密、更明智的理解，实现个人选择的丰富化以及人与各种社会环境关系之间的重构，从而有利

---

① 刘大椿：《科学技术哲学导论》，中国人民大学出版社2005年版，第68页。

于确保人民安居乐业、社会安定有序,建构更高水平的平安中国、和谐世界。

"人人享有"的治理理念要求大数据社会治理实现社会关系的打破与重构。人人享有是人人有责、人人尽责的结果反映,它更加注重机会公平、分配均衡、保障民生的层面,强调社会主体要努力摆脱将自身特殊利益伪装成普遍利益的虚幻共同体困境,力求达到"各美其美,美人之美;美美与共,天下大同"的境界。在数字社会中人与人关系的重构,与人人享有的治理境界相契合。"生活在必然性的人是可悲的,而偶然性才能赋予人自由"①,赋予人以"真正的个人化"状态,即是符合这种"社会治理的最高道德原则"②。大数据时代应运而生的人与人关系的重构,实质是对自由、和谐、统一、有序社会的巩固和加强。社会空间内部也正是源于这种对自由多样性可能的追寻,才为社会主体实现自我扬弃与自我回归,进而为实现个体主体的内在超越创造条件。在社会的可持续发展过程中,当人不再只是人口统计学意义上的一个单位,而是真切地回归到人的主体赋能、回归到人的价值和社会关系能够有可能自主重构继而得以实现时,真正追求的人人享有的社会治理共同体才能实现。

四 大数据社会治理的伦理内核、
     制度规范与目标

大数据时代顺应了社会治理的发展潮流,数字革命远未结束,

---

① 鲁路:《马克思博士论文研究》,中央编译出版社2007年版,第208页。
② 王海明:《伦理学原理》,北京大学出版社2009年版,第234页。

大数据社会治理作为一个创新的、发展的概念，其含义也远未定型。新时代，我国面临着全方位的数字化、信息化以及智能化转型，社会治理的对象、内容等处于一种重大变动与挑战之中，各种现实与虚拟的社会网络交织在一起，增加了维护社会稳定、国家安全、健全社会公共安全体制机制的复杂性，引发了诸如数字身份同质化、数字交流机械化等治理难题。在固有的、本质的大数据发展规律面前，我们无法阻止浩浩荡荡的大数据时代洪流。毋庸置疑，大数据时代的数字活力，有利于我们积极应对社会治理过程中的诸多难题，有助于探寻大数据社会治理路径，促进数字活力的持续释放，促进我国实现社会治理和国家治理现代化的发展目标。

第一，大数据治理变革的伦理内核：数据以人为本、为民所用。数字的内在活力、大数据生产力激活了大数据时代的市场经济体系，激活了数字社会内部要素的活力与生命力。在数据急剧增长的今天，掌握大量的统计数据并分析出其背后的相关性与潜在价值有利于数字社会的科学化治理。大数据的巨量性使其可以增加社会治理主体在治理过程中的精准性；流动性特征有利于全球治理数据网络的建立，增加社会安全保障因素；去中心化的特点也为人人参与的社会治理体系提供条件。尽管如此，大数据作为一种技术实践只能着重于社会内部单个原子的行为，而无法实现社会整体的复杂性与动态性分析，因而并不能解决社会空间中根深蒂固的诸如"公正""正义"等价值性的深层次问题。数字技术在社会治理中的运用会使社会问题被简单化为一种容易计算、量化的对象，使社会治理呈现出一种过度依据数据进而使社会主体消失的状态，这种状态使社会主体在数字虚拟共同体中形成失去自我的镜像身份。

人民性是大数据时代的伦理内核和价值归依。大数据伦理是指大数据应用领域一系列指导行为的观念，是对大数据生产力、大数据社会治理现象的一种道德哲学思考。在大数据伦理价值的评判标准问题上，大数据社会治理要考虑主体的需要和利益，"把实现好、维护好、发展好最广大人民根本利益作为出发点和落脚点，坚持以民为本、以人为本"①。因而，为了保障社会主体的权利诉求，进而实现大数据社会治理内在的正义与包容，大数据应致力于加强反映中国特色、民族特性、时代特征的伦理价值和顶层设计构建，平衡社会的有效治理与大数据社会治理之间的关系，使大数据真正为民所用。

第二，大数据社会治理的前提保障：建立完善的制度规范。大数据虽然可以使人们的生活状态超越现实世界和时空限制的状态，实现数字社会中主体与客体通过数字技术实现的特殊实践活动，但这种实践活动同时又使虚拟与现实的界限逐渐变得模糊不清；可以促进社会权力的扁平化、多元化、民主化，但这也无法阻止数据为本的理念偏向所呈现出的社会主体消失在个体独立性的状态。社会治理"不仅是一个技术问题，而且是一个涉及复杂的制度变革过程的问题，我们应该承认其政治性质和对社会技术治理的吸引力"②。为促进大数据时代社会治理水平的提升，我们必须要建立、完善制度规范和准则。只有不断完善共建共治共享的大数据社会治理制度，构建大数据应用于社会治理的新格局，保持社会稳定与国家安全，才能保证大数据社会治理有条理地、有组织地正常运转。

中国特色社会主义制度是党和人民长期实践形成的科学制度体系，我们要学会把国家的制度优势转化为各项治理效能，坚持我国根本制度、基本制度和重要制度的有机结合。只有在当下优良的制度大环境中，才能为大数据时代发展大数据生产力、实施大数据社会治理提供可能，继而在数据社会空间中创造和谐的数字中国；只

---

① 《习近平谈治国理政》第1卷，外文出版社2018年版，第154页。
② C. William, R. Webster and Charles Leleux, "Smart Governance: Opportunities for Technologically-mediated Citizen Coproduction", *Information Polity*, Vol. 23, No. 1, 2018, p. 5.

有在完善的中国特色社会主义治理体系中,才可能实现人人有责、人人尽责、人人享有的大数据社会治理共同体。

第三,大数据社会治理的追求目标:促进社会治理共同体的实现。大数据时代的社会治理,要遵循共建共治共享的原则,勇于自我改革、自我超越,注重促进多方社会力量积极参与到社会治理中来,提高社会治理的社会化与协同化水平,使推进社会治理现代化真正满足人民日益增长的美好生活需要。

建构社会治理共同体是大数据社会治理的目标。只有明确大数据社会治理的目标,确保如何为人民群众提供普惠、智能、精准、高效的大数据公共治理环境,才能克服大数据应用的缺陷,激发数字活力,发挥大数据在社会治理体系中的科技支撑作用。新时代坚持和完善中国特色社会主义制度、推进国家治理体系和治理能力现代化的总体目标的实现,需要人民群众的共同努力。社会治理是国家治理的重要组成部分,它关乎人民的安居乐业、社会的安定有序。"历史告诉我们,每个人的前途命运都与国家和民族的前途命运紧密相连。国家好、民族好,大家才会好。"[①] 只有调动每一个人参与大数据社会治理的积极性,调动社会治理多元主体、激发数字活力,才能积极建设人人有责、人人尽责、人人享有的大数据社会治理共同体,让人民群众共同享有治理成果。

大数据作为新时代社会发展的重要生产力,已经成为衡量社会发展水平的重要尺度。数字活力作为大数据社会治理中发挥科技支撑作用的动力,驱使着大数据生产力要素不断朝着理想状态发展演进,作为一个新生事物,大数据生产力也在一定程度上影响了社会组织系统的内在秩序,进而影响了社会治理水平与质量。习近平总书记曾指出,机会稍纵即逝,抓住了就是机遇,抓不住就是挑战。

[①] 《习近平总书记重要讲话文章选编》,中央文献出版社2016年版,第19页。

我们必须增强忧患意识，紧紧抓住和用好新一轮科技革命和产业变革的机遇，不能等待、不能观望、不能懈怠。我国社会主义事业进入新时代，面对构建人人有责、人人尽责、人人享有的社会治理共同体的现实任务，我们应善于利用大数据，积极探寻大数据解决社会治理难题的手段、方式和发展战略，激发大数据活力的持续释放，进而造福国家和社会。

大数据视域下加强社会公共安全体系建设的思考

张云筝 丁 壮[*]

摘 要: 大数据在社会治理中占据着越来越重要的地位。在公共安全体系建设中,以大数据为手段,形成了大数据社会公共安全的基础数据库、预警防控系统、应急管理系统、食品药品安全监管体系、公共安全处理决策系统等。社会公共安全体系中大数据的运用可以预测人们的行为趋势,调和社会矛盾;帮助政府部门发现、分析和解决问题;催生数据化决策,提升科学决策水平;有效提高社会不安全问题的预警预测能力,保证社会的和谐发展。基于大数据的公共安全体系建设刚刚起步,存在着数据资源库数量少、有效资源容量小、数据共享困难、数据利用效率低、数据分析不充分等问题。在公共安全体系建设中要坚持党的领导,明确政府的主导地位,在政府主导下构建起共建共治共享的治理格局,加强大数据平台建设,实行公共安全数据的动态建设和动态管理,注重数据平台安全运行,培养大数据分析的人才,学习大数据公共安全建设的先

---

[*] 张云筝,北京信息科技大学教授。丁壮,国家电力投资集团有限公司发展研究中心,博士,研究中心主管。

进经验，才能在新时代中加强公共安全体系的建设，保障人民生命与财产的安全，维护社会的和谐与稳定。

关键词： 大数据　公共安全体系　建设　思考

2015年国务院颁布了《促进大数据发展行动纲要》，大数据开始在社会治理中广泛运用，次年在《中华人民共和国国民经济和社会发展第十三个五年规划纲要》中明确提出："把大数据作为基础性战略资源，全面实施促进大数据发展行动，加快推动数据资源共享开放和开发应用，助力产业转型升级和社会治理创新。"①"十三五"规划中社会治理的创新更加依靠大数据这个基础性战略资源，建立起社会治理的矛盾调解机制、社会治安防控体系、社会公共安全体系。2019年中国共产党十九届四中全会中提出了"必须加强和创新社会治理，完善党委领导、政府负责、民主协商、社会协同、公众参与、法治保障、科技支撑的社会治理体系"②，这次全会把科技支撑作为社会治理体系的重要方式，突显了对大数据、云计算、人工智能等科技手段对社会治理的重要认识。社会治理是国家治理的重要方面，加强公共安全体系建设是完善共建共治共享的社会治理制度的重要内容，在公共安全体系建设中，以大数据为手段，形成了大数据的社会公共安全的基础数据库、公共安全预警防控系统、应急管理系统、食品药品安全监管体系、公共安全处理决策机制等。大数据同公共安全体系建设的深度融合，可以提高公共安全体系建设的现代化水平，保护人民的身体健康与生命安全，维

---

① 《国务院关于印发促进大数据发展行动纲要的通知》，2015年8月31日，中华人民共和国中央人民政府网（https：//www.gov.cn/zhengce/content/2015－09/05/content_10137.htm）。

② 《中共中央关于坚持和完善中国特色社会主义制度　推进国家治理体系和治理能力现代化若干重大问题的决定》，2019年11月5日，共产党员网（http：//www.12371.cn/2019/11/05/ARTI1572948516253457.shtml）。

护社会的和谐稳定发展。

一 大数据与公共安全体系建设融合的重要作用

大数据,指无法在一定时间范围内用常规软件工具进行捕捉、管理和处理的数据集合,是需要新处理模式才能以更强的决策力、洞察发现力和流程优化能力来适应海量、高增长率和多样化的信息资产。[①] 在公共安全体系建设中运用大数据是在信息技术支撑下,建立公共安全基础数据资源库,利用数据分析处理方法,对资源库数据进行智能化的挖掘、分析、处理,在复杂的数据集合中提取有价值的信息进行技术处理,以排查公共安全隐患、进行安全预防控制,加快应急管理的速度,优化国家应急管理能力,提高防灾减灾救灾能力,监管食品药品安全,保障人民身体健康和生命安全。

大数据在公共安全体系中的应用能够为政策提供客观科学的依据,提高科学决策水平。政府决策需要客观的事实与政策实施后的预判,有了数据资源的支撑,各级政府作为社会治理的负责者、主导者,在排除公共安全隐患、出台公共安全相关政策时,可以通过对大数据的分析,分析数据展现出的情况、数据间的关系,找到数据的规律性信息,处理、分析数据,进行科学预测,最后为政策决策提供参考,极大地提高决策水平和公共安全服务的效率。

以大数据为基础的公共安全体系的建设,可以提高安全风险防控能力。大数据拥有极大的数据容量,对数据样本具有高速的分析能力,依据海量数据库的信息资源和数据分析能力的支撑,为政府

---

① 王道平、陈华:《大数据导论》,北京大学出版社2019年版,第3页。

决策者提供了全新的社会风险防控方法，进而在更广阔的领域改变既往风险的防控模式和传统路径，优化社会潜在风险的防控策略。大数据的挖掘和运用包括两个侧重点：描述性分析，主要是针对既往问题，揭示规律；预测性分析，面对未来，预测趋势。大数据可以由浅入深、由表及里从多方面、多角度预测出安全风险，可以较为准确地进行安全风险排查、预警、防控，有力地促进了社会治理体系化、系统化、精准化、科学化的发展进程。

大数据的应用能够预测人们的行为趋势，促进社会矛盾的消解，保证公共安全的实现。随着社会结构的重构，社会矛盾尖锐，个人利益诉求增多，一些个体的极端行为会严重威胁到公共安全。如2020年7月贵州安顺公交车司机因个人对拆迁不满，将载人的公交车开入虹山湖水库，导致20人当场死亡，如果有大数据能对从事公共事业的人员进行个人行为预测，就可能发现该职工有着报复社会的心理，就可以采取一些措施，避免安全事故的发生。

习近平总书记曾多次强调要重视大数据的发展，提出实施大数据国家战略，运用大数据提升社会治理水平，党的十九大也强调要加强风险防控能力，在社会层面建立全方位的风险防控机制。在公共安全体系中应用大数据，有助于社会治理的科学治理和理念创新，促进社会治理由"治疗式管理"向"预防式治理"转变。基于大数据的公共安全建设，整合了社会治理中的各种资源，动员和融合了社会各方面的力量。要精确把控数据生成的源头，保证大数据生态链的健康发展。在社会公共安全体系中可以实施系统动态建设和管理，健全和完善科学治理体系。

二 以大数据为基础的公共安全体系建设的发展

党的十九届四中全会颁布的《中共中央关于坚持和完善中国特色社会主义制度 推进国家治理体系和治理能力现代化若干重大问题的决定》的第九部分，对坚持和完善共建共治共享的社会治理制度有着具体的规划，提出了完善正确处理新形势下人民内部矛盾有效机制、完善社会治安防控体系、健全公共安全体制机制、构建基层社会治理新格局、完善国家安全体系五个部分的内容。社会治理的内容复杂多样，有人民内部矛盾调解工作体系、社会心理服务体系、治安防控体系、公共安全体系、综合治理体系等，这些体系分属社会治理的不同模块，但内容又有着千丝万缕的联系。公共安全体系主要有安全责任生产、管理、应急管理、食品药品安全管理。在以大数据为手段的各体系的发展中，人民内部矛盾调解工作体系、治安防控体系发展较快，而大数据的公共安全体系建设相对较迟缓，才刚刚起步，目前逐渐形成了大数据社会公共安全的基础数据库、预警防控系统、应急管理系统、食品药品安全监管体系、公共安全处理决策机制等。

大数据的特性和优势完全契合了公共安全体系的建设和完善的要求，大数据所要实现的是利用数据来观察社会，刻画社会，[1]进而降低社会治理成本，实现社会治理模式的创新。因此，社会公共安全建设领域也越来越依赖于大数据技术的应用。

第一，大数据公共安全体系在技术层面主要由三大模块组成。

---

[1] 韩晗：《"数据化"的社会与"大数据"的未来》，《中国图书评论》2014 年第 5 期。

三大模块包括数据资源池、数据加工层和可视化交互展示系统，数据资源池主要指大数据的原料层，它通过互联网对海量数据进行整合和存储，将所有的数据进行吸收存储，对不同来源的数据打上各自的数据来源标签进行数据汇总，例如企业运营数据、政府行政数据等不同来源的原始数据；在完成原始数据的整合收集之后，数据加工层会对打上不同标签的数据进行数据拟合数据预处理，按照不同的数学模型进行分类，将各个标签进行再细分，打上二级标签、三级标签等关联标签，并且将数据进行 ETL（数据仓库）存储，以便于下一级进行数据训练和匹配的时候能够更迅速、更安全、更准确地匹配所需要的数据，从而将大海捞针这种不可能的事情变为可能；可视化交互展示系统包括三大核心：风险评估、风险预警、科学决策。风险评估是基于海量数据进行当前所选择的对应项目的一个综合性评估，通过它可以对该项目有一个大致的预测和心理预期；业务预警是对某项指标阈值进行的一个业务监控，一旦符合触发预警条件，系统就会发出警告，从而避免发生重大错误；科学决策是指通过对数据进行预测和评估之后给出的一个决策。可视化交互展示系统最终是将用户所需要的数据进行可视化展示，并且通过用户自定义的定制模块和参数进行实时的数据展示和数据分析，以达到海量大数据下的用户交互，既方便又安全。

第二，充分利用大数据技术的发展优势，建立社会公共安全数据资源库，分析各数据库中资源，可以做到对社会公共安全的预测。建立公共安全预警系统和基于大数据的公共安全处理决策机制。依托数据云平台的生产场所、生产过程管理、产品动态监控、轨迹跟踪等功能，建立大数据安全评估体系，从数据里筛选出危害公共安全的潜在风险，建立大数据的公共安全预警系统。预警系统以数据信息系统为基础，并整合社会其他重要安全数据，结合以人、地、事、物、组织等要素的关联分析。预警系统会对上一级评估系统筛选出的潜在社会风险进行风险识别、风险预报、风险处理和问责等，提高安全预警的准确度和及时性。基于大数据的公共安全处理决策在收到大数据对潜在的安全风险做出评估和预警之后，有关部门要对安全问题做出处理决策，在决策中利用大数据技术可以实现对危爆物品、安全生产、食品与药品质量、公共场所等基础数据的分类采集、及时录入，并开展综合分析，确定重点目标，实行主动性的风险源头管控与治理。以大数据为基础的公共安全评估、预警和决策可以为社会公共安全保驾护航。

第三，在以大数据为基础的社会公共安全防控体系建设中，以"互联网+大数据"为突破口，建立起基于大数据的社会公共安全实时监控体系。依托目前较为成熟的智能挖掘与大数据分析、机器学习、可视数据分析、社交网络分析以及智能图像等技术，[1] 在社会风险衍生的关键时间点、关键领域、关键环节加强数据监控，对采集和储存的大数据进行深入分析，以海量数据的集成分析为支撑，以法律法规为依据，实现风险的可查、可控、可追溯。同时，运用大数据实现决策的民意征集、民意分析以及民意监督的动态管理，以客观、实时的数据为基础，更加科学、精准地判断社会问题及建立预判和决策机制，做到从源头上防控社会风险。

第四，以大数据为基础的社会公共安全风险防控体系建设，主要由对公共安全风险的精准识别、科学评估、有效预警和社会风险的实时监控四大模块构成。在风险防控体系建设中，精准识别潜在的社会安全风险是体系建设的基础。在实践中，传统的社会安全风险线性评估流程和定性评估方法在现代社会治理中有一定的局限性，传统的安全风险识别主要依靠问卷调查、实地走访、召开听证会或专家论证会、政府门户网站意见反馈等方式收集信息进而识别

---

[1] 单勇：《以大数据治理创新治安防控体系》，《中国特色社会主义研究》2015 年第 4 期。

潜在的社会安全风险,这种社会风险评估方法不可避免地带有强烈的主观因素,工作效率也十分低下。同时,由于风险识别工作信息量大、识别周期长,在识别过程中不可避免会采用精选样本进行抽样分析,人工分析往往会导致原始数据的大面积遗漏,进而忽略了数据所反映的原本的社会问题,带来识别误差。相较于传统的社会风险防控流程,大数据凭借着强大的数据挖掘能力和数据分析能力,可以使所有看似不相关的信息聚合在一起,比如某个体是否对公共安全造成潜在的威胁,可以将个体的兴趣爱好、体貌特征、社会关系等全面的、深层次的数据纳入识别框架,再以众包的方式替代传统抽样的方式,增加分析的数据量,扩大分析变量的选择面,以智能化的手段对原始数据进行清洗,降低信息噪音,提升信息纯度。在对原始数据的挖掘过程中,遵循数据本身的特点和采集者的要求,将传统的风险数据库与第三方数据库联结起来,突破部门壁垒和专业隔阂造成的"数据孤岛",最大限度地提炼繁杂数据中的风险因子,对数据从简单的因果分析转变为复杂的相关性分析,为系统分析个体态度倾向、行为规律、舆情演化态势和风险传播路径提供了可能,[1] 从而最大限度地拓展了对社会潜在风险评估的广度、深度和精度,为社会公共安全风险防控打下坚实的基础。

如在公共安全体系中,北京海淀区用大数据公共安全体系建立"首创城市轨道交通公共安全大数据应急管理平台",[2] 该平台综合应用大数据、云计算、物联网、无线通信、人工智能等多种技术,整合与管理多部门、多行业、多层次、多格式的信息资源,实现对公共安全突发事件处置全过程的跟踪和指挥,保障对各项应急处理

---

[1] 刘泽照、朱正威:《大数据平台下的社会风险评估:研究前瞻与应用挑战》,《华东理工大学学报》(社会科学版) 2015 年第 1 期。

[2] 王彦平:《中国基层社会治理及创新研究》,博士学位论文,山西大学,2016 年。

事务的快速响应，通过对海量公共安全数据资源进行分析和挖掘，为公共安全体系的建设提供有效的信息支持。

三 基于大数据的公共安全体系建设中的问题

大数据在社会治理的应用时间还不长，数据有效资源不足，数据共享困难，数据深度分析不够，要充分发挥大数据在公共安全体系中的作用，还有很多的挑战。近三年，中国特大安全事故频发，如2018年7月25日，宜宾恒达科技有限公司发生爆炸事故，造成19人死亡；2018年8月13日，天津港口瑞海公司危险品仓库发生爆炸事故，造成123人死亡；2019年3月21日，江苏天嘉宜化工有限公司发生爆炸事故，造成78人死亡，超过600人不同程度受伤。这些重大安全事故，如果大数据能够全面监测到，并进行预警，将不会造成这么巨大的损失。遗憾的是，大数据在公共安全体系的应用刚刚开始，在发展中有着许多困难与挑战。

（一）公共安全体系建设中数据共享困难

数据共享困难是公共安全体系建设中的困境，公共安全体系建设需要海量的数据资源，涉及面极为广泛。总体来看，现阶段数据共享难的困境是由于缺乏总体规划和统一的整合管理机制而造成的。传统的数据存储模式，不具备良好的扩展性，因此，社会各领域、各部门建设的信息化系统，都有各具特点的管理方法和技术，系统的数据来源于多个部门，存在多个"信息孤岛"，来自不同部门的数据由于各种原因会出现数据结构或数据值不一致的现象，不同程度地存在着纵向数据开放度低，横向数据流通性差，交互应用能力弱，视频图像数据整合难等缺陷，因而不能保证原始数据在平台建设中的一致性、正确性、有效性和安全性。造成数据共享困境的深层次因素在于：首先，由于某些政府部门的信息管理系统主要建立在部门内部和政务系统内部，而国家的金税、金财、金审、金盾等信息工程的安全防护措施客观上造成了"信息孤岛"和"数据壁垒"，数据信息在横向部门之间不能交互共享，人为地形成了难以横向跨越的"信息壁垒"。其次，传统的政务信息系统建设中，由于没有标准化的数据体系，导致各部门采集的数据格式不统一、数据标准不一致，采取的数据处理技术、数据应用平台各有差异，数据库接口也互不相通。因此，建设大数据平台难以整合各部门零散的数据集合，进而导致在数据导引、数据获取、数据交互交换中发生迟滞、偏差，使得数据资源的共享存在操作上的困难。最后，由于在现阶段缺乏清晰的数据管理的边界，没有明确的数据管理体制，导致在数据共享中责任区分不够明确，对数据资源的归属、采集、开发等相关管理规则也不够明确，因此，导致了在共享中数据的归集、整合、清洗、校对在短时间内难以完成。此外，数据共享、维护所需要的经费来源没有明确的制度支持，这也增加了部门间数据共享的难度。

（二）数据挖掘和利用不够充分

数据的深度挖掘和综合利用不充分在一定程度上会导致公共安全体系数据化建设缺乏相应的深度和广度。从实践中来看，数据的深度挖掘可以显著地增加数据处理的样本量，有利于促进社会治理中的科学决策；数据的充分利用可以提高社会治理效率，通过更广泛的数据跟踪影响具体决策的实施，进而改善政府决策的质量。此外,数据的深度挖掘和充分利用也能够使得社会治理决策更加全面化、具体化。数据的深度挖掘对于大数据平台的建设尤为重要,数据的样本量会导致最终研判的偏差,从而使决策出现偏差乃至决策错误。

(三) 社会公共安全大数据资源来源影响着数据分析的客观公正性

大数据主要基于各大政务服务系统、电商平台、网络搜索及公共平台等产生的大数据,被一些人认为比传统的统计数据更加全面、及时、透明,具有更大的应用价值和应用前景。[①] 但是,互联网上充斥着许多虚假、有害的信息,而真实、有益的信息则会被冲淡,致使数据失真,进而导致基于大数据的社会治理分析发生偏差,造成决策失衡。况且,由于大数据获取的特定技术性,人们不能直观获取大数据。掌握技术的企业或组织,基于自身利益的考虑,可能对信息收集、分析、发布、利用过程进行操控,形成潜在的数据垄断。一些专业机构在利用大数据技术为社会治理提供系统、完整信息的过程中,不断强化了其自身的权威性,倘若这些专业机构在提供数据时没有遵循科学、客观、公正的原则,则会影响大数据使用的有效性和准确性。[②]

(四) 大数据的技术队伍仍待加强

由于受科技水平及人才等方面因素的制约,以大数据为基础的

---

① 潘璠:《大数据造假让社会诚信很受伤》,《中国信息报》2015 年 7 月 7 日第 5 版。
② 李传军、李怀阳:《大数据技术在社会治理中的价值定位——以网络民主为例》,《电子政务》2015 年第 5 期。

公共安全体系建设尚处于起步阶段，发展还不够平衡。在以大数据为基础的平台建设过程中，不同程度地存在着数据质量不够高、共享比较困难、对数据的深度挖掘和综合利用不够充分的问题，这些问题的解决要依靠懂得技术的人才，特别是大数据在公共安全体系应用的技术团队少，这就直接影响到了公共安全体系的数据化建设。

四 加强大数据技术在公共安全体系建设中的运用的思考

目前大数据技术在公共安全体系建设中的运用有待进一步深化、开拓创新，根据社会治理的基本理论，在社会治理中多元主体参与，以维护和改善人民群众根本利益为核心，针对社会发展中出现的公共安全问题，运用现代大数据手段，推动社会有序发展。

第一，大数据的公共安全体系建设必须坚持党的统一领导，明确政府的主导地位。在党的领导下将公共安全体系中所涉及的各部门、单位和企业等资源要素加以整合，实现公共安全资源库的互通互联互享。在大数据的公共安全体系建设中，注重社区、企业、社会组织的作用，在各类组织中建立党组织，由这些党组织领导各组织进行社会公共安全隐患排查、评估、预警等。在社会治理中、在公共安全体系建设中，要在政府主导下构建起共建共治共享的治理格局，社会治理的协同共治是多元主体共同参与互动、沟通协调的过程，是通过实现政府具体组织实施治理和社会的调节、居民的自治，从而实现社会治理良性互动的过程。在2020年新冠疫情中，在中国共产党的领导下，决策者以大数据分析为基础，制定出了抗击疫情的措施，行政、事业、企业、社区、村镇党组织有效地执行中央的各项抗击疫情措施，使中国人民在抗击疫情方面取得了优秀的成绩。

第二，强化大数据平台的建设必须要以大数据技术为支撑，推动社会治理研判预警、决策指挥与防范处置的有机对接，形成多部门联勤联动的社会治理指挥处置机制，继续完善信息化、一体化、实战化的决策体系，提升快速反应能力和整体治理能力，全面优化社会治安防控体系。其一，在社会安全的保障中，更要积极运用大数据技术来破解重点领域的防控难题，及时发现涉恐、涉稳的高危人群，全面掌握其身份特征、活动轨迹和关系网络等，实现在海量信息中快速锁定社会公共安全危险因素，准确筛选定位，实施精准打击。其二，要高效利用大数据平台破解日常公共安全的难题，实现对常见社会问题中的重点区域、重点人员的动态管理，针对社会问题发现难、摸底难等问题，积极利用各类社会人员信息和上网、通信、网络购物等动态信息进行关联分析、聚类分析，掌握行为特征，加强动态监管。

第三，在强化大数据公共安全体系的建设中注重数据库资源建设，注重把控数据生成源头。大数据公共安全资源库主要通过准确收集数据，达到真实反映安全生产、民情、民意、监督管理的目的，因此，要特别重视注重数据库容量建设，增加数据库的数量与容量，保持数据的"原生态"，以保证整个大数据生态链的健康发展。

第四，重视公共安全体系的评估、预警、防控、监督各环节，实行数据的动态建设和动态管理。大数据平台建设要建立在高新技术的广泛运用基础之上，动态建设和动态管理是其发展的必由之路。针对风险新源头、风险新动态、风险新影响等，通过已有的社会风险评估系统进行实时研判与动态定级，并适时调整风险等级，确保社会潜在风险在可控之中。

第五，健全和完善公共安全大数据平台的量化指标构成、指标层次、指标值评价准则等机制，重视对平台基础数据的风险评估，以完善大数据平台社会治理中的处理和问责系统。大数据公共安全资源数据分析可以为社会治理提供准确的前置评估，对城市、区域或特定场所的安全水平进行更加科学合理的评估。运用公共安全大数据平台，对直接关系民众切身利益且涉及面广的决策、事项、活动等实施风险评估，提前防范涉及公共安全、社会秩序、社会稳定等方面的风险。此外，在社会治理中，还可以借助虚拟技术，从人、物、环境和管理制度等方面，对大型活动可能产生的后果及影响进行模拟，从而评估和选择最优决策方案。

第六，学习大数据在公共安全体系应用方面的优秀经验。大数据在公共安全体系方面的应用时间较短，发展不够成熟，各地区发展水平不一，有一些地区发展较快，可以多学习他们的经验。如"枫桥经验"的发源地绍兴公安，通过启用"智慧民意感知系统"，依托大数据精准研判，2018年以来利用该系统已发送回访短信330万余条、人工回访37万余次，[1] 整改群众不满意的事件，排查公共安全隐患。北京运用大数据在公共安全领域建立网格化城市管理组织机构和人员配置，区级层面成立城管监督指挥中心，在各区街镇成立城市管理与安全监督分中心。仅海淀一区就配有城市管理监督员365名，视频监督员107名，负责对全区430.8平方公里的8562个单元网格实施监控。现日均汇集和处理问题量近3000件。[2] 在网格化管理中，对上百万个城市部件、公共安全管理事项的位置分布、数量关系、权属单位、责任单位等20余项属性特征等进行了

---

[1] 《"枫桥经验"发源地打造新时期的网上"民情日记"》，2020年12月7日，中国长安网（http://www.chinapeace.gov.cn/chinapeace/c100007/2020—12/07/content_ 12423588.shtml）。

[2] 张泽根、严泰光、化柏林：《基于系统论的全维度融合模式：海淀区网格化社会服务管理研究》，《电子政务》2016年第2期。

拉网式普查，形成了覆盖全市的安全管理地上基础数据成果。云南腾冲整合数据共享，打通了公共安全责任部门间的信息壁垒；利用信息技术的支撑，建立了智慧、高效的信息研判体系和快速的指挥调度体系，在2020年抗击新冠疫情期间，腾冲市公安局组建大数据工作专组，全力配合做好涉疫重点人员排查、信息研判、追踪核查、重点人员背景审查等工作。

新时代大数据成为公共安全体系建设的重要支撑力量，公共安全的防控由经验判断型向数据分析型转变、由被动处置型向主动发现型转变，加强完善大数据的公共安全体系，各级安全责任人才能心中有"数"，精准研判，精细防控，有效监督，才能保障人民的生命和财产的安全，实现共享共建共治的社会治理格局，推进国家治理体系和治理能力现代化。

论技术在社会统治中的应用：
马克思、马尔库塞和福柯的观点[*]

刘光斌[**]

摘　要：技术是如何应用到社会统治之中的？马克思认为技术在资本主义社会生产中的应用遵循资本逻辑，技术不仅取得资本形式，而且成为获取资本的手段统治活劳动；马尔库塞认为发达工业社会中技术应用遵循单向度逻辑，技术是新的控制形式，它在生产、消费、政治和文化领域的单向运用，造就了极权社会；福柯认为技术应用遵循微观权力逻辑，他把知识与权力结合起来考察，规训权力技术和生命权力技术的应用造就了一个规训化社会。三位思想家关于技术在社会统治中的应用观点，对于我们正确认识技术的社会功能及其本质具有重要理论意义。

关键词：技术　社会统治　马克思　马尔库塞　福柯

技术在社会中的应用不必然导致统治，然而现实中我们总是可

---

[*] 原文系国家社会科学基金资助项目（14BZX028）阶段性成果，已发表于《东北大学学报》（社会科学版）2015年第2期。

[**] 刘光斌，湖南大学马克思主义学院教授。

以发现技术统治、压制性的一面,那么,技术是如何应用到社会统治之中的?马克思、马尔库塞和福柯从理论上为我们提供了答案。马克思在《机器。自然力和科学的应用》一文中认为,技术在资本主义社会生产中的应用提供了一种资本逻辑,在资本主义经济关系中技术不仅取得了资本形式而且成为获取更多资本的手段,在生产过程中强化了对活劳动的统治。受到马克思观点的启发,我们注意到马尔库塞和福柯的相关论述也很有代表性。马尔库塞认为技术在发达工业社会中遵循单向度逻辑,技术单向度的广泛应用,造就了一个极权社会,而福柯主张技术遵循微观权力逻辑,认为知识与权力的结盟、统治技术的应用导致了规训化社会的出现。

一 马克思:资本主义社会统治中的技术应用

马克思明确指出资本主义社会生产劳动中的矛盾"不是从机器本身产生的,而是从机器的资本主义应用产生的!因为机器就其本身来说缩短劳动时间,而它的资本主义应用延长工作日;因为机器本身减轻劳动,而它的资本主义应用提高劳动强度;因为机器本身是人对自然力的胜利,而它的资本主义应用使人受自然力奴役;因为机器本身增加生产者的财富,而它的资本主义应用使生产者变成需要救济的贫民"[①]。马克思认为是技术以及作为技术物化形式的机器在资本主义生产劳动过程中的应用,产生了社会统治效果。资本主义的生产劳动围绕资本而展开,"资本主义生产的真正限制是资本自身,这就是说:资本及其自行增殖,表现为生产的起点和终

---

① 《马克思恩格斯全集》第44卷,人民出版社2001年版,第508页。

点，表现为生产的动机和目的；生产只是为资本而生产"①。技术在资本主义社会中的应用显然遵循了资本逻辑，资产阶级利用机器的方式是把技术、机器看作资本形式，技术取得资本形式并在剩余价值的劳动生产过程中得到广泛运用，造成技术与活劳动的对立，技术在生产过程中的应用强化了资本对活劳动的统治关系，实质上是资本主义生产中的物的关系控制了生产中的人的社会关系。这种统治关系通过机器以及体现在机器系统中的科学、工厂（社会的群体性劳动）对活劳动的统治表现出来。马克思指出："科学、巨大的自然力、社会的群体性劳动都体现在机器系统中，并同机器系统一道构成'主人'的权力。"② 这些"主人"的权力一起统治了活劳动。

第一，机器体系支配活劳动。机器可以视作技术的物化形式，机器体系的应用引起资本主义劳动过程的变化，机器取得资本形式实现了对活劳动的统治。马克思认为劳动资料加入资本的生产过程之后，劳动资料的形态便是机器，是自动的机器体系。"自动的机器体系不过是最完善、最适当的机器体系形式，只有它才使机器成为体系"，"它是由自动机，由一种自行运转的动力推动的。这种自动机是由许多机械器官和智能器官组成的。"③ 机器体系形成后，机器不仅表现为单个工人的劳动资料，还表现为特殊的资本存在方式，即固定资本，劳动资料转化为固定资本成为与资本相适合的存在，作为直接的劳动资料加入资本生产过程的那种形式消失了。作为直接的劳动资料，在工人的活动作用于对象方面起中介作用，而作为固定资本的劳动资料，工人只是在机器的运转、机器作用于原材料方面起中介作用。"工人自己只是被当作自动的机器体系的有

---

① 《马克思恩格斯全集》第3卷，人民出版社2004年版，第278页。
② 《马克思恩格斯全集》第44卷，人民出版社2001年版，第487页。
③ 《马克思恩格斯文集》第8卷，人民出版社2009年版，第184页。

意识的肢体"①，活劳动在机器体系中失去了自身的自主性，结果成为机器体系的肢体或零件，对象化劳动实现了对活劳动的占有。在生产过程中，机器体系支配了活劳动，"机器作为资本的形式成为同工人对立的独立的权力"②，机器本身不剥削人，只是在资本主义生产关系中，对剩余价值的追求，资本家的贪婪，导致机器这种"铁人起来反对有血有肉的人"③，实际上就是"自动机在资本家身上获得了意识和意志"④ 实现了对活劳动的占有。

第二，科学发展控制活劳动。马克思认为科学发展为资本对活劳动的占有提供了直接的现实性："一方面，直接从科学中得出的对力学规律和化学规律的分解和应用，使机器能够完成以前工人完成的同样的劳动。然而，只有在大工业已经达到较高的阶段，一切科学都被用来为资本服务的时候，机器体系才开始在这条道路上发展。另一方面，现有的机器体系本身已经提供大量的手段。在这种情况下，发明就将成为一种职业，而科学在直接生产上的应用就成为对科学具有决定性的和推动作用的着力点。"⑤ 马克思在这里指出作为固定资本形式的机器系统实现对活劳动的占有在现实性上借助于科学的发展，并影响了资本主义的劳动过程。科学为资本服务使机器完成以前工人完成同样的劳动成为可能，同时发明成为一种职业，推进了科学在直接生产上的应用。生产过程成了科学的应用，而科学反过来成了生产过程的因素，由于自然科学被资本用作致富手段，从而科学本身也成为那些发展科学的人的致富手段。科学的发展使"整个生产过程不是从属于工人的直接技巧，而是表现为科

---

① 《马克思恩格斯文集》第8卷，人民出版社2009年版，第184页。
② 《马克思恩格斯文集》第8卷，人民出版社2009年版，第289页。
③ 《马克思恩格斯文集》第8卷，人民出版社2009年版，第354页。
④ 《马克思恩格斯全集》第44卷，人民出版社2001年版，第464页。
⑤ 《马克思恩格斯文集》第8卷，人民出版社2009年版，第195页。

学在工艺上的应用"①。或者说,"科学通过机器的构造驱使那些没有生命的机器肢体有目的地作为自动机来运转,这种科学并不存在于工人的意识中,而是作为异己的力量,作为机器本身的力量,通过机器对工人发生作用"②。科学体现在作为技术物化形式的机器中,实现了"生产过程的智力同体力劳动相分离,智力转化为资本支配劳动的权力"③。工人的技能转移到机器上去了,工人的反抗遭到破坏,甚至不能奋起抵抗。科学被分离了,它成了独立于劳动的一种生产能力,并被迫为资本服务,在资本主义制度下,资本本身不创造科学,只不过科学发展遵循了资本逻辑,取得资本形式,在生产过程中利用科学满足资本需要。与此相反,尽管劳动人民创造了科学,但是,作为劳动的社会条件,科学成为"敌视工人、镇压工人、为了资本家的利益而反对每个工人的权力"④。

第三,工厂制度统治活劳动。在机器体系中,社会的群体性劳动是在工厂中进行的,工厂手工业特有的专业化、等级化、熟练化的工人逐渐被机器化大生产所要完成的各种劳动的平等化趋势取代,工人只需要完成简单的协作,使自己的动作适应自动机的划一的连续的劳动。在机器化大生产条件下,工厂取代家庭以及小作坊成为重要的劳动协调机制。在工厂中只需要把工人分成小组分配到工厂的各个部门,适应机器生产的需要。在机器体系中,工厂作为固定资本构成剩余价值生产必不可少的条件,在这里完成劳动协作,组织资本主义生产,进行社会的群体性劳动,"只要总机器本身是一个由各种各样的、同时动作并结合在一起的机器构成的体系,以它为基础的协作也就要求把各种不同的工人小组分配到各种

---

① 《马克思恩格斯文集》第8卷,人民出版社2009年版,第188页。
② 《马克思恩格斯文集》第8卷,人民出版社2009年版,第185页。
③ 《马克思恩格斯全集》第44卷,人民出版社2001年版,第487页。
④ 《马克思恩格斯文集》第8卷,人民出版社2009年版,第353页。

不同的机器上去"①。如此一来，"工厂的全部运动不是从工人出发，而是从机器出发，所以不断更换人员也不会使劳动过程中断"②。工厂制度中形成的这种分工制度被资本当作剥削劳动力的手段，"在工厂中，是工人服侍机器"③。马克思指出，"资本在工厂法典中通过私人立法独断地确立了对工人的专制。这种法典只是对劳动过程实行社会调节"④，而且"工人终于毫无办法，只有依赖整个工厂，从而依赖资本家"⑤。

总之，马克思认为技术在资本主义生产劳动过程中的应用，是作为资本形式的应用，必然统治活劳动。"一切资本主义生产不仅是劳动过程，而且同时是资本的增殖过程，就有一个共同点，即不是工人使用劳动的条件，相反地，而是劳动条件使用工人。"⑥结果便是工人与劳动条件的颠倒，智力转化为资本支配劳动，在工厂的分工制度下，活劳动成为死机构有意识的组成部分，即，"工人被当作活的附属物并入死机构"⑦。机器、科学和工厂制度遵循了资本逻辑作为资本形式实现了对活劳动的统治。用马克思的话说，"在资本主义制度内部，一切提高社会劳动生产力的方法都是靠牺牲工人个人来实现的；一切发展生产的手段都转变为统治和剥削生产者的手段，都使工人畸形发展，成为局部的工人，把工人贬低为机器的附庸品，使工人受劳动的折磨。从而使劳动失去内容，并且随着科学作为独立的力量被并入劳动过程而使劳动过程的智力与工人相异化；这些手段使工人的劳动条件变得恶劣，使工人在劳动过程中

---

① 《马克思恩格斯全集》第44卷，人民出版社2001年版，第484页。
② 《马克思恩格斯全集》第44卷，人民出版社2001年版，第484—485页。
③ 《马克思恩格斯全集》第44卷，人民出版社2001年版，第486页。
④ 《马克思恩格斯全集》第44卷，人民出版社2001年版，第488页。
⑤ 《马克思恩格斯全集》第44卷，人民出版社2001年版，第486页。
⑥ 《马克思恩格斯全集》第44卷，人民出版社2001年版，第487页。
⑦ 《马克思恩格斯全集》第44卷，人民出版社2001年版，第486页。

屈从于最卑鄙的可恶的专制"①。

二 马尔库塞：发达工业社会统治中的技术应用

马尔库塞考察了发达工业社会中的技术统治问题。他说："分析的焦点是发达工业社会。在发达的工业社会中，生产和分配的技术装备由于日益增加的自动化因素，不是作为脱离其社会影响和政治影响的单纯工具的总和，而是作为一个系统来发挥作用的。"② 因此，决不能把技术看作中立性的单纯工具，而是受到社会和政治影响的技术，是在特定社会中应用的技术。技术广泛应用的结果是技术形式成为这个社会控制的主要形式。"社会控制的现行形式在新的意义上是技术的形式"③，作为新的社会控制形式，技术遵循单向度逻辑，发达工业社会借助于技术的广泛应用正在失去其双面性，而变成为一个没有否定、没有对抗和没有批判的社会。在这种社会里，无论是政治领域、经济领域还是文化生活领域，都趋向一个向度，人们批判社会的那个向度消失了。"在技术的媒介作用中，文化、政治和经济都并入了一种无所不在的制度，这一制度吞没或拒斥所有历史替代选择。这一制度的生产效率和增长强力稳定了社会，并把技术进步包容在统治的框架内。"④ 发达工业社会通过技术

---

① 《马克思恩格斯全集》第44卷，人民出版社2001年版，第743页。
② [美] 赫伯特·马尔库塞：《单向度的人：发达工业社会意识形态研究》，刘继译，上海译文出版社2006年版，第6—7页。
③ [美] 赫伯特·马尔库塞：《单向度的人：发达工业社会意识形态研究》，刘继译，上海译文出版社2006年版，第10页。
④ [美] 赫伯特·马尔库塞：《单向度的人：发达工业社会意识形态研究》，刘继译，上海译文出版社2006年版，第8页。

的应用,满足人们的物质需要和精神需要,使人们认同现实的社会制度。

第一,技术在生产过程中的应用,导致劳动阶级的分化,产生对社会的认同。马尔库塞指出:"在发达工业社会,技术的合理性在生产设施中得到了具体化(尽管对它的实验是不合理的)。这不仅适用于机械化的工厂、工具和资源开发,也适用于与机械过程的操纵相适应的劳动方式,适用于按'科学经营'方式来安排的劳动方式。"① 技术广泛应用于生产过程中并对劳动阶级产生了深远影响。一方面,机器造成工人职业层次的分化,工人队伍中"蓝领"朝"白领"方向转化,却并没有摆脱统治。"机器本身在多大程度上变成机械工具及其关系的系统并因而大大超出个别工作程序,它就在多大程度上通过降低劳动者的'职业自主权'、把他与承受着和指导着技术实体的其他知识性职业结合为一体而表现出更大的统治权。"② 另一方面,机械化并没有改变工人的处境,他们仍受到剥削,但改变着被剥削者的地位和态度。发达的自动化工厂中体力转变为技术和思维技巧,机器统治了劳动者"不仅支配他的身体,而且支配他的大脑甚至灵魂"③。在机械化的生产过程中,劳动者的态度和意识发生了变化,从而使劳动阶级与资本主义社会不再矛盾,比如,工人与工厂形成更为紧密的依存关系,工人渴望参与生产问题的决定,渴望发挥他们的才智用技术解决生产问题,甚至夸耀他们在企业中获得的利益。"新的技术工作世界因而强行削弱了工人

---

① [美]赫伯特·马尔库塞:《单向度的人:发达工业社会意识形态研究》,刘继译,上海译文出版社 2006 年版,第 22—23 页。
② [美]赫伯特·马尔库塞:《单向度的人:发达工业社会意识形态研究》,刘继译,上海译文出版社 2006 年版,第 27 页。
③ [美]赫伯特·马尔库塞:《单向度的人:发达工业社会意识形态研究》,刘继译,上海译文出版社 2006 年版,第 26 页。

阶级的否定地位。"[①]

第二，技术在消费领域的应用，满足了人们虚假消费，造成了消费异化和奴役。劳动力的消费对维护社会的再生产是不可缺少的，没有大量的消费，社会生产就无法维持下去，因此发达工业社会必须通过技术进步来推动消费，并把刺激消费视为一种非暴力的、卓有成效的统治形式，"为了特定的社会利益而从外部强加在个人身上的那些需要，使艰辛、侵略、痛苦和非正义永恒化的需要，是'虚假的'需要"[②]。现实社会中，像"休息、娱乐、按广告宣传来处世和消费、爱和恨别人之所爱和所恨，都属于虚假的需要这一范畴之列"[③]。这些需要是这个技术社会强加给人的，社会通过种种手段使个人屈从于强加给他的生活方式。"人们似乎是为商品而生活。小轿车、高清晰度的传真装置、错层式家庭住宅以及厨房设备成了人们生活的灵魂。把个人束缚于社会的机制已经改变，而社会控制就是在它所产生的新的需要中得以稳定的。"[④] 人们把受操纵的生活当作舒适的生活来接受，把压制性的社会需要当作个人的需要，把社会的强制当作个人自由。这种消费只能是虚假的需要，资产阶级不断地制造虚假需要，并通过浪费性生产和消费剥削、掠夺无产阶级，使人们在对虚假需求的追求中被牵制性地"幸福而满足"地生活着，从而实现了资产阶级对大众的统治。马尔库塞曾用一个公式来说明技术应用的统治本质："技术进步＝社会财

[①] [美] 赫伯特·马尔库塞：《单向度的人：发达工业社会意识形态研究》，刘继译，上海译文出版社 2006 年版，第 31 页。

[②] [美] 赫伯特·马尔库塞：《单向度的人：发达工业社会意识形态研究》，刘继译，上海译文出版社 2006 年版，第 6 页。

[③] [美] 赫伯特·马尔库塞：《单向度的人：发达工业社会意识形态研究》，刘继译，上海译文出版社 2006 年版，第 6 页。

[④] [美] 赫伯特·马尔库塞：《单向度的人：发达工业社会意识形态研究》，刘继译，上海译文出版社 2006 年版，第 10 页。

富的增长（社会生产总值的增长）＝奴役的加强。"①

第三，技术在政治领域的应用，表现为国家操控技术组织和生产程序，它使统治转化为管理。马尔库塞指出政治权力的运用突出地表现为它对机器生产程序和国家机构技术组织的操控。政府只有成功地动员、组织和利用现有的技术、科学和机械生产率时，才能维持并巩固自己。"机器在物质上的（仅仅是物质上的？）威力超过个人的以及任何特定群体的体力这一无情的事实，使得机器成为任何以机器生产程序为基本结构的社会的最有效的政治工具。"② 由于生产技术在组织管理中的应用，工人阶级不再与已确立的社会相矛盾。统治以管理机器的形式发挥作用，"由于物化有可能凭借其技术形式而成为极权主义，组织者和管理者本身就愈来愈依赖于他们所组织和管理的机器"③。在技术世界中，统治者只要掌握技术组织和生产程序的管理权，就能够实现卓有成效的管理。技术表面上满足了人们的利益，而实际上技术处在特殊利益集团的组织和操控下，掩盖着组织这些设施的那些特殊利益集团。所以，马尔库塞指出"统治转化为管理"④，这能够有效地遏制各种反抗，维护统治利益，"压抑性的社会管理愈是合理、愈是有效、愈是技术性强、愈是全面，受管理的个人用以打破奴隶状态并获得自由的手段与方法愈是不可想象"⑤。

---

① 上海社会科学院哲学研究所编：《法兰克福学派论著选辑》（上卷），商务印书馆1998年版，第604页。
② ［美］赫伯特·马尔库塞：《单向度的人：发达工业社会意识形态研究》，刘继译，上海译文出版社2006年版，第5页。
③ ［美］赫伯特·马尔库塞：《单向度的人：发达工业社会意识形态研究》，刘继译，上海译文出版社2006年版，第32页。
④ ［美］赫伯特·马尔库塞：《单向度的人：发达工业社会意识形态研究》，刘继译，上海译文出版社2006年版，第31页。
⑤ ［美］赫伯特·马尔库塞：《单向度的人：发达工业社会意识形态研究》，刘继译，上海译文出版社2006年版，第8页。

第四,技术在文化领域的应用,导致文化领域的一体化,失去了文化的批判向度。文化一体化主要表现为高层文化的世俗化。在马尔库塞看来,高层文化过去总与社会现实相矛盾,只有少数人才能享受到它的乐趣,高层文化是双向文化:"一方面,高层文化总是随遇而安,另一方面现实也极少受到其理想和真理的妨碍。"[1] 清除双向文化的办法,就是高层文化世俗化,排除高层文化中超越现实、与现实对立的因素。文化世俗化得以实现主要借助于技术的进步和应用,高层文化作品被大规模地复制,像商品一样进行买卖,从而使高层文化显示出来,并纳入已经确立的社会秩序中。"如果大众传播媒介能把艺术、政治、宗教、哲学同商业和谐地、天衣无缝地混合在一起的话,它们就将使这些文化领域具备一个共同特征——商品形式。"[2] 技术使各种文化取得商品形式成为可能,如此一来,"高层文化变成物质文化的组成部分。在此过程中,它丧失了更大部分真理"[3]。文化领域的单向度还表现为话语领域的封闭,全面管理的语言。马尔库塞指出:"社会宣传机构塑造了单向度行为表达自身的交流领域。该领域的语言是统一性和一致性的证明,是有步骤地鼓励肯定性思考和行动的证明,是步调一致地攻击超越性批判观念的证明。"[4] 社会控制了话语领域,让我们相信社会组织灌输给我们的一切谎言,从而消除矛盾,化解冲突,从思想文化上认同现存社会,相信现实就是合理的并认同这个制度。"如此便出现了一种单向度的思想和行为模式,在这一模式中,凡是其内容超

---

[1] [美]赫伯特·马尔库塞:《单向度的人:发达工业社会意识形态研究》,刘继译,上海译文出版社2006年版,第52—53页。
[2] [美]赫伯特·马尔库塞:《单向度的人:发达工业社会意识形态研究》,刘继译,上海译文出版社2006年版,第53页。
[3] [美]赫伯特·马尔库塞:《单向度的人:发达工业社会意识形态研究》,刘继译,上海译文出版社2006年版,第54页。
[4] [美]赫伯特·马尔库塞:《单向度的人:发达工业社会意识形态研究》,刘继译,上海译文出版社2006年版,第79页。

越了已确立的话语和行为领域的观念、愿望和目标,不是受到排斥就是沦入已确立的话语和行为领域。"①

三 福柯:规训化社会统治中的技术应用

福柯反对把权力看成宏观的政治权力,而是涉及人们日常生活中的各种微观权力关系。他指出:"如果我们在看待权力的时候,仅仅把它同宪法,或者是国家和国家机器联系起来,那就一定会把权力的问题贫困化。权力与法律和国家机器非常不一样,也比后者更复杂、更稠密、更具渗透性。"② 因此福柯更多地把权力理解为一种微观权力关系,在整个现代社会,弥散性的权力浸入生活的各个方面,而不一定是靠国家机器来实现。这反映出一种新的政权运行方式的形成,"当我说到政权机器时,指的是它像毛细血管一样的存在形式,它与每个人切身相接的那一点:它进入人们的肌理,嵌入他们的举动、态度、话语,溶入他们最初的学习和每日的生活"③。权力关系作为一种权力网络是无处不在的,它渗透于人们生活的方方面面,网住出现在这个网中的所有东西,在微观权力关系中形成了一个规训化社会。

知识与权力的联盟及其应用使现代社会成了一个规训化社会。福柯说:"我们应该承认,权力制造知识(而且,不仅仅是因为知识为权力服务,权力才鼓励知识,也不仅仅是因为知识有用,权力

---

① [美]赫伯特·马尔库塞:《单向度的人:发达工业社会意识形态研究》,刘继译,上海译文出版社 2006 年版,第 12 页。

② 包亚明编:《权力的眼睛:福柯访谈录》,严锋译,上海人民出版社 1997 年版,第 161 页。

③ 杜小真编选:《福柯集》,上海远东出版社 2002 年版,第 269 页。

才使用知识）；权力和知识是直接相互连带的；不相应地建构一种知识领域就不可能有权力关系，不同时预设和建构权力关系就不会有任何知识。"[1] 权力生产了知识，而知识强化了权力关系，高度概括了知识－权力共生结构关系，权力和知识是共生的关系，即福柯称之的"知识－权力"概念。权力－知识的概念，有助于我们分析规训化的概念，"规训首先指的是惩罚或压制的概念，其次指的是为了在某个特定领域取得成功而必须掌握的一套技能和知识。福柯用他提出的'权力－知识'这一概念把规训的两层意思联系起来。"[2] 知识与权力的结盟及其应用产生了两个方面的影响，一方面，知识的进步，使人们受到更强的、更加细致入微的规训、训练、操作和监督等；另一方面，伴随着权力关系的需要，知识得到发展。因此知识的进步和权力关系的细微化相互推进，深入人们生活中的各个方面，它们对人们行为的各种控制和约束变得更加隐蔽、更加节约成本以及更加有效果。在规训化社会的形成过程中，由于知识与权力的联盟，技术在现代社会中发挥了统治作用，成为统治技术，这种统治技术以两种典型的方式在社会中得到应用。17世纪出现了规训权力技术，18世纪出现了生命权力技术，它们分别从个体化模式和大众化模式两个层面探讨了统治技术在现代社会的应用。

第一，规训权力技术实现对个体的控制。规训权力是对人的肉体、姿势和行为的精心操纵的权力技术，通过诸如层级监视、规范化裁决以及检查等有效的惩罚手段来训练个人，制造出只能按照一定的规范去行动的驯服的肉体。"'规训'既不会等同于一种体制

---

[1] ［法］米歇尔·福柯：《规训与惩罚》，刘北成、杨远婴译，生活·读书·新知三联书店2012年版，第29页。

[2] ［澳］J. 丹纳斯、T. 斯奇拉、J. 韦伯：《理解福柯》，刘瑾译，百花文艺出版社2002年版，第192页。

也不会等同于一种机构。它是一种权力类型,一种行使权力的轨道。它包括一系列手段、技术、程序、应用层次、目标。它是一种权力'物理学'或权力'解剖学',一种技术学。"[1] 福柯指出规训技术"使权力的效应能够抵达最细小、最偏僻的因素。它确保了权力关系细致入微的散布"[2]。规训确立了一种封闭的制度,具有控制越轨的消极功能。"它逐渐被普遍化,变成一种'纪律－机制',即以普遍化监视为基础,对整个社会构造进行组织,使其变成一种'纪律社会'。"[3] 规训技术通过规范化的训练,来支配、控制人的行为,甚至造就人的行为。这种支配和控制不是借助暴力、酷刑使人服从,而是通过日常的规范化的纪律、检查、训练来达到支配、控制的目的,行使权力的功能,通过规范化训练以及惩罚手段把人变成权力操纵的对象和工具。规训造就个人。这是一种把人既视为操练对象又视为操练工具的权力的特殊技术。规范化管理、技术等现代制度都被视为一种统治的力量,规训化社会是一种充满压迫形式的权力社会,权力对人的控制已经越来越细致地渗透到身体的方方面面。学校、监狱、医院和工厂、军队是规训权力技术应用到整个现代社会的典范。

第二,生命权力技术实现了对群体的控制。生命权力技术是18世纪末19世纪初开始出现的一种新的、非惩罚的权力形式,它通过国家发挥调节机制,将驯服的人作为整体的大众来管理。福柯指出生命权力技术针对类的人或群体,并与规训权力技术做了比较。规训权力技术通过惩戒方式力图控制群体,要实现这一目标必须把

---

[1] [法]米歇尔·福柯:《规训与惩罚》,刘北成、杨远婴译,生活·读书·新知三联书店2012年版,第241—242页。

[2] [法]米歇尔·福柯:《规训与惩罚》,刘北成、杨远婴译,生活·读书·新知三联书店2012年版,第242页。

[3] [澳]马尔科姆·沃特斯:《现代社会学理论》,杨善华等译,华夏出版社2000年版,第247页。

人群分解为个体，针对个体采取诸如监视之类的规训权力技术；而生命权力技术同样针对群体，只不过是采用将个体整合为群体的方式，所采用的权力技术主要通过调控出生率、死亡率、再生产率、人口的繁殖率，来说明生命政治学。"针对总体现象，针对人口现象，通过大众的生物学或生命社会学的过程来实现"[①]，导致了建立协调和集中化的复杂机构。18世纪便开始分析流行病引发的死亡现象，调查人口出生率和死亡率，并相应采取了一些控制人口出生的措施。人们在分析流行病引发死亡的基础上，促使与公共卫生相关的医学的确立，"包括协调医疗、集中信息、规范知识的机构"[②]，为了让公众认识到公共卫生的重要性，还采取普及医疗事业，号召全民卫生学习这些措施。福柯认为人们不仅关注普遍的领域而且关注偶然的群体，也就是说从19世纪起，资本主义的工业化时期，人们关注落入能力和活动领域之外的个人，比如说老人，以及一些因为事故、残疾和各种原因而异常的人，针对这些偶然的群体，生命政治学建立了救济机构以及一些更合理的机构，如保险、个人和集团储蓄、社会保障等。生命政治学还对人们的生活环境负责，比如对交通、城市规划、城市建设等相关城市问题负责。在福柯那里，生命政治学通过获取出生率、发病率、死亡率及环境造成的影响等方面的相关知识，从而确立了生命权力技术调节的领域，主要通过调控出生率、发病率、死亡率等来规范社会行为，它比传统权力更容易让人接受，更加有效。

福柯指出技术在现代社会统治中的应用，形成两种权力技术，发展成两个系列："肉体系列－人体－惩戒－机关；和人口系列－

---

① [法]米歇尔·福柯：《必须保卫社会》，钱翰译，上海人民出版社1999年版，第235页。

② [法]米歇尔·福柯：《必须保卫社会》，钱翰译，上海人民出版社1999年版，第23页。

生物学过程－调节机制－国家。"[①] 福柯认为制度机构的整体就是制度的惩罚机关，生物和国家的整体就是国家进行的生命调节，它们分别实施对个体和群体的控制。当然两者不是绝对分开的。规训的整体机制和调节的整体机制不处于同一层面但可以连接起来。"在大部分的情况下，权力的惩戒机制和权力的调节机制，针对肉体的惩戒机制和针对人口的调节机制是相互铰接在一起的。"[②] 规训化社会就是这种双重的整体机制作用的结果。"通过惩戒技术和调节技术两个方面的双重游戏，它终于覆盖了从有机体到生物学，从肉体到人口的全部。"[③] 规训化社会是权力技术应用的结果，权力技术不仅解释了个体惧怕惩戒而服从统治，而且表明权力能从整体上加强对整个社会的统治。

四 评马克思、马尔库塞和福柯的观点

根据马克思、马尔库塞和福柯的相关观点，我们对技术在社会统治中的应用做出四点评估。第一，技术扩宽了统治领域。在当代社会，技术统治早已从生产领域，进入政治、文化和消费等领域，渗透到社会生活的方方面面。第二，技术改变了统治手段。从围绕资本生产，在工厂制度中实现对技术、机器和活劳动的管理，到技术成为新的控制形式，"统治成为管理"，以及微观权力统治技术中管理的广泛使用，说明技术已取代传统的暴力酷刑等统治手段成为

[①] [法] 米歇尔·福柯：《必须保卫社会》，钱翰译，上海人民出版社1999年版，第235页。

[②] [法] 米歇尔·福柯：《必须保卫社会》，钱翰译，上海人民出版社1999年版，第236页。

[③] [法] 米歇尔·福柯：《必须保卫社会》，钱翰译，上海人民出版社1999年版，第238页。

新的统治手段。第三，技术增强了统治效果。在马克思的论述中，机器的资本主义应用，实现了死机器对活劳动的统治，芬伯格分析福柯和马尔库塞的方案时指出："他们的理论没有反抗得以出现的空间；他们没有为理解被统治者有可能抵抗统治的实施提供结构基础。因此他们没有办法阻止体系所趋向的完成状态，马尔库塞称这样完成状态为'单向度'。"[1] 从这个意义上看，技术增强了统治效果，技术使社会统治变得越来越高效。第四，技术维护了统治利益。技术的统治功能从本质上说是社会生活中的人的利益的反映，用芬伯格的话说，"技术是这些行动者的社会表达方式"[2]。在马克思那里，技术反映了资产阶级和无产阶级之间的利益关系，总是资产阶级为了资本利益利用机器操纵和管理无产阶级。马尔库塞认为技术处在特殊利益集团的组织和操控下，掩盖着组织这些设施的那些特殊利益集团，技术反映了社会中统治者和被统治者之间的利益关系，或者说反映了工人和管理者的不同利益。

必须指出，技术在社会统治中的应用说明技术发挥了社会功能，但并不意味着技术的社会功能只是发挥统治功能，事实上，科学技术是推动生产力发展的重要因素，有力地推动了社会历史的发展进步并提升了人们的生活水平和质量等等。技术在其应用过程中总会受到社会结构和政治等因素的影响，它之所以发挥统治功能说到底是为了管理和控制技术背后的那些集团的利益。本文有关马克思、马尔库塞和福柯的技术统治功能的观点只是技术发挥社会功能的某一方面，不必然像马尔库塞和福柯所说的那样，技术的社会功能完全是单向度，无法改变的，马克思曾指出改变技术、科学、机

---

[1] [美] 安德鲁·芬伯格:《技术批判理论》，韩连庆等译，北京大学出版社 2005 年版，第 85 页。

[2] [美] 安德鲁·芬伯格:《可选择的现代性》，陆俊、严耕等译，中国社会科学出版社 2003 年版，第 4 页。

器以及资本与活劳动的关系的一种方案，即进行制度的变革，实现劳动者对生产劳动条件的掌握，"使劳动重新把劳动的客观条件当作自己的财产，就必须有另一种制度来取代私人交换制度"[①]。总之，我们必须辩证地看待技术在社会统治中的作用，只有这样，我们才能正确认识技术的社会统治功能及其运行逻辑，并有利于我们更好地利用技术为人类服务。

---

① 《马克思恩格斯全集》第30卷，人民出版社1995年版，第505页。

中华民族形象对外传播的话语体系转换[*]

李春燕[**]

摘　要：新中国成立以来，中华民族形象对外传播的话语体系经历了革命话语、建设话语、和谐话语的不断转化和发展，对西方中心主义的话语体系起到解构作用。进入新时代，国际冲突的突发性、复杂性有所加剧，中华民族形象对外传播话语体系与国际话语体系之间仍存在话语鸿沟，以"共同体"为标识性叙事话语体系，能够体现中华民族形象对外传播的实践主体性，凸显新时代中华民族形象的自我想象和定位，规避了全球性危机引发的负面效应，为中华民族形象对外传播提供了新的话语方式、建构思路和优化方向。

关键词：中华民族形象　对外传播　话语体系　共同体意识

中华民族在人类文明史上占有显著的地位。在数千年的中外文化交流中，中华民族逐渐形成了具有鲜明特色的民族形象。所谓的中华民族形象，指的是中华民族在国际社会或国内外民众心目中的

---

[*] 本文系教育部人文社会科学基金规划项目"中国社会形象国际传播的历史考察及机制创新研究"（17YJA860007）阶段性成果。

[**] 李春燕，中南民族大学马克思主义学院教授。

整体形象，它是中华民族内在本质形象和外在可观形象的有机结合。[①] 中华民族形象对外传播的渠道很多，公共外交、大众传媒、各级各类组织机构、人际传播等均对中华民族形象的塑造起到一定的作用。其中，通过大众传媒进行的政治、文化与新闻信息的传播在民族形象塑造中起到的作用尤为明显。理解中华民族形象有两个重要的维度，一是中华民族形象的内在品格，二是中华民族形象的外在表征。内在品格指的是中华民族一以贯之的民族精神和民族气节等，是中华民族的内在本质形象；外在表征指的是中华民族在一定时空范围内所表现出来的外部形式与特征，是中华民族的外在可感形象。中华民族形象的内在品格和外在表征之间的关系极为密切，前者是后者的根基，后者是前者的表象。中华民族形象的内在品格有其主导的核心体系，并通过外在表征为国内外公众所认知。不同国度、不同社会体制、不同文化背景的人，往往有不同的认知预设，对中华民族形象的认知与理解存在一定的差异性。在中华民族形象对外传播的过程中，我们要将中华民族形象的内在品格展现出去，避免从片面的角度反映中华民族形象，缩小外部表征与内在品格之间的反差。

话语体系作为在一定的历史时空规限下相互联系的思想表达，不仅是语言符号和伦理价值的集合，也"关涉寻找、生产和证实'真理'"[②]。对于民族形象对外传播而言，一套言简意赅、内涵清晰的话语体系看似简单，但在争夺国际话语权时往往能有效提升自身话语能力，发挥四两拨千斤的效用，完成对外形象传播的战略目的。中华人民共和国成立以来，中华民族形象的对外传播话语体系

---

① 陶喜红、李婷婷：《中华民族形象对外传播中的问题与改进策略》，《当代传播》2013年第5期。
② [美] 罗伯特·麦克洛斯基等：《社会科学的措辞》，许宝强编译，生活·读书·新知三联书店2000年版，第79页。

呈现出阶段性的特征，话语体系的转型表现得比较明显。中华民族形象对外传播话语体系转换的目的有两个：一是根据国际国内形势的变化，打破西方对中华民族形象传播中的话语垄断与话语霸权，使中华民族形象的外在表征能够尽可能真实地再现其内在品格；二是适应时代需求和国际社会的传播规范，构建世界民众能够接受的话语体系，"使中华民族最基本的文化基因与当代文化相适应、与现代社会相协调，以人们喜闻乐见、具有广泛参与性的方式推广开来"①。在数千年的历史中，中华民族沉淀下来的一些优秀的品格，如勤劳勇敢、热爱和平、自强不息、敢于创新、团结一致等，这些精神气节是历朝历代中华民族人民所珍视与坚守的优秀特质，不会因为时代的变迁而发生变化，这是中华民族形象得以确立的核心体系与内在品格，是其永久生辉的精神支柱。在对外传播时，中华民族形象的外在表征受到传播者的立场、传播内容的偏向、传播技巧的运用和受众的认知结构等多种因素的影响，受众对其理解与认知也因此存在较大差异。

一 革命话语：独立自主的民族形象

中华人民共和国是我国人民经过艰苦卓绝的革命斗争才建立起来的。新中国成立之初，国内的反动势力对新政权构成一定的威胁，国外的敌对势力对新政权采取孤立政策，中国对内要重组社会、解放劳苦大众，对外面临复杂的国际形势。这一时期，中国政府的对内传播始终将革命精神与革命道路宣传作为核心议题。官方

---

① 习近平：《在十八届中央政治局第十二次集体学习时的讲话（2013年12月30日）》，载中共中央文献研究室编《习近平关于社会主义文化建设论述摘编》，中央文献出版社2017年版，第201页。

的政策文本和民间的街谈巷议均带有不同程度的革命因子。国内的政治组织领域、政治行为领域以及思想文化与道德观念领域的话语体系均表现出较强的革命性。对外传播方面，也表现出明显的革命话语色彩。在外交上，中华人民共和国奉行独立自主的和平外交政策，明确地向世界人民表达了中华民族是热爱和平的民族，愿意在和平共处的原则下与世界各民族发展友好关系。同时，中华民族也不畏惧任何反动力量，随时准备打击侵犯者。在大众传媒的报道上，中国向世界阐明了中华民族是热爱和平、独立自主的民族，不怕"纸老虎"，反对狭隘的民族主义和大国沙文主义，重视处理中国革命与世界革命之间的关系，中华民族既要胸怀祖国，又要放眼世界，团结一切可以团结的和平力量。中国的大众传媒向国际社会展示了自强不息、艰苦奋斗、独立自主、爱好和平的中华民族形象，中华民族展现出了自清朝衰败以来的空前团结，给国际社会留下深刻的印象。

在中华民族形象对外传播的过程中，我们长期采用革命话语体系，阐释革命立场，讲述革命道理，其主要目标不是传递敌对情绪，而是传递中华民族独立自主的愿望与和平发展的立场。经过数十年的中外交流，外界对中华民族独立自强、敢于拼搏的民族形象既有直观的感知，又有理性的认知，"中华民族以极大的热情投入到新中国里去，支持中国共产党，所表现出来的革命激情让人震撼"[1]。革命话语承载着丰富的群体记忆，在中华民族形象对外传播中扮演着重要角色。

当然，应当看到，革命话语体系有一定的局限性。在对外传播中，革命话语所针对的只是一小部分敌对势力，他们并不针对广大

---

[1] Committee of Concerned Asian Scholars, *China! Inside the People's Republic*, Bantam Books, New York, 1972, p. 2.

的外国受众。在外交和传媒报道中，革命话语范式所承载的内容对于敌对势力和反动势力起到较大的震慑作用，但同时也产生了一定的负效果。因为这种话语体系在一定程度上传递着对反动势力的敌对情绪和抵抗态度，容易让那些原本对中华民族具有好感的部分外国受众产生误解，认为自己也是被排斥的对象，这对他们认知中华民族形象产生了消极的影响，甚至导致他们"抗拒任何关于中国的正面信息，任何对中国做出正面评价的人都被认为是幼稚的或者被欺骗了的，甚至是自己民族的叛徒"[1]。因此，革命话语体系所产生的这种负效果是值得反思的。从中华民族形象对外传播的角度来看，随着中国综合国力逐渐增强，国外已经开始猜测中国崛起所带来的影响，如果继续采用革命话语体系来传播民族形象的相关信息，其负面影响无疑会更大，因为和国家概念相比，民族概念具有主观性，民族形象的产生和变迁更容易受到群体的心理认同影响，而非区域、经济、政治等客观因素。因此，当我们已经走过最艰难的时刻，国内社会主义建设已经进入新的阶段，革命话语体系容易让敌对势力借题发挥，不利于团结大多数。

二 建设话语：勇于革新的民族形象

新中国成立 30 年后，国内阶级矛盾已经不太明显，经济与社会体制改革的必要性日益凸显。在国际上，中国同世界上多数国家之间的外交关系逐渐走上正轨，部分国家与中国的敌对情绪已经有效地缓解了。在这种国内与国际形势下，原来的革命话语体系已经

---

[1] ［澳］马克林：《我看中国——1949 年以来中国在西方的形象》，张勇先、吴迪译，中国人民大学出版社 2013 年版，第 34 页。

不适应中国对外传播的需要了。中华民族形象对外传播话语体系的构建必须立足自身实践活动，凝练能融合中华民族文化和世界先进文化的标识性概念，从而形成新的话语体系。于是，现代化建设话语体系取代革命话语体系，成为中国对外传播的主流话语体系。在推行改革开放政策之后，中国经济建设取得令世界瞩目的成绩，社会、文化等层面也有翻天覆地的变化，中华民族形象的主体性不断彰显，形象的塑造和传播也必然开始了华丽转型。大众传媒向国外展示了中华民族积极向上、勇于革新的民族精神，国际社会对中华民族的文明、开放与进步的形象有了更进一步的了解。除了做好国内建设，中国还积极通过外交途径争取国际社会的价值认同，树立了充满生机与活力、富有创造精神的中华民族形象。在国际事务中，中国始终坚持反对霸权，团结并帮助第三世界国家，与一切爱好和平的力量合作，共同推动世界的繁荣与发展。这些理念、态度和行为向世界表明，中国不仅做好自身的建设，还勇于追求世界和平。

　　在对外传播中，现代化建设话语体系对于构建中华民族形象具有积极的意义。这种语境既有助于鼓舞国内人民从事社会主义现代化建设的士气，又向世界展示了中国社会主义建设的成就，增强了中华民族的自豪感和自信心，在世界话语体系中，中华民族形象对外传播已经不再是"沉默的他者"。比起革命话语体系，现代化建设话语体系更具有亲和力、感召力和影响力，更能适应当时的国内外的政治环境。在中国政治相对稳定、经济发展比较落后的情况下，延续此前的革命话语体系来塑造中华民族形象，其传播效果必然大打折扣。在经济亟待腾飞的时代环境下，推行改革开放、创新发展的政策，显然更具有动员力和凝聚力。因此，从社会主义现代化建设的层面阐释中华民族形象的内在品格，彰显中华民族所固有的勇于创新的精神与爱好和平的形象，对国际社会正确地把握中华民族形象具有积极的意义。

但是,"欧洲人从来没有停止在其他文化不在场的裂谷里填上自己的文化"①。在看到勇于革新的建设话语体系在中华民族形象对外传播中发挥积极作用的同时,也必须承认中华民族形象对外传播仍无法彻底扭转自身形象在异域空间中因"文化不在场"而被定型、被塑造的不利状况,存在不同程度的形象传播话语的"失语""含混","缺乏共享的文化系统和文化符号,易套用西方的模式,缺乏中国特色"②等困境。进入21世纪之后,中国社会主义建设取得了突出的成就,国民经济保持高速增长的态势。面对中国所取得的骄人成绩,以"中国威胁论"为代表的少数敌视中国的观点和言论不断见诸媒体,对中华民族形象的塑造产生极为不利的影响,激励着我们对中华民族形象对外传播的话语体系进行更深入的思考。

三 和谐话语:友好和睦的民族形象

"2002—2012年间,在人民网上出现过的新闻标题中有'崛起'一词的新闻报道出现了188篇,正文中提及'崛起'的新闻报道共有26800篇。"③ 中华民族正在崛起这一形象的塑造本是为了针对当时国际舆论上的"中国崩溃论",但是不少西方学者从自身历史演进以及意识形态的偏见出发,认为"崛起"注定伴随着侵略和征服,"中国威胁论"一时之间成为西方话语体系对中华民族形象

---

① [法]弗朗兹·法侬:《论民族文化》,载罗钢、刘象愚主编《后殖民主义文化理论》,中国社会科学出版社1999年版,第280页。
② 项久雨:《当代中国价值观念国际传播的策略》,《光明日报》2016年4月20日第13版。
③ 孙祥飞:《从"和平崛起"到"中国梦":中国形象跨文化叙事的话语转型》,《编辑学刊》2015年第2期。

的主流"集体想象"。事实上，任何一种群体形象在对外传播时都会面临着特定的舆论场域，在这个场域中，不同话语体系之间的冲突是必然存在的，如传统话语体系和现代话语体系之间的冲突、强势文化话语体系和弱势文化话语体系之间的冲突等。对于民族形象对外传播来说，除了要在上述各种冲突中调适、解构、再生、重塑，还要思考如何在民族话语体系和全球话语体系的冲突之中，张扬民族特色，凸显民族精神，保持自身形象的感召力和亲和力，让世界听得懂自己的话语。于是，根据国际传播新趋势，中国提出了和平崛起、和谐社会与和谐世界等发展理念，采用和谐社会以及和谐世界的话语体系，向外界阐释了中华民族的和谐发展理念。实践证明，社会主义现代化建设需要和谐稳定的社会环境，世界各国的交往也需要保持总体上的和谐。因此，和谐社会既是中国社会发展和处理各民族关系的基本原则，也应该是世界各民族处理国际秩序的指导原则。

中华民族所倡导的和谐社会与和谐世界体系，不是一种狭隘的民族观念，而是在国际社会平等交往原则上，倡导世界各国友好相处、和平发展、共同繁荣。在对外传播中使用和谐话语体系是中华民族内在品格和本质属性的体现，和谐话语体系的建立有助于传播中华民族爱好和平、与人为善、友好相处的民族形象。改革开放以来，中华民族在国际社会上的形象已经从贫穷与落后逐渐转向崛起与进步。在全球化背景下，中华民族与国外的交流不断增多，出现摩擦在所难免。一些敌视中华民族的势力借机散布与渲染"中国威胁论"，给中华民族贴上负面的标签。这种污名化的报道框架虽说并非国际社会的主流声音，但是它会扭曲人们正常的认知结构，进而使中华民族的正面形象遭到破坏，也容易把中华民族形象的对外传播引向一种"对抗性话语体系"。因此，近年来，中国对外传播中，积极传递我们固有的和平相处理念，运用和谐社会与和谐世界话语表达我们的观念。和谐话语体系很适合用来传播正处于和平崛起的中华民族形象，受到国际社会的广泛肯定。与革命话语和建设话语相比，和谐话语还体现出了中华民族所具有的责任担当。尽管近年来中国的综合国力明显提升，但我们并没有因实力的增强而傲视他国，而是一如既往地推动世界和平发展、和谐共处。

友好和睦的和谐话语体系是近年来中华民族形象对外传播的典型话语表述方式，这种表述民族自我身份的叙事框架曾经很好地解构了西方中心主义话语体系散布的"中国威胁论"，在互动中巧妙规避了他者试图发起的对抗性话语，转向一种积极的对话话语体系。但是，近两年全国范围内的商品流动、技术扩散、劳务输出、信息传播等不断增加，各类非传统的安全问题逐渐涌现，并屡次冲破国界，与生物安全、恐怖主义以及人道主义危机等混杂在一起，变得更为复杂。比如，2019年底以来，正在中国及其他一些国家和地区传播的新型冠状病毒（COVID-19），严重冲击着世界各民族传统的经济秩序和社会秩序。在这种情况下，秉持人类命运共同体理念，更能够体现大国的责任担当，频繁发生的全球性危机事件在呼唤着中华民族贡献更多的中国话语、中国智慧、中国方案。而且，原有的话语体系也不足以充分涵盖当前中华民族在各种国际事务中所表现出来的责任和担当。

四 共同体话语：负责担当的民族形象

从形象建构和传播的历史演化看，中华民族形象总是随着实践活动和文化语境的变化而不断演化，其对外传播的话语体系也需要随之转换，以更好地完成对自我身份的解读和阐释。人类历史正在发生的变化以及中华民族自身正在经历的社会变革为中华民族形象对外传播话语体系的转型提供了广阔时代背景。当今世界各民族相互依存程度越来越深，各民族现代化道路模式日趋多元化，中华民族要想避免自身形象对外传播出现失语、失误，其对外传播形象的话语体系在顺应时代、进行转换时要遵循三个基本原则。其一，凝聚力原则。民族对外形象传播的话语体系必须能表达出自身对世界的责任和担当，以使其能够在民族发展的战略层面上全面而深刻地使用，以确保话语体系的凝聚力。其二，解释力原则。即能为今后的民族形象传播提供具有合理性的阐释能力，能够与民族历史基因、文化基因、价值基因内在契合或者共振，以增强话语体系的解释力。其三，感召力原则。民族对外形象传播的话语体系不能导致冲击受众的信仰和伦理的底线，以形成自身话语体系的感召力。形象传播的直接目的是让受众接受形象、认同形象，就算由于"文化堕距"的存在难免有彼此间形象的误读、错读等各种消极后果，只要不冲击对方的民族信仰和伦理底线，都可以在一定程度上消融。新时代的中华民族形象对外传播话语体系只有不违背以上三个基本原则才能真正做到"着力推进国际传播能力建设，加强话语体系建设，着力打造融通中外的新概念新范畴新表述，讲好中国故事"[①]。

马克思主义是近现代以来对世界以及中华民族影响深远的理论。习近平新时代中国特色社会主义思想是马克思主义中国化的重要理论成果，其中的"人类命运共同体"理念，为世界各民族应对共同的危机和挑战贡献了中国智慧和中国方案，近年来在国际社会反响良好。在党的十九大上，以习近平同志为核心的党中央又进一步从人类共同价值角度出发，提出"铸牢民族共同体意识"。在唯物主义辩证法看来，"人类命运共同体理念""民族共同体意识"

[①] 习近平：《在全国宣传思想工作会议上的讲话（2013年8月19日）》，载中共中央文献研究室编《习近平关于社会主义文化建设论述摘编》，中央文献出版社2017年版，第197—198页。

作为习近平新时代中国特色社会主义思想的有机组成部分，不仅在理论上体现了马克思主义中国化的创新发展，也为构建中华民族形象对外传播新的话语体系提供了理论动力和支撑。其中，"民族共同体意识"是中华民族形象自塑的价值核心，规制着民族形象的精神内涵和价值取向，它为中华民族形象对外传播提供了不可或缺的灵魂。民族共同体意识为"共同体"话语体系提供了具体的话语方式，涉及政治、经济、文化等方方面面，而"人类命运共同体"理念为"共同体"话语体系提供多民族、多种族、多文化的防御方式，直接影响着中华民族形象的"共同体"话语体系在世界诸民族文化中认同共建的路径和定位，二者互为支撑。这两个"共同体"虽然具体内涵不一样，但其本质具有从部分到整体、从内部到外部、从近到远的逻辑联系，只是着眼点的时空分布不完全相同而已。在此过程中，我们要重视文化认同在人类命运共同体建构中的作用，"注重在个性中凝聚共识、在多元中强化主流、在求同中存异"[①]，通过文化认同强化形象认同，优化中华民族形象对外传播的效果。

以"共同体"为标识性概念凝练新时代中华民族形象对外传播的话语体系，很好地回应了民族形象对外传播话语体系构建的三个基本原则。首先，共同体精神为中华民族形象自我塑造提供了思想理论体系和知识体系，从文化传统、意识形态、价值观念、行为规范等各个维度凝练和打造中华民族共同体形象，符合凝聚力原则；其次，在全球危机频频发生的时期，每个民族都不可能孤立地生存下去，共同体话语体系能通过多维度的学术话语方式、新闻话语方式、艺术话语方式、民间话语方式等规避零和博弈，符合解释力原

[①] 宫丽：《铸牢中华民族共同体意识的文化路径》，《中南民族大学学报》（人文社会科学版）2019年第4期。

则；再次，共同体话语体系是在尊重历史和传统的基础上，以一种更具有包容性和解释力的意识形态为支撑，形成一个不同于西方强势霸权话语体系的系统，用同舟共济、责任共担、共创美好未来的话语表述体系消除隔阂和猜忌，符合感召力原则。历史上的中华文化就是能够兼容并蓄不同民族、不同信仰、不同文明的文化体系。肆虐全球的新冠疫情让我们看到病毒不分国界、疫情没有国界，唯有对共同体意识的认同，才能让人类携手协作，才能战胜疫情，维护人类共同的家园。

中华民族形象对外传播的共同体话语体系不仅延续了和谐话语体系所蕴含的"友好和睦发展"等叙事意蕴，而且更注意对中华民族的责任和担当的凸显和张扬，可以更进一步消解大民族主义，促进民族形象的现代化。在全球性公共安全事件和全球风险频发的国际环境中，中华民族形象对外传播的话语体系从和谐话语体系向共同体话语体系的转型有三层进步意义：一是更明确地规避了"大国崛起"带来的竞争性威胁，再次确认中华民族倡导世界各民族命运休戚与共，主张对话、协作的形象；二是为世界其他各个民族构建共享的善的价值话语体系，提供更多彼此包容差异的可能性，相对于民族主义，共同体话语体系明显具有超越单一民族的优越性；三是中华民族形象以"共同体"为叙述框架，可凸显世界多元文化背景下，"'人类命运共同体'是 21 世纪筹划人类命运的唯一选择"[1]，更加鲜明地表现出中华民族的负责担当的形象，在铸牢中华民族共同体形象的基础上，塑造出积极构建人类命运共同体的中华民族形象。事实上，这些年无论是在全球气候安全还是在全球反恐等重大国际事务中都有中华民族的身影，"一带一路"、亚投行（AIIB）等更是让世界的目光聚焦中华。新冠疫情冲击下的世界体

---

[1] 陈曙光：《人类命运与超国家政治共同体》，《政治学研究》2016 年第 6 期。

系也需要更多的共同体话语表达。中华民族有担当、有责任、有情怀的形象是毋庸置疑的，但是对外传播话语体系还要进一步从理论上和实践上明确这种形象构建，避免不必要的污名化、妖魔化。

共同体话语体系是根植于中华民族共同体意识、体现中华民族精神、反映中华民族当代价值追求、立足于中华民族现代化进程的话语体系，具有鲜明的中华民族特色、具有深厚的历史基础。共同体话语体系在本质上是一种交互的话语体系，是和世界各民族共同对自身的身份、地位、命运、前途重新体认的基础上的一种批判性自觉，也体现了中华民族对世界各民族的责任担当。在新冠疫情冲击下，中华民族的系列"抗疫"措施取得举世公认的成效，但是我们也听到不少借着这次百年罕见的全球公共卫生危机把新冠疫情政治化，进而对中国污名化的话语表达。这并不奇怪，中华民族形象的对外传播是双向的互动过程，既有自身对话语体系的再造、解释和传播，也离不开他者的他塑，正如雷蒙·道森所言：西方个人和团体"有意识的利益和潜意识的需求"[1] 对中华民族的海外形象有不可忽视的影响。在"后疫情时代"，中华民族应抓住机遇，塑造新型的对外传播环境，着眼全球，更加明确共同体话语体系所蕴含的文化传统和价值意蕴，并通过学术话语、新闻话语、艺术话语的协同呼应，打造一个有利于中华民族复兴的"后疫情时代"国际传播环境和语境。

在过去几十年的发展历程中，中华民族形象对外传播的话语体系转换经历了革命话语体系、建设话语体系、和谐话语体系三个阶段，并开始向新的话语体系转换，从"和谐话语"到"共同体话语"的转换，意味着中华民族形象对外传播的新的话语框架正在形

---

[1] Raymond Dawson, *The Chinese Chameleon: An Analysis of European Conceptions of Chinese Civilization*, Oxford University Press, London, 1967, p. 2.

成。话语体系的转换并不妨碍中华民族形象内在品格的统一性，围绕中华民族形象的内在品格，各个话语体系形成了一个前后相继的自洽体系，其内在逻辑很严密。无论是革命话语体系、建设话语体系、和谐话语体系，还是共同体话语体系，都体现了中华民族一以贯之的爱好和平、自强不息、勇于创新、追求和谐的民族精神，这是奠定中华民族形象内在品格的基石。中华民族形象对外传播话语体系的转换是形势发展、时代变换的必然结果；是创新对外传播方式，讲好中国故事，向国际社会展示中华民族真实形象的需要。从本质上来讲，中华民族形象的内在品格是其客观形象，而外在表征则是中外大众传媒、各种组织机构以及人际传播等介质所呈现出来的再造形象。前者是一种客观真实，后者是一种拟态环境。国内外公众主要通过各种拟态环境认知中华民族的客观形象或内在品格。在不同的历史时期，国内外的环境不同，对外传播的话语体系必须有所调整，以矫正中华民族形象的外在表征，使其更准确地反映中华民族形象的内在品格。因此，在今后的对外传播中，我们要采取积极负责的态度，通过适当的途径使我们以各种方式所呈现出来的再造形象无限接近中华民族的客观形象和内在品格，为外国受众准确地认知与理解中华民族形象提供可靠的信息。

大数据时代的认识论重塑*

余乃忠**

摘　要：历史轨迹往往以椭圆形出现，即使焦距再长，也会回归。但毕达哥拉斯没有预见到数字本体论会以数据主义形式复归。对于数据本质的认识成为大数据哲学的"最高意识"。"非实事"求是、实事求"或是"、事为"恒是"、"不可是"也是、"是"其不是等构成了大数据时代认识论的新演绎。生动的场景蕴藏的数据主义形而上学使数据道德论成为颓废的哲学。在国内外"千帆竞发"的局面下，"善出奇者，无穷如天地，不竭如江河"，方能成为数据发展的领跑者。

关键词：大数据　事　知　是　认识论

对知的抽象意识推动了人对动物界的跨越。柏拉图于公元前387年在雅典创办学园（Academy）传授知识，培养政治、文化精英，内容包括哲学、物理、数学和天文学等，为希腊"共同体"提供政治咨询与精神支撑。其中"最善的学问"就是"理性与意见

---

* 本文系国家社科基金项目"习近平新时代中国特色社会主义思想的世界观与历史观研究"（项目号：19BZX005）阶段性成果，已发表于《江海学刊》2019年第5期。

** 余乃忠，长沙理工大学马克思主义学院教授、博士生导师。

的关系"①，为西方认识论奠定了基本线索。孟子说，"天之高也，星辰之远也，苟求其故，千岁之日至，可坐而致也"。即是说，天再高、星再远，只要穷其根本原因，坐着也可以推算出一千年后的冬至日。这反映了中国古代对因果关系的确信以及认识论的路径。毛泽东提出"什么叫哲学？哲学就是认识论"②，点明认识论即"知"的规律处于人类思维与实践活动的核心。知其"是"是整个人类认识史共同的目标。然而，进入大数据时代，传统的"实事求是"认识范式发生了根本性翻转。

一　"非实事"求是

对事物的真实性的关注一直伴随着西方文明的延续。在赫拉克利特看来，事物的真实构造趋向于隐藏自己。随即，巴门尼德发现，人们一直以为，凡不存在的，就不能思考。恰恰相反，事情却向着另一方向，凡能够被思考的东西，必定是一种虚构；思想抓不住实在，而只是抓住虚构。巴门尼德的虚构即是可见实在背后的"存在"。沿着巴门尼德，黑格尔确认，哲学所关注的对象是理念。"所以哲学研究的对象就是现实性，而前面所说的那些事物、社会状况、典章制度等等，只不过是现实性的浅显外在的方面而已。"③黑格尔的现实性就是隐藏在浅显事物背后的理念。

西方文化对真实世界的"前－后"结构的理解，具有一种关于真实世界的完全确定性，使得后来科学以"前－后"结构的真实世界为依据并以此为追索逻辑。哲学以为人类在自身的理性与逻辑范

---

① ［古希腊］柏拉图：《理想国》，张竹明译，译林出版社2009年版，第267页。
② 《毛泽东文集》第8卷，人民出版社1999年版，第390页。
③ ［德］黑格尔：《小逻辑》，贺麟译，商务印书馆1980年版，第45页。

畴中完全可以把握真理和实在性。科学与哲学的这种幼稚在于,把人类中心主义的特质当作把握事物的基本尺度,当作衡量"实在"和"非实在"的准绳。在人为自然立法的框架下,世界的真实性对于人类远没有打开。尼采预言:"具有重大意义的是,人们要废除真实的世界。真实的世界是关于我们所是的世界的一大怀疑者,是对我们所是的世界的价值贬低:它是迄今为止我们对于生命的最危险的谋杀。"① 我们并不具有一个论证体系可以用来区分真实世界与虚假世界。

对于真实世界的怀疑并非来自虚拟技术的诞生,而是基于对现实道德假象的悖逆,但今天基于大数据与智能技术的虚拟世界印证了尼采对现实世界及其道德价值的抗辩和对科学前提的宣战。目前虚拟现实技术通过计算机影像、动态捕捉、零延迟的空间运动、音频和感知技术等共同形成一个完整的多媒体沉浸式体验。VR 的超真实感,来自将人类从"空间""时间"的固化主客结构中解散,将主体融进客体,形成多重意向性的感性世界。VR 通过构造非地球环境的人造自然,以超越人类的观点和与自然界相对立的视角,以人们无法获得的"语言"进行学习和阅读自然。基于虚拟现实的"非实事"求是是新建反思"座基"的过程,本质上是人类反思方式的重大革命。

虚拟认识论开辟了人类新的实践范式,深刻改变了人类对感性与自我意识的理解。虚拟现实技术可以巧妙地结合视觉和触觉来提升截肢患者使用假肢的体验。虚拟现实帮助截肢患者"感受"到来自假肢的触感,成功诱导他们的大脑自我意识到假肢"成为自己身体的一部分"②。这正如黑格尔在定义意识的真相时所说,"自我意

---

① [德]尼采:《权力意志》,孙周兴译,商务印书馆 2007 年版,第 1010 页。
② 《虚拟现实有望让截肢患者"感受"到假肢成"真"》,2018 年 8 月 16 日,新华网百度官方帐号。

识是从感性的和知觉的世界的存在反思而来的,并且,本质上是从他物的回归"[1]。自从医学诞生以来,一直是以修复体内被疾病破坏部分为治疗框架。然而,在人机结合、基因编辑等"增强现实"技术支持下,医学从修复身体逐步演变为增强身体、提高道德、丰富情感、异化身心,形成"非人",实现"实事(人)"求是到"非实事(人)"求是的根本跨越。

"非实事"求是对传统的"实事求是"的跨越体现在:(1)由于实践是"整个人类世界"和"整个现存世界"的基础,基于"非实事"的实践是对"整个人类世界"中"被遗漏"部分的再现。所以"非实事"求是是对"整个人类世界"规律形成完整把握不可或缺的部分。(2)"实事求是"是主客对立统一关系的认识模式,尽管实践唯物主义会以主体感性方面去理解客体,但终究是主客二分法,而"虚拟现实"中主客一体化使主体"失去自我"超越了传统认识论"从主体出发"走向客体的思路,第一次实现了"天人合一"从实践论向认识论的飞跃。(3)"非实事"并非完全和"实事"彻底决裂,而是与实事有密切关系,甚至是超"实事"。传统对于实事的认识是基于"实事"与"实事"之间的反思实现的,这种反思相对于超真实对"真实"的反思是低级的、不完全的。这样,即使从传统认识论来看,"非实事"求是也使人类对客观世界的"真相"的认识又向前迈了一大步。

二 实事求"或是"

在人类思想体系中,对必然性的认识既是"有价值的模式",

---

[1] [德]黑格尔:《精神现象学》(上),贺麟、王玖兴译,商务印书馆1979年版,第131页。

也是"自由"的象征。然而，到了18世纪，自称"温和怀疑主义"的休谟发现，思想所反映的并不是客观经验世界，而是印象，思想可以没有被反映物直接从"观念模拟印象"中产生。除了感觉之外，一切都是不可知的，因果必然性并不客观存在，仅仅是哲学家的"观念"。"哲学家在观察了几个同样的例证以后，就构成一个通则说，一切因果间的联系都一样是必然的，在有些例证下它所以似乎不确定，只是因为有相反的各种原因秘密反对着。"[①] 黑格尔也认为客观必然性无法说其究竟是什么，"因为这种东西是绝对的、被直观为存在的、纯粹的概念自身"[②]。

科学从逻辑实证主义发端，但很快被理性批判主义反驳，即经验证据只能为理论增加新的事实，却不能决定性地证实这种理论的科学性。作为唯理论的支持者，爱因斯坦认为，我们的一切思想和概念都是由感觉经验所引起的，它们只有在涉及这些感觉经验时才有意义。但是另一方面，它们又都是我们头脑自发活动的产物，所以它们绝不是这些感觉经验内容的逻辑推论，即从来没有一个真正有用的深刻的理论果真是靠单纯思辨去发现的。即是说，尽管人类具有从特殊到一般的抽象能力，但理论越向前发展，我们越发现，从经验事实中难以归纳出基本规律来。或者说，从特殊到一般的道路是直觉的，而从一般到特殊的道路才是因果逻辑性的。爱因斯坦注意到："关于因果性问题也使我非常烦恼。光的量子吸收和发射究竟能以完全的因果性要求的意义去理解呢？还是一定要留下一点统计性的残余呢？我必须承认，在这里，我对自己的信仰缺乏勇气。但是，要放弃完全的因果性，我会是很难过的。"[③] 不难看出，

---

① [英] 休谟：《人类理解研究》，关文运译，商务印书馆1957年版，第79页。
② [德] 黑格尔：《精神现象学》（上），贺麟、王玖兴译，商务印书馆1979年版，第273页。
③ 《爱因斯坦文集》第1卷，许良英等编译，商务印书馆2010年版，第191页。

新的科学发现不断引发统计学的相关性对传统因果必然性方法论的巨大质疑。

大数据不仅让我们不再期待因果精确性，也让我们无法实现因果精确性。同时，大数据时代也催化多元主义的爆发，"真理"成为一种拓扑学，它不属于一个点，而是属于某种区域或类型。人们对真理的追求不再是"有的放矢"而是"彗星式"放矢。《易传·系辞下》说："天下何思何虑？天下同归而殊途，一致而百虑。"大数据时代，天下殊而不同归，百虑而百致。"'一个唯一的真理'这种想法已经彻底被改变了。现在不但出现了一种新的认识，即'一个唯一的真理'的存在是不可能的，而且追求这个唯一的真理是对注意力的分散。要想获得大数据带来的好处，混乱应该是一种标准途径，而不应该是竭力避免的。"① 在批判实证主义看来，科学与非科学的划界标准是经验证伪原则，即是说，科学只有证伪没有证实。证伪主义的实质是实事求"不是"，是绕过了实事求"是"。

人类从实事求是的失落到实事求"不是"，再到今天实事求"或是"，越远离确定性的"是"越接近真相，越实事求是，即是在更高层次上认识"是"。求"或是"的原理与范式为：（1）大数据的"是"实质上表达的是一种人与对象世界的全面的不确定关系。这种关系是一种以物联网为中介（本质是数字）的关系，是从传统的行为（一级中介系统）、语言符号（二级中介系统），向数字化（三级中介系统）的飞跃。以数字为基础的物联网中介系统，不同于传统的一、二级中介系统下物与物之间十分有限的线性联结性，具有不可还原的非线性联结性，带来巨大的可能性（或是）和不可解性。大数据关系系统是人类关系的新形态，是人的本质力量

---

① ［英］维克托·迈尔－舍恩伯格、肯尼思·库克耶：《大数据时代》，盛杨燕、周涛译，浙江人民出版社2013年版，第60页。

的新开启。（2）大数据分析形式上属于概率论范畴，但和传统的概率论与统计学有根本的区别。传统的概率论是对随机的小数据的过程分析，属于样本分析，如物价指数、GDP和民意调查。而大数据统计是全部数据分析，不需要考虑样本分布，如天气预报、彩票。小数据的"或是"本质上是"不是"和"近似"，大数据的"或是"本质上是更精确的"是"，是对"不确定"更精准的确定。（3）大数据求"或是"，并不意味着传统的因果逻辑不复存在，而是以一种新型"因果关系"呈现，即一因多果、多因一果或多因多果。多因多果的"多"可能是有限的，也可能是无限的，甚至是不可数的。多因多果并非大数据时代才有，但大数据为多因多果提供了充分展示的中介，也为认识多因多果提供了条件和方法。（4）部分大数据的求"或是"，是对多主体、多数据源下数据的变形、错位等"本真性"不断减弱的一种认识论上的"主动性宽容"。比如，论文造假已成为全球科研界一大"毒瘤"，严重损害学术界科研信誉。究竟为什么学术界会充斥着虚假和欺骗，科研人员选择性汇报数据被认为是最主要原因。数据造假、新闻造假、论文造假等背后复杂的形成机制促成"求是"的不可能，所能求的只有"可能是"。

三　事为"恒是"

人类文明史是部落史，也是记忆史。文献学、考古学本质上是对历史"记忆"的再记忆，因此可以说，人类失去记忆，历史就失去接续。但人们并没有注意到，人类记忆史中，记忆是与遗忘并行的，记忆是在遗忘中实现的。或者说，没有遗忘就没有记忆。即是说，人类不能没有遗忘。历史是记忆史，也是遗忘史。

在知识史来看，柏拉图把知识看作理性特有的产物，是"回忆"，"人们必须勇敢地尝试着去发现他不知道的东西，亦即进行回忆，或者更准确地说，把它及时回想起来"①。即知识不是来自传授，而是来自提问，通过提问为自己恢复知识。在康德那里，需要把直观记忆进行杂多的纯粹综合统一，即统觉才能形成知识。从记忆史来看，古代人就发现书写毁掉了记忆，因为书写让人依赖书写板，并使人丧失追溯感性线索的能力。但书写术在康德那里更被重视。康德认为："书写术总还是一种美妙的艺术，因为即便它不会被用来向别人传达自己的知识，它也毕竟能代理最广博、最忠实的记忆，弥补记忆的缺失。"② 由此看到，在康德一切意图中，人的身体并不是至上的条件，因为人或有不忠实的记忆。

从心理塑造来看，不同于动物，人类具有自我调节心理、塑造主体格和强化自我意识的能力。人类在自我意识塑造的过程中，需要对自己的记忆进行重现和排列。这种重排过程实际上是一种"选择性记忆"过程，需要强化某种记忆和遗忘一些记忆。个体自我暗示的建立与意向性培育需要隔离、排斥、遗忘和屏蔽自我记忆中的"痛点""暗点"。同时，信息过载也会削弱人类思维的敏锐性。社会秩序的扩展也需要遗忘个体偶然性的"错点"。强化记忆与选择遗忘是一个相互支撑的作用过程，主体是根据其目的进行选择。佛教《修行方便禅经》注重大、小乘禅学的结合，把修行的过程分为四个阶段：退、住、升、定，首先要退弃久缚，方能倡明缘起、驻足精虑、升进智慧，然后获得禅定。抑郁症和自闭症从记忆学上看就是失去了自主选择遗忘能力，其本质是把过去的特殊记忆放大并形成封闭圈，排斥外来信息，从而使记忆流滞阻，以至于发生记忆

---

① 《柏拉图全集》第1卷，王晓朝译，人民出版社2002年版，第517页。
② 李秋零主编：《康德全集》第7卷，中国人民大学出版社2008年版，第178页。

爆炸。

从社会结构变迁来看，人类的进步是依赖结构和随着结构的变迁而发展的。想象在结构的塑造中起着极为重要的作用，就像治疗术首先从情感方面变得可以想象，以至于肉体承受的痛苦变得可以被思想接受。这种想象在医者与患者之间的结构中必不可少，而在想象的过程中，患者需要遗忘曾经发生过和被报道过各类医疗事故的记忆的干扰，这使得这种想象成为一种纯粹的精神。也就是说，没有遗忘，就没有想象；没有想象，就没有结构；没有结构，也就没有秩序。

从文化形态学来看，一个文化特征在很长一个时期内经历了传播、转借、嫁接、冲刷、变形，能够保持其内核和特质，例如中国文化经历了数次大规模的裂变、结合、重塑，仍保有"中国人的独特精神世界"，其秘密就在于文化基因具有神秘的"稳定性"。这种"稳定性"的本质就是记忆的保持和相对恒久性。而事实上并不是每一个文化基因都得到了"记忆"的保持。

大数据时代，电子储存和即时链接取代了人类的记忆选择，没有取舍，没有遗忘，没有"偏见"。社会个体的"错点"会被全部"绝对客观化"和"真理化"，一切图景在"机械冲动"中展示。"事为'恒是'"凸显了大数据时代认识论新旧框架转换的历史性冲突：（1）大数据本体论/传统认识论的矛盾。不同于传统的"四假象"，事为"恒是"产生了新的假象，可以被称为"数据假象"。大数据环境下，人们对大数据形成依赖。数据就是一切，数据就是本源，数据就是真理。数据假象构成了大数据时代新的本体论。大数据本体论与传统认识论产生剧烈的对抗，事为"恒是"就是数据本体的"顽固性"与传统认识论的不断扬弃的对立。（2）传统小数据个体与大数据整体的矛盾。大数据环境下，个体表现为被联结、被监督、被公共化，不同于传统小数据个体的孤立与自由。大数据的永恒记忆塑造了对个体的公共化的强制意识，它与小数据条件下个体的自省、意义整合、修正等自我意识产生"坚硬的矛盾"，引发大数据时代个体对数据共同体的排斥、逃避与对抗。化解新旧冲突的方法一类是形成与新本体论相适应的认识论，保持事为"恒是"；另一类是"艺术地遗忘"大数据，让事不再"恒是"，即回到尼采："把你的重荷抛入深渊！人啊，遗忘吧，遗忘吧！遗忘的艺术是神性的！"[①]

四 "不可是"也是

人类诞生已经有 700 万年的历史，一直到 100 万年前人类才学会控制火。人体对使用火的技能约到 40 万年前才普及。人类学会了人工取火，从而使蛋白质的摄入量更多，促进了大脑的发育，进而扩大了活动范围，提高了活动能力。更重要的是 7 万年前语言的出现，引发了人类的第一次认知革命。人类语言不同于动物语言，动物语言只传递事实信息，人类语言还传递想象。"虚拟"的语言赋予了人类团结的力量和意义世界。至此，人类走到了食物链的顶端，与动物彻底分开。到了 1.5 万年前，人类开始出现介于图画和文字之间的图画文字；到公元前 4000 年左右，又出现既有语义符号又有语音符号的文字，实现了人类的第二次认知革命。人类之所以绕过一般动物"基因演化"的道路，走向了"文化演化"的快速道路，根本原因就是第二次认知革命的特殊性。语言不易留存，而文字可以跨越时间和空间。因为文字的中介，人类远远甩开了其他动物物种。第二次认知革命之后，知识迭代的加快预示着人类实

---

① ［德］尼采：《权力意志》，孙周兴译，商务印书馆 2007 年版，第 1331 页。

践范式变革的加快。古希腊推崇"哲学王"与中国儒家"学如不及，犹恐失之"具有同样的理路，即知识是人类活动的组织和领导力量。马克思在《资本论》中通过引用贝尔纳德·曼德维尔在18世纪初说过的话，"知识会使我们产生更大和更多的愿望，而人的愿望越少，他的需要也就越容易满足"[1]，阐明了人类实践史根本上是知识与愿望之间的矛盾史。

科学的出现标志着人类进入第三次认知革命。从此，"知"的领地不断扩大，"不知"的界域不断后退，也在不断扩大。恩格斯说："随着自然规律知识的迅速增加，人对自然界起反作用的手段也增加了；如果人脑不随着手、不和手一起、不是部分地借助于手而相应地发展起来，那么单靠手是永远造不出蒸汽机来的。"[2] 今天，宗教被科学击败表明科学知识在人类生存系统中处于中枢地位，求知目的与科学精神成为理性的最高原则。科学知识的不足，使"预定的目的和达到的结果之间还总是存在着极大的出入。未能预见的作用占据优势，未能控制的力量比有计划运用的力量强大得多"[3]。随着人类认知速度的加快，自主创造历史的意识增强，未能预见的事就会越来越少，未能控制的力量对历史进程的影响就会越来越小，历史的结果和预定的目的就越来越符合。基于世界的物质客观性基础上的可知性愈来愈成为哲学的根基。

检验人类发展程度的一个重要尺度就是自我建构意义的能力。人类对死亡和快乐的降临的不确定性是建构自己意义世界的前提。人类在死亡的确定性（必然性）与不确定性（死亡时间）的自由中构建了活动、创造、情感、遗存和不朽的意义世界。人类生存的意义是在现实与想象、同一和差异、联合与斗争等矛盾中展开的，

---

[1] 《马克思恩格斯文集》第5卷，人民出版社2009年版，第710页。
[2] 《马克思恩格斯选集》第4卷，人民出版社1995年版，第274页。
[3] 《马克思恩格斯选集》第4卷，人民出版社1995年版，第274页。

三

矛盾的终结亦是意义的终结。大数据与人工智能依据基因对人的寿命进行预测已经成为可能，把传统不可知的"死亡时间"变为可知。"日前，谷歌新出炉的一项研究报告称，该公司已开发出一种新人工智能（AI）算法，可预测人的死亡时间，且准确率高达95%。最近，谷歌的这项研究发表在了《自然》杂志上。"[1] 更为普遍的是，随着疾病知识的大众化，个体处于过度宣传、过度问诊、过度检测、过度治疗的环境与对疾病的恐惧之中，患病——特别是患不治之症的焦虑伴随人的一生。对疾病和健康预期的"过度知"和"过度是"，即"知"对"不知"的越位，破坏了人类生活的"自然状态"。人类的认识系统与实践系统具有同构性，实践史亦是认识史。对 HIV、HPV 的过度认知，使公众产生了对身体间接触与交往的恐惧。

基于工业革命前夕的科学困境与哲学低谷，17 世纪法国思想家帕斯卡尔认为："上帝存在是不可思议的，上帝不存在也是不可思议的。"[2] 人工智能时代让我们意识到，历史总是以另一种形式复归，不求知是不可思议的，一味求知同样也是不可思议的。迄今为止，人类知识界最重要也是最难的两个知识点——宇宙的起源和结局、人类意识的形成与工作机制——一旦被攻克，人类将很快接近知识的边界。

从"不可知"向可知、从"不可是"向可是迈进是人类认识世界的"纯粹理性"。康德对于"纯粹理性"的批判是因为要给人类实践自由留下地盘。而在大数据时代对"纯粹理性"的批判就是要给人类留下数据的"真空地带"，给人类留下选择"不可思议"的自由。"认知越多未知越多"将实现历史大反转，未知世界越来

---

[1] 《人工智能新算法：可预测人死亡时间准确率达95%》，2018 年 6 月 22 日，中国新闻网百度官方帐号。
[2] ［法］帕斯卡尔：《思想录》，何兆武译，商务印书馆 1985 年版，第 107 页。

越小。知识的终结也是认识论的终结,"不可思议"将会跌入"没有可思"的陷阱。

五 "是"其不是

进入大数据与人工智能时代,人类认识论获得了革命性变革,数据与智能成为新的形而上学。大数据时代的形而上学不再是对超验的追问,而是形式上的似"是"而非。大数据时代的形而上学呈现出认知逻辑与反认知逻辑的剧烈冲突。

人的对象世界是人的尺度下的世界。量子力学创始人普朗克曾说过:"科学是内在的统一体,它被分解为单独的部分,不是由于事物的本质,而是由于人类认识能力的局限性。"① 近代的科学革命使学者们认识到,人类认识的有限性和知识世界的无限性使得人类必须使用分化知识的还原法去把握对象世界。大数据科学与技术,作为计算机科学的分支逐步分化为数据挖掘、数据处理、算法设计、计算机视觉、自然语言处理、图像识别、语音识别等众多学科,知识点越来越细化与分离,边界也更为清晰。但大数据与人工智能更具有知识体系的密集性和统一性。若要真正把握大数据与人工智能的全部联系和本质,需要哲学、认知科学、数学、计算机科学、信息论、控制论、神经生理学、心理学等学科领域构成的知识矩阵。随着这些知识的综合和交叉,各知识分支也越来越受到其他领域知识的渗透,使得知识边界更为模糊。2018 年夏季达沃斯论坛主席克劳斯·施瓦布(Klaus Schwab)说:"中国凭借着能够'打破物理、电子和生物界限'的最新前沿技术,正在领跑这场即将到

---

① Max Planck, *Die Physik im Kampf um die Weltanschauung*, Springer, 2001, pp. 131 – 133.

来的科技革命。"①

作为一个文化概念，隐私意识是人类社会活动进化的产物。大数据时代是大规模产生数据的时代，也是大规模制造个人隐私的时代。随着个体数据的加大，隐私与个体安全的关联也更加密切，保护个人数据的意识也更加强烈。精准医疗的巨大突破很大程度上来自医学大数据处理技术的运用。大量患者的医疗数据的公共化是医学革命的前提。然而，个体医患信息的隐私性与医学发展所需要的公共性形成巨大的冲突。因此，大数据时代是力求获取更多自由的时代，但也是个人自由意志终结的时代。

颠覆式创新是创新的二次幂。判断是否属于颠覆性创新主要看其是否深刻改变技术领域全局属性、模式、规模、规则及对认知结构、舆论环境、传统价值是否具有深远影响。比如，作为颠覆性创新的智能技术是在算法、类脑芯片、脑机接口、光学技术、数字医学图像处理、材料科学与技术等大量知识积累基础上获得和推进的。大数据本质上是知识的大规模爆发。整个文化负载（感觉、知识、经验的总和）变得如此之大，人的神经和思维难以承受如此之重，以至于颠覆性创新近于精神错乱。同时，无论是自然科学家还是哲学社会科学家，在太多"正确"知识的框架中，失去了辨识力和挣脱力。而科学的颠覆性突破都是在看似"不正确"的点出现，需要一种野蛮或无知的力量。年轻学者的巨大创造力和颠覆性创新除了因为精力的充沛外，很多时候是对"正确知识"的无知而获得的。

目前机器深度学习是依赖大数据的一种优化算法，小数据环境下的机器学习尚未突破，人类可以从小数据"举一反三"。以识别

---

① 谢祖墀：《中国已经站在第四次工业革命最前沿》，2018年11月5日，观察者网百度官方帐号。

为核心的深度学习方法，即深度神经网络不是唯一的人工智能技术，人工智能已经开始投向一个以感知－推理－决策为模式的贝叶斯网络。它是以推理为核心的小数据类人学习框架。一项最新国际研究阐释了人类大脑整合多条记忆以形成全新见解的机制，这一成果有望为开发更优化的人工智能（AI）产品提供思路。人类的"情境记忆"能力优于人工智能，如果能理解其中的机制，有望将其运用于人工智能系统，提高后者快速处理新问题的能力。[①] 同时，大数据时代的世界是一个更加符号化的世界。人的主体意识被数字化定义和消散，个体自由被拆解并抛进一个符号化和智能化系统控制的管理世界之中。人类越来越受控于机器，同时，人类越来越失去对机器"主体意识"的控制。

量子计算与人工智能作为人类认知世界的两枚锐器，使得人类真正"攻克"自然界不再遥远。量子物理被认为是我们所知道的最深入、最美丽的物理法则。在量子计算机的支持下，我们可以模仿大自然的量子法则，把量子和 AI 结合，以获得从未见过的美丽算法，使未来的人工智能技术变成一把万能钥匙，促进人类对外部世界和自身大脑的理解。在量子计算和人工智能结合的认知推动下，人类对知的世界占有越来越大，疾病和衰老越来越成为可知性命题。人类可期望的寿命的延长、生活便捷度和舒适度的提高、劳动强度和繁杂度的降低，使得人类的幸福指数和对美好生活的向往度急速攀高。然而，随着"知"的范围和领域的扩大，"知"带来的痛苦和焦虑越来越像一个黑洞，吞噬着个体的灵魂。时刻担忧和恐惧疾病、个人隐私被公开以及对末日的预见等，成为个体挥之不去的"不安"，一种本体论意义上的"悬置"，正掏空幸福世界。

[①] 《大脑整合记忆机制有望提升人工智能能力》，2018 年 9 月 24 日，新华网百度官方帐号。

"极致的和谐来自方向相悖之物,万物皆从争斗出。"[①] 进入大数据和人工智能时代,相悖之物更加众多和突出,争斗也以新的形式更加别致和危险。或许,越危险的世界预示着越和谐的世界即将诞生。

六　大数据时代的中国优势与中国机遇

火的自主利用带来了人类史上的第一次黄金时代。大数据时代是人类历史的第二次黄金时代,数据就是生产力,对数据的占有意味着对发展机遇的把握。得数据者得天下。工业和贸易是数据产出最多的领域,中国不仅拥有 14 亿多人口,而且是世界第一大工业国和世界第一大贸易国,特别是中国是世界上唯一具有从高端到低端的全产业链国家,所以,中国已成为世界上最大的数据生产国,2020 年中国数据总量全球占比将达 20%。中国因此是世界上当今和未来最令人激动和赋值的国家。中国在科技竞争中的优势不仅源于海量数据,更重要的是因为数据质量、数据公共性、数据生产关系和数据意识形态等方面的优势和机遇。

大数据的核心价值并不在于数据的规模大,而在于数据的质量或数据的有效性。巨量数据仅仅是大数据价值的基础。中国的大数据质量和国外大数据比较有三大特点与优势:核心价值的导向性、数据库的权威性、云平台的高弹性。大数据质量的首要指标是数据的可靠性。尽管每一个国家都存在大量的虚假数据,特别是统计数据和生活数据,但不同国家的数据真实性程度并不相同,受到民族

[①] 《赫拉克利特著作残篇》,[加] T. M. 罗宾森英译,楚荷中译,广西师范大学出版社 2007 年版,第 18 页。

习性、社会制度、公共环境和利益导向等因素制约。生产、科研数据和市民社会的生活数据都受到国家意识形态的显性和隐性的管控。中国的核心价值已经介入大数据的生产、储存与流通之中。中国拥有其他国家少有的全国高度集中的权威数据库。比如，由中国人民银行组织建设的全国统一的个人信用信息共享数据库，它依法采集、保存、整理个人的信用信息，为社会一切法定用途提供信用信息服务，具有强大的采集面与权威性。由清华大学开发和运营的中国学术期刊数据库，即中国知网，是世界上最大的中文论文数据库，具有极大的覆盖面、权威性和便捷性，为汉语论文检索提供"一站式"服务。数据平台已经从过去的"计算主机/个人电脑服务器/客户机"模式转向云平台。云平台为数据的采集、承载、查询、分析、清洗和流通提供强大的保障。尽管美国有强大的资本转化能力和云平台的服务器虚拟化、分布式计算、语言开发等核心技术，但中国云平台因为不同于西方孤岛化的片云运作，是群岛式的云团覆盖，因而具有更强的伸展性和弹性，从而提高了数据的利用率和被检验率。

中国是一个数学古国，数字化基础的二进制来自《易经》的智慧，而《易经》是中华文明的源头。中国数学重视计算技巧、主张简易，使得中国人对数字和数据具有特殊的感性，它构成了中国民族精神性的一部分。这种独特性在大数据的利用中具有其他国家不具有的共享意愿。中国每天都在分享医疗记录、支付信息、网络登录等。中国民众在数据分享上的这种意愿，将助力期望拥有数据的各类机构在 AI 领域中的创新。中国的开放性，使得中国不同规模的公司具有同等分享数据金矿的机会。同时，"数字中国"战略支持中国企业和科学研究机构收集前所未有的大量数据，使得人口优势所蕴含的巨大数据能量被充分运用在健康、能源、环境治理、智慧城市等广泛领域。

在生产和流通领域，大数据已经成为重要的非传统生产资料。尽管利用大数据是资本编导的必然选择，而且私有经济在一定历史时期和一定程度上创造了成功的大数据经济，但由于大数据的"共享"本质，与大数据最相适应的生产关系是"生产资料公有制"，而不是"生产资料私有制"。在中国，推动大数据生产和利用的主要贡献者无疑是国有企事业单位和社会公众，拥有大数据资源最丰富的工业、科研、医疗、金融、电信、交通等主要领域大都掌握在国家手中。大数据发展的整体环境塑造、资源整合、风险预估等都需要高度集中的国家意志。今天，中国以公有经济为主体，并支持和鼓励非公经济的制度优势将成为大数据生产的政治优势、生产关系优势和创新优势。

作为长期处于世界历史发展层级顶端的中国在前三次科技革命中丧失了机遇，也是近代中国落后的主要原因。因此，中国与西方国家对于大数据与人工智能的历史反思具有不同的历史参照与主体尺度。中国已经把大数据发展战略上升为国家战略和国家意识形态。中国大数据发展有五年、十年、五十年规划，在世界上是独一无二的。中国世所罕见的宏观调控能力与预判能力，在大数据领域得到了充分体现。中国是世界上在高校中设立大数据与人工智能本科专业最多的国家，充分体现了"强化基础、人才为先"的强烈意识。俄罗斯国立研究大学研究报告显示，中国已成为2015—2017年科技论文发表数量最多的国家。[①] 日本经济新闻与荷兰学术信息企业爱思唯尔（Elsevier）合作研制的最受关注的尖端技术的各研究主题排行榜显示，在前30项主题上，中国在23项主题上高居首位，美国居首位的主题只有7个。[②] 中国成为人工智能超级大国的

[①] 《中国已成世界科技论文发表数量最多的国家》，2018年10月19日，观察者网。

[②] 《最新调查：30项尖端领域论文，中国领跑23项，美国7项》，2019年1月3日，观察者网百度官方帐号。

道路是不可阻挡的，因为中国人更能接受新技术。① 这一切充分说明，大数据与智能时代中国在科技基础领域的强大优势。

在第四次科技革命中，进入世界第一方阵的前列是中国人的坚定信念，也是中国民族复兴的核心要素。大数据认识论是发现、理解、把握、运用大数据的基础。深刻把握大数据认识论的特征和中国在大数据领域的优势和机遇，是中国人在大数据时代的特殊使命。因此，大数据时代是中国时代，是中国引领人类第四次科技革命的时代，也是认识论重塑时代和中国马克思主义哲学走进世界哲学舞台中央的时代。

---

① 《荷兰报告：过去20年，中国人工智能论文数世界第一》，2018年12月10日，环球网（https://world.huanqiu.com/article/9CaKrnKfKlO）。

大数据与美学新思维[*]

陶　锋[**]

摘　要：大数据改变了科学和认识的范式，同时也对传统美学产生冲击和影响。首先是关联思维和计算思维的结合。大数据在人工智能艺术中的应用，说明艺术中的关联思维可以被算法表示。其次是全面性认识与小样本方法的融合。全面的数据带来了客观性，使得艺术从专家驱动走向了观众和流量驱动，而人类在小数据限制下的"隐喻－联想"能力，也为实现人工智能的"大任务"提供了可能。最后，大数据技术还可以融合静态思维和动态思维、定性分析和定量分析、理性认识和感性认识等。但是，我们也要警惕"数据中心主义"和"数据霸权"，防止大数据造成的审美同一化。我们应该提升人们的"数据素养"，用"审美理性"来限制和引导大数据技术的发展。

关键词：大数据　美学　关联思维　计算思维　审美理性

从古希腊思想家毕达哥拉斯认为"万物皆数"，到物理学家惠

---

[*] 本文系国家社会科学基金一般项目"阿多诺哲学中的语言思想研究"（16BZX118）阶段性成果，已发表于《华中科技大学学报》（社会科学版）2021年第1期。

[**] 陶锋，南开大学哲学院副教授，中国新一代人工智能发展战略研究院专家。

勒（A. Wheeler）提出"一切源自比特"①，人们对世界的认知似乎回到原点，然而这里面的内涵却已经千差万别。数据是人们标识、衡量和认识事物的一种方式，但并非唯一的方式。阿科夫（R. L. Ackoff）等学者提出人类认识的金字塔等级：数据（data）、信息（information）、知识（knowledge）、智慧（wisdom）（DIKW），数据处于最基础的地位，信息、知识和智慧都可以与数据关联起来。②然而，过去的人们受制于有限的计算能力，并不能有效利用数据的规模优势，直到网络、人工智能和大数据技术发展起来后，"大数据"才能为人类所用，并正在改变人类的生活和认知。

热门网剧《长安十二时辰》中设想了一种算法——"大案牍术"，根据"大唐卷宗案牍中记录的各种数字，就可以准确推断真相，预测未来"。有人认为这是一种古代的"大数据"，但是，这些有赖于人力去查找、推算和处理的数据，能真正称得上"大数据"吗？实际上，现代"大数据"的数量，与唐代卷宗数据不是一个数量级。大数据不仅仅意味着我们的数据量的急剧增加，而且还有三个主要特征，简称为"3V"，即数量（volume）大、种类（variety）多和速度（velocity）快。③大数据技术的出现，其基础在于我们处理大规模数据的能力的提升，以及我们对大规模数据的认识发生了根本的转变。学者认为，相较之前的小数据时代对少量优质数据以及因果性的重视，大数据更加重视相关性、全面性和复杂性。④

---

① [美]詹姆斯·格雷克：《信息简史》，高博译，人民邮电出版社2013年版，第350页。
② Ackoff R. L., "From Data to Wisdom", in *Ackoff's Best*, New York: John Wiley & Sons, 1999, pp. 170, 172.
③ Zikopoulos P. C., Eaton C., *Understanding Big Data: Analytics for Enterprise Class Hadoop and Streaming Data*, New York: McGraw-Hill, 2011, p. 5.
④ [英]维克托·迈尔-舍恩伯格、肯尼斯·库克耶：《大数据时代：生活、工作与思维的大变革》，盛杨燕、周涛译，浙江人民出版2012年版，第29页。

图灵奖获得者格雷（J. Gray）认为，大数据让科学范式进入第四阶段——"'数据密集型'科学范式"①，与之前的三种科学范式——经验的、理论的和计算的范式——不同，第四范式统一了理论、实验和模拟。② 大数据不仅改变了科学和认识的范式，也在文化和艺术领域产生了极大的影响，如网飞（Netflix）公司重视对观众的观影习惯和审美偏好的数据调查，抖音等 App 则根据观众的点击率进行针对性的推送等。因此，大数据技术的出现，也势必对文化艺术领域产生影响，冲击传统的文艺研究和美学思维。下面，我们就来看看，大数据对传统美学思维产生了哪些冲击和影响。

一 关联思维与计算思维的结合

20 世纪初，哲学发生了"语言转向"，这对美学也产生了极大的冲击。哲学家维特根斯坦（L. Wittgenstein）在其前期作品《逻辑哲学导论》中认为人类的思想是世界的图示，两者有一一对应的关系，可以用语言（命题）和逻辑符号来表示世界中存在的事实。同时，维特根斯坦认为美学、伦理学等属于虚假命题，是无法用语言言说的，因为这些命题没有真值。③ 事实上，美学命题是否有真值、是否可以表示为真值函项，与美学命题是否有意义并不等同，因为美学和艺术等问题是非常复杂的集合和系统，是非收敛的、非

---

① Gray J., "Jim Gray on eScience: A Transformed Scientific Method", in *The Fourth Paradigm: Data-intensive Scientific Discovery*, eds. Tony Hey, Stewart Tansley, and Kristin Tolle, Redmond, Washington: Microsoft Research, 2009, p. 30.

② Gray J., "Jim Gray on eScience: A Transformed Scientific Method", in *The Fourth Paradigm: Data-intensive Scientific Discovery*, eds. Tony Hey, Stewart Tansley, and Kristin Tolle, Redmond, Washington: Microsoft Research, 2009, p. 18.

③ ［澳］维特根斯坦：《逻辑哲学论》，郭英译，商务印书馆1985年版。

二维的。阿多诺（T. Adorno）认为，艺术中蕴含"真理内涵"（Wahrheitgehalt）——它是有历史和社会维度的。因此，美、艺术这些概念，都是一种"星座"（Konstellation），随着历史和社会的发展而不断变化。①

大数据技术的出现，使得我们可以重新考量艺术、美和情感等概念。信息论认为，世界上的一切事物都是有信息的，信息可以表示为数据。那么，数据也可以成为表示世界的一种最基本的图示，不过这种图示并非维特根斯坦式的静态图示论，数据和世界并非一一对应的映射关系，而是一种动态的、复杂的"同构关系"。② 大数据研究表明，这种"同构关系"是可能的。不过这种共同的"结构"是什么，现在还说不清楚，因为大数据本身就是一种复杂性数据的集合，大数据之间、大数据与事物之间并非一种明确的、单一的因果关系，而是复杂的相关关系。因此，"我们的思想发生了转变，不再探求难以捉摸的因果关系，转而关注事物的相关关系（correlation）"③。

相关性与因果性既有联系又有区别。有学者认为，因果关系是一类相关关系；有人则认为，相关关系是因果关系的派生，是一种"因素关系"，相关关系适合定量研究，因果关系适合定性分析，两者需要结合起来。④ 相较于因果性，艺术思维更重视事物之间的相关性，这种相关是艺术形象、物象、文化以及情感之间的关联，如白云与苍狗之间是形象的联系，再由白云、苍狗想到历史变迁，则是形象与文化、情感之间的联系。形象之间的联系可能是联想的、

---

① 参见 Adorno T. W. Gesammelte Schriften, Band. 7：*Ästhetische Theorie*, ed. Rolf Tiedemann. Frankfurt：suhrkamp, 1970, p. 11。
② 李德伟、顾煜、王海平等：《大数据改变世界》，电子工业出版社 2013 年版，第 85 页。
③ ［英］维克托·迈尔－舍恩伯格、肯尼斯·库克耶：《大数据时代：生活、工作与思维的大变革》，盛杨燕、周涛译，浙江人民出版 2012 年版，第 29 页。
④ 王天思：《大数据中的因果关系及其哲学内涵》，《中国社会科学》2016 年第 5 期。

想象的、象征的或者比喻的,这些联系是相关的,但未必有因果联系。葛瑞汉(A. Graham)认为,关联思维(correlative thinking)是"艺术中的创作和欣赏活动",它与科学思维差距很大,但是也并非与真理无关。[①] 艺术的这种思维方式包含了复杂的关系,包含了时间－空间、历史－社会的维度,例如梅、兰、竹、菊象征着君子的品格,即将植物的自然属性(忍耐严酷环境)与君子的社会属性(道德品质)进行了联系,这种联系背后是历史文化的积淀。

长期以来,我们认为这种艺术的关联思维是无法解释的,更别说对之进行表示和计算。柏拉图将诗人的艺术活动视作一种神秘的"迷狂"状态[②],康德则认为艺术不像科学那样有规则可供学习,艺术需要的是"天才"[③]。然而,大数据和人工智能的出现正在改变人们对艺术关联思维的认识。例如,Netflix 在制作电视剧时,就运用了大数据来调查和研究观众的审美心理和偏好,其出品的影视剧如《纸牌屋》和《麦克白》的海报封面上有着相似的深色背景色调,以及象征着权力与杀戮的带血的手。在 Hadoop 峰会上,网飞的技术人员认为,通过大数据对色彩的分析可以"测量客户之间的差别"[④]。这些数据可以帮助公司分析客户对不同色彩、情节、人物和故事的偏好。

艺术形式和审美偏好被算法化的同时,还体现在人工智能艺术上。微软小冰程序通过学习大量的诗歌作品而学会了写诗,CAN(creative adversary networks)系统、Google Deepdream 程序、清华

---

① [英]葛瑞汉:《阴阳与关联思维的本质》,载艾兰、汪涛、范毓周主编《中国古代思维模式与阴阳五行说探源》,江苏古籍出版社1998年版,第35页。

② John M. Cooper, ed. , *Plato*:*Complete works*, Cambridge:Hackett Publishing Company, 1997, p. 942.

③ Kant I. , *Werkausgabe X*:*Kritik der Urteilskraft*, Frankfurt am Main:Suhrkamp, 1974, p. 255.

④ Simon P. , "*Big data lessons from Netflix*", https://www.wired.com/insights/2014/03/big-data-lessons-netflix/.

"道子"程序可以生成油画和中国画作品。① 这些人工智能程序通过深度学习（deep learning）和大数据技术，实现了对人类艺术的模仿。虽然人们还不清楚人工智能是如何掌握这些艺术规律以及这些规律到底是什么，但是，我们已经可以用程序和算法来表示与生成艺术，这是不争的事实。关联思维还体现在人们的情感与对象的联系上，比如不同的色彩、形状、笔触会引发人们的不同情感。"情感计算"（affective computing）正是通过将这些艺术形式与情感的大量数据进行对照，来寻找两者之间的联系。大数据、人工智能等技术在审美和艺术上的运用表明，我们的美学思维也应该吸纳计算思维。计算思维的"本质是抽象和自动化，即在不同层面进行抽象，以及将这些抽象机器化"②。

大数据时代，那种认为艺术是无法认识、更无法被算法化的传统美学观点受到了挑战。人们的关联性（相关性）思维也是内含着复杂的逻辑和因果规律的，只不过这种规律是非线性的、动态的，包含了大量的数据，人的大脑无法处理这些数据，所以将之神秘化。当我们的计算机和人工智能可以处理和学习这些数据之后，艺术中的一些关联性也就可以被算法化。同时，大数据也告诉我们，不要单维地、线性地、固定地看待数据之间、事物之间的关系，正如专家所说，大数据所用到的"聚类算法"不是线性或对数曲线式的规模，而是立方级的规模，因此很多算法会失效。③

因此，未来的美学将走向关联思维和计算思维相结合的阶段，新的实验美学、信息美学、神经美学、人工智能美学等流派就是这

---

① 陶锋：《人工智能视觉艺术研究》，《文艺争鸣》2018年第5期。
② 战德臣、聂顺兰等：《大学计算机：计算思维导论》，电子工业出版社2013年版，第 V 页。
③ Gray J., "Jim Gray on eScience: A Transformed Scientific Method", in *The Fourth Paradigm: Data-intensive Scientific Discovery*, eds. Tony Hey, Stewart Tansley, and Kristin Tolle, Redmond, Washington: Microsoft research, 2009, p. 18.

种趋向的代表。信息美学认为审美信息是可以计算的,[①] 神经美学则将美学规律与人脑、神经系统的动态表征相结合,[②] 都试图用科学计算的手段来揭开艺术的神秘面纱。

二 小样本方法和全面性认识的转化

大数据除具有复杂性之外,全面性也是其重要的特点,这种全面性包含数量上的全面以及结构上的多样。在小样本时代,人们对于样本的选择以及找出样本之间的关系成了至关重要的事,因此,对个人的主体认知水平和主观判断依赖较强,而大数据的全面性意味着我们可以考察绝大部分对象的情况,而不需要有限地选取对象,这样也就在某种程度上避免了个人选择和判断带来的主观性。

康德认为,审美判断的基础是个体,个体通过"共通感"而将这种判断上升到普遍性,这种"共通感"是一种主观的情感而非客观的原则。[③] 康德希望用这种曲折的方式使主观的审美判断同时具有普遍性和客观性,避免将审美判断建立在心理学基础上。康德追寻的普遍性是一种先天的普遍性,是绝对可靠的真实,而大数据的全面性是一种经验上的普遍性,是对真理的极限逼近。但是,我们知道,绝对真理是从未得到确证的。康德提出的这种"应当的"审美普遍性时,忽视了人的审美判断的社会的、历史的基础,以及判断的个体差异。阿多诺则指出,审美判断和人的认识图示都可能会

[①] Nake F., "Information Aesthetics: An Heroic Experiment", in *Computers and Creativity*, ed. McCormack J., d'Inverno M. Berlin, London: Springer, 2012, pp. 61, 95.

[②] 张卫东:《西方神经美学的兴起与发展》,《华东师范大学学报》(教育科学版) 2011 年第 12 期。

[③] Kant I., *Werkausgabe X: Kritik der Urteilskraft*, Frankfurt am Main: Suhrkamp, 1974, p. 158.

被社会和历史影响，从而发生改变。但是这些社会－历史维度的加入，使得人们的审美判断和偏好具有复杂性，这种复杂性只有通过大数据分析才能加以解释。因此，正是因为大数据的全面性，使得客观性得到了保证，机器分析代替了个人选择。

虽然大数据本身具有客观性，但是设计算法和分析大数据仍然具有一定的主观性，例如网飞公司通过大数据分析，为《纸牌屋》选择了最合适的导演和主演，但是为什么是选择导演和主演，而不是选择故事或者服装等其他方面，这就是设计者的主观意愿。另外，一部影视作品也不仅仅是大数据分析的结果，剧本的创作、导演的风格、摄影的手法都是艺术创作者主观经验的体现。因此，大数据只是艺术作品的辅助手段，真正要做的是将客观的数据与主观的个人艺术体验结合起来。

除了主观性和客观性的结合外，大数据对美学思维带来的影响还在于精英与大众的区别进一步淡化。小样本时代，艺术标准的制定者、艺术传播的决定者只能是少数的精英，一件作品被经典化，靠的是少数具有艺术话语权的艺术家、批评家或者赞助商，艺术发展是由专家驱动的，这是一种从上而下的方式。由于传播途径的限制，大众能够看到的只能是很少的一些作品。本雅明所说的"机械复制时代"中，机械复制技术改变了艺术的传播途径，技术第一次打破了精英和大众的间隔，作者与公众的区分也消失了。[1] 大数据技术的出现，使得精准传播和及时反馈成为可能，"大数据主要与反馈有关"[2]，艺术由观众数量及其产生的流量等数据驱动，这是一种从下而上的方式。艺术生产者可以针对不同观众的喜好来制作和

---

[1] 参见 Benjamin W. *Das Kunstwerk im Zeitalter seiner technischen Reproduzierbarkeit*, 3th edition, Walter Benjamin Gesammelte Schriften. Band I. 1. ed. Rolf Tiedemann and Hermann Schweppenhäuser. Frankfurt am Main: Suhrkamp, 1991, p. 473。

[2] O'Reilly Radar Team, *Planning for big data*, O'Reilly Media, 2012, p. 7.

推送相应的内容,例如抖音、快手等 App,这些软件应用了推荐算法,这类算法基于用户的基本信息和社交关系、基于内容流量池来进行推荐。① 其中内容流量池中的用户反馈最为重要,也就是将观众对作品的完播率、点赞率和互动率等视作反馈数据,以此推送新的视频给观众。"网飞估计75%的观众来自其客户推荐引擎的推荐。推荐引擎对于网飞如何留住客户至关重要。"② 观众看到的未必是艺术水准最高的一些作品,而是根据他之前的观看习惯和偏好推送出来的相关作品。这种反馈机制甚至会影响影视剧的制作方式,例如这几年风靡一时的 IP(intellectual property)现象。IP 原指的是"权利人对其所创作的智力劳动成果所享有的专有权利"③,现多指具有巨大经济价值的网络小说、影视剧、游戏等文化品牌。一方面,IP 产品的开发非常重视对粉丝大数据的分析,他们通过计算流量、关注度、曝光率("上头条")等方式来衡量 IP 的商业价值。另一方面,拥有高 IP 价值的文化创作者和开发商往往会及时地搜集粉丝的反馈,甚至根据粉丝与流量的需求来修改自己的作品。实际上,当艺术从现代的批判性走向后现代的互动性时,"传统的高雅文化和所谓的大众或通俗文化之间的区别"就消弭了,④ 大数据和网络技术不过是加速了这一进程。大数据带来的文化产品的变化,并不都是正面的,在高雅文化消失在数据的洪流中的同时,我们的审美品位也可能被平均化、庸俗化。当艺术的标准不再是由专家,而是由大量的观众所决定时,艺术也就失去了其超越性与创新

---

① 王海燕:《抖音的算法推荐特点分析》,《新媒体研究》2018 年第 20 期。
② Morabito V., *Big Data and Analytics: Strategic and Organizational Impacts*, Springer International Publishing Switzerland, 2015, p.119.
③ 朱宏、蔡莹:《"IP"真的热了吗?》,2015 年 9 月 24 日,人民网(http://ip.people.com.cn/n/2015/0924/c136655-27627264.html)。
④ [美]弗雷德里克·杰姆逊:《文化转向》,胡亚敏译,中国社会科学出版社 2000 年版,第 2 页。

性。大数据所引发的 IP 经济热潮告诉我们，阿多诺所批判的"文化工业"有了新工具、新形式，艺术品成了文化商品，遵循的是交换价值而非艺术价值，大数据等技术成了文化市场的有力工具。因此，大数据时代，既要防止艺术话语权被精英垄断，又不能让大众的盲目性以及商业价值主宰艺术，专家驱动和观众驱动应该结合起来。

另外，不单只是大数据会改变小样本的思维模式，人类在小样本的限制下所具有的大任务处理能力（小数据－大任务）也值得仅仅只有"大数据－小任务"能力的人工智能程序学习。我们现在所看到的人工智能艺术程序，都只能处理某一种类的艺术形式，如索尼的人工智能音乐程序不能画画；而美国人工智能专家科恩（H. Cohen）设计的绘画程序 Aaron 则对音乐一窍不通，即使输入大量的音乐它也无法识别和学习。人类则不同，在只有少量样本的情况下也能处理不同类型的任务（虽然可能达不到精通的程度）。因此，人工智能专家认为，人工智能要想真正地成为通用"智能"，必须实现"小数据－大任务"。[①] 人类在小样本的条件下，通过联想、类比等能力，可以实现触类旁通，主要是因为人类神经系统中有"自联想记忆"（auto-associative memories），这是人类智能的关键，这种能力恰恰是人工智能现在所缺乏的。[②] 我们可以训练人工智能去学习大量的文学文本，因为文学作品中包含了许多隐喻语句，通过对隐喻的学习来训练其"隐喻－联想"能力，这种能力是人类的"小数据－大任务"思维模式的重要基础。[③]

综上所述，我们可以看到，小数据条件下所产生的思维模式更

---

① 朱松纯：《浅谈人工智能：现状、任务、构架与统一正本清源》，《视觉求索》微信公众号，2017 年 11 月 2 日。
② Hawkins J., Blakeslee S., On Intelligence, St. Martin's Griffin, 2005, pp. 22, 23.
③ 陶锋：《人工智能语言的哲学阐释》，《南开学报》（哲学社会科学版）2020 年第 3 期。

加主观、精英化和中心化，而全面的大数据则带来了客观性、大众化和去中心化。人们借助大数据分析，可以让文艺迸发新的活力，但也可能带来新的文化控制。

三　静态思维与动态思维融合

除了全面性和多样性之外，大数据中还有一个重要特质——速度（velocity）快，这表明大数据是一个动态的系统，而非静态的数据累积。在启蒙时代之前，人们追求的是恒定的认识和思维模式，必须对客观对象进行静态的、定性的描述。亚里士多德论定义时认为，不应该用含混的词、用不确定的和运动的词来定义。[1] 到了黑格尔那里，绝对理念和一切事物都是辩证运动的，他将历史和运动的维度引入认识之中。马克思主义进一步发展出历史和辩证唯物主义概念。后期的维特根斯坦改变了前期的静态的图示说，而将概念视作"家族相似"，概念是不断变化发展的集合。本雅明和阿多诺将静态的定义演变成动态的集合——"星座"，星座包含了历史-社会维度，人们通过"精确地奇想"（exakte Phantasie）来不断地接近和认识对象，这也是一个动态的过程。[2] 举例来说，"艺"一字，考察其汉字起源，最早是"种植"的意思，到了后来的"六艺"，"艺"成了技艺之意，后又从西方借鉴了"自由艺术"（fine arts）的内涵，才慢慢地有了现代的艺术概念。随着时代的变迁和文化的交流，这个词有了非常丰富的内涵和外延，而现在"艺术"一词的词意还在不断发生变化。大数据与人工智能艺术的出现，打

---

[1] 王路：《亚里士多德论定义》，《学术月刊》1982年第8期。
[2] Adorno T. W., "Die Akutalitaet der philosophie", in *Gesammelte Schriften* ed. Gretel Adorno and Rolf Tiedemann, Frankfurt: Suhrkamp, 1973, p. 342.

破了艺术必须是以人为主体的共识，产生了非人的艺术。虽然历史上，我们对客体的认识，已经从静态认识慢慢发展到了包含历史维度的认识，但是直到大数据技术的出现，我们才可能真正地用实时的、动态的数据去反映不断变化的对象，并对复杂的对象进行分析，"大数据重新定义了知识"①。大数据技术的主要特征在于其反馈－预测机制，反馈是对已经发生的事情进行收集和分析，而预测则是对尚未发生的事情的合理推测，"大数据的核心就是预测"②，反馈与预测代表着过去－未来两种时间向度。

静态思维的目的是对客体进行定性分析，然而事实上，整个世界都是一个不断变化的过程，想要在静止状态下观察和认识对象只能是一种理想。大数据并不试图对客体定性，"我们可以停止寻找模型。我们可以分析数据，而不用假设它会显示什么。我们可以将这些数字投入到世界上有史以来最大的计算集群中，让统计算法找到科学无法找到的模式"③。大数据方法力求在瞬息万变、纷繁复杂的世界中寻求某种确定性，却又放弃了对这种确定性背后的原因做出解释。但是，美学研究并非仅是应用性研究，它还需要研究者去寻求更加普遍的原则。因此，大数据技术可以成为美学的辅助研究工具和方法，改变传统美学的静态思维方法，将动态思维和静态思维、定量研究和定性研究结合起来。这种方法催生了如"数字人文"（digital humanities）、"数字艺术"等许多新兴的交叉文艺学科，这些学科都利用大数据技术作为其研究的基础。正如2009年在UCLA（University of California，Los Angeles）研讨会上发布的

---

① 李德伟、顾煜、王海平等：《大数据改变世界》，电子工业出版社2013年版，第109页。
② ［英］维克托·迈尔－舍恩伯格、肯尼斯·库克耶：《大数据时代：生活、工作与思维的大变革》，盛杨燕、周涛译，浙江人民出版2012年版，第16页。
③ Anderson C. , "The End of Theory: The Data Deluge Makes the Scientific Method Obsolete", June, 23, 2008, https://www.wired.com/2008/06/pb-theory/.

《数字人文宣言2.0》中所说的:"数字人文工作的第一波是量化的,调动数据库的搜索和检索能力,自动化语料库语言学,将超级插件堆叠成关键数组。第二波是定性的、解释性的、经验性的、情感性的、生成性的。"① 定量分析可以嵌入定性框架之中。

静态思维还导致理性主义倾向,而动态思维与经验主义联系更加紧密。理性主义强调认识的先天性,经验主义则重视知识的后天经验积累。康德试图将这两种倾向调和起来,他认为,一方面知识有先天的、确定的基础——先天综合判断;另一方面这些基础知识又并非只是逻辑上的同义反复,它们扩大了知识的内涵和外延。大数据技术重视经验的累积,这种经验并非小样本的经验,而是真正的大样本、大数据的经验,接近于"全"数据,可以减少经验知识出错的可能性。但即使是再大的样本,也会出现"黑天鹅"这种例外的可能,因此,需要对经验知识及时反馈和修正。理性主义认为世界上有永恒真理,如一些逻辑公理,但是"罗素悖论"和"哥德尔不完备定理"告诉我们,即使是逻辑公理也有其运用的范围,超出了这个范围就不能成立。因此,我们可以认为,康德所说的先天综合判断实际上是源自某个认识层面的超大数据的经验知识的累积,这种知识只能说是无限逼近真理,如一些欧几里得公理,在非欧几何下就不再适用。

在文艺研究中,人们对小概率事件非常重视,"文学研究长期以来注重经典和对个别作品的解读,而从统计学角度来说,经典就是'逸事'——小概率或随机事件——的同义词。小概率事件或许是最有意义的事件,但只有在一个广阔的背景中才能看到它们的意义"②。因此,康德式的二元调和在大数据时代有了新的发展,数据

---

① The digital humanities manifesto 2.0, May, 29, 2009, http://manifesto.humanities.ucla.edu/2009/05/29/the-digital-humanities-manifesto-20/.
② 傅守祥:《文学经典的大数据分析与文化增殖》,《浙江社会科学》2017年第10期。

的全面能够让我们更加精确地认识对象，同时数据的实时处理技术又能够让人们即时修正认识，这样我们才能认识更大范围、更为复杂的对象——如社会现象、艺术现象和微观宇观世界等。

静态思维和动态思维的结合还蕴含着理性思维和感性思维的结合。理性思维要求对对象的静观把握和分析，这种认识方式会导致主体和客体的分化与对立。这种主客对立的认识方式为一些哲学家所批评，如阿多诺认为，主客对立会导致主体对客体的压抑和控制，产生同一性思维和工具理性。而感性思维往往强调主客体之间的互动，主体通过模仿客体而不断地接近和认识客体。这种从艺术中借鉴而来的模仿方式是对工具理性的纠偏。中国传统美学也重视人和物之间的互动，如"情景交融""物感"说等。但是，长久以来，感性思维都被认为是无法认识和分析的。"美学"（aesthetics）概念创始人鲍姆加通认为感性是一种混乱的认识、次级的理性；鲍桑葵在解释这种混乱的观念时说，"混乱的观念则是不能语言复制、始终属于同一种类、始终很复杂的观念"，这种混乱性也可以有其自己的秩序，这种秩序只能为感觉所感知。[1] 正是因为感性思维具有复杂性、动态性和互动性，所以导致这种思维方式难以被分析和认识，而大数据技术让这种感性思维能够被及时地记录下来并可以分析。如前已提及的"情感计算"，这种计算无法测量每个人真实的内心情感，但是它可以通过将外部表征与人的内部情感的大数据对应起来，如通过测量"心理反应"（面部表情）来反映某种情绪。[2] 现在很多人工智能艺术都要用到情感计算方法，如微软小冰的开发者提出，小冰写诗程序是"采用基于情感计算框架的创造模

---

[1] ［英］鲍桑葵：《美学史》，张今译，商务印书馆1985年版，第241页。
[2] Rosalind W. Picard, *Affective Computing*, The MIT Press, 2000, p.250.

型"①，小冰学习并分析了 500 多位诗人的诗歌，总结并分析了这些诗歌与情感表现的关系；同时，它还从 1 亿多用户那里收集了各种情感数据。如果仅仅从外部输出的效果来看，小冰的诗歌里含有不少具有丰富情感表现力的词语，这些词语的确能触发读者的情感。如《一只烛光》中，"我又躺在自己的床上/还不是珍奇甜蜜的感觉/一只烛光/忽变为寂寞之乡"的诗句中透露出淡淡的忧愁。因此，得益于计算能力和大数据处理技术，情感、情绪等能够通过一定的算法表征出来。

事实上，大数据技术给美学带来的冲击和影响并非仅仅以上三种，还引发了诸如可视与可知、线性与非线性、连续与离散、概率与逻辑等不同认知和思维方式的碰撞与融合，这些新技术所带来的新思维，正说明人的认识是一个动态变化的过程，是一个永远开放的、不断扩大的集合。

四　反思与总结

诚然，大数据技术给我们的思想和生活带来了新的改变，但是这些改变未必都是积极的，也有可能产生新的风险和挑战。

我们要警惕一种"数据中心主义"，即利用对数据的占有来谋求财富和权力，从而产生数据鸿沟和分配的不平衡，这会导致数据霸权。目前拥有大数据并能进行处理和应用的都是一些大的机构或公司，如谷歌、脸书和中国的阿里巴巴等集团。我们在享受它们的服务或者购买其产品时，同时也将自己的隐私和数据主动或被迫地

---

① 《微软小冰宣布有了"AI 创造"能力　首次提出〈人工智能创造的三个原则〉》，2017 年 5 月 17 日，北晚在线（https：//www.takefoto.cn/viewnews-1153352.html）。

给予了它们。这些公司既有可能让大数据成为谋福利的手段，如谷歌公司将识别码大数据与图书数字化工作结合起来；[1] 也可能成为窃取个人隐私、实施犯罪行为的推手，如中央电视台曝光的骚扰和诈骗电话中所运用的大数据技术。想要防止数据中心主义，首先，应该通过伦理准则和法律来规范这些大数据拥有者，还需要积极倡导数据的开源，让数据的获取和使用变得公开透明。其次，我们应该尊重个人的权利。虽然在海量数据面前，个人的数据显得微不足道，但是，个体应该有权利处置自己的数据，如数据记录和删除的权利，"我们的问题将从如何保存变成如何抹除。一些事物必须被删除或者是不要去记录"[2]。我们可以通过大数据的方法有针对性地帮助个人实现其数据权。最后，要提升大众的"数字素养"（digital literacy），让大众有能力去理解数据收集和共享的方式、算法的使用和目的，以及他们可以使用哪些工具和技术来保护自己。[3]

另外，数据中心主义还会导致一种思维和标准的单维化，数据成了唯一的衡量标准。阿多诺曾经批判过金钱拜物教和文化工业，商业社会中的一切价值都被交换价值取代，交换价值深入人的思维，就成了同一性思维，如果深入艺术和文化领域，就成了文化工业的标准。大数据可以丰富人们的文化娱乐生活，但是也可能成为新型文化工业的工具。大数据让文化工业的计算变得更加精确，艺术重视的就是例外和个性，当所有的文艺作品都成了大数据精确计算的产品时，有个性的作品消失在平庸的、无个性的文化商品海洋之中时，艺术就会枯萎消亡。因此，我们在艺术领域积极开发应用

---

[1] ［日］城田真琴：《大数据的冲击》，周自恒译，人民邮电出版社2013年版，第126页。
[2] Floridi L.，"Big Data and Their Epistemological Challenge"，*Philosophy & Technology*，No. 25，2012，pp. 435，437.
[3] Executive Office of the President. Big data: seizing opportunities, preserving values, 2014, https: //obamawhitehouse. archives. gov/sites/default/files/docs/big_ data_ privacy_ report_ may_ 1_ 2014. pdf. p. 64.

大数据技术的同时，还要重视艺术的个性、实在性和直接性，重视人与对象的直接交流。

因此，笔者认为，我们可以通过"审美理性"①来引导大数据和人工智能等新技术。审美理性是理性的自由自律阶段，是工具合理性和模仿合理性的统一与超越，是技术与艺术、理性与感性的统一。我们应该引导大数据等技术来改善人类生活、重塑人与自然的关系，而不是进一步地对立并恶化人与自然的关系，去造成新的财富分化和阶层对立。我们在尽量理性地挖掘和分析大数据的同时，也需要限制这种能力，不应无限制地扩张理性和技术能力。大数据技术与艺术的结合，给我们提供了这样一个契机：人类的技术与艺术可以实现融合，人们在试图让艺术技术化的同时，也应该让技术艺术化，让技术服务于人类的美好生活，协助人们去追寻身心的自由。

---

① 尼采提到了"诗歌理性"（poetic reason，德语 Dichtende Vernunft），阿多诺在其遗著《美学理论》中首次提出了"审美合理性"（aesthetic rationality，德语 Ästhetische Rationalität）概念，笔者在此基础上发展出"审美理性"（aesthetic reason）概念。

新时代高校志愿服务在社区治理中的重塑

——基于大数据的视角

冯旺舟　戴芸芸[*]

摘　要：党的十八大以来，高校参与社区治理已经成为大学生思想政治教育和"三全育人"的重要内容，并且成为社会治理的重要组成部分。在大数据信息技术的支持下，高校志愿服务融入基层治理具有灵活性、专业性和系统性的新特点。大数据信息技术的运用为高校志愿服务与社区协作治理提供了更多的可能性和机遇，但也存在隐私侵犯和信息安全、融合技术不完善以及数据异化且共享不足等问题。因此，高校志愿服务融入社区治理必须从思想层面强化大数据意识；从制度层面建立健全高校志愿服务新机制；从技术层面重视大数据人才基础；从平台层面打造数据共享"智慧仓库"等几个方面推进。通过不断探索在大数据信息技术支撑条件下的创新路径，一方面可以促进高校志愿服务的改革，另一方面推进社会治理能力和治理体系的现代化。

关键词：大数据　高校　志愿服务　社区治理

---

[*] 冯旺舟，湖北工业大学马克思主义学院副教授，硕士生导师。戴芸芸，湖北工业大学马克思主义学院研究生。

大学生群体是我国志愿服务队伍中的生力军,他们活跃在各个领域的志愿服务活动中,为我国志愿服务事业贡献了巨大力量。"志愿服务是社会文明进步的重要标志,是广大志愿者奉献爱心的重要渠道。要为志愿服务搭建更多平台,更好发挥志愿服务在社会治理中的积极作用。"党的十九届四中全会的《中共中央关于坚持和完善中国特色社会主义制度 推进国家治理体系和治理能力现代化若干重大问题的决定》深刻阐述了社会治理是国家治理的重要组成部分,必须加强和创新社会治理,完善党委领导、政府负责、民主协商、社会协同、公众参与、法治保障、科技支撑的社会治理体系,推动社会治理和服务重心向基层下移,把更多资源下沉到基层,更好提供精准化、精细化服务。因此,推动社会治理向基层治理下沉就显得尤为重要。习近平总书记在学校思想政治理论课教师座谈会上指出,新时代贯彻党的教育方针,要落实立德树人的根本任务。通过志愿服务,能够丰富高校育人路径和内容,使高校在引领社会主义精神文明新风向中充当重要角色。在现代社会中,以大数据和人工智能为基础的信息技术伴随着互联网终端和新媒体的普及而迅速崛起。因此,如何运用大数据等新兴信息技术,推动高校志愿服务与基层社区的协同治理,促进志愿服务开拓创新,完成"实践育人"的根本任务,是一个需要深入探究的课题。

一 大数据模式下高校志愿服务的特点

大数据时代的应运而生,为新时代高校志愿服务的创新发展提供了强有力的技术支撑,使我国高校志愿服务具有鲜明的灵活性、专业性、系统性的新特点。

（一）灵活性

在新时代高校志愿服务建设模式上，大数据模式下的高校志愿服务能够借助"共同体"的集体力量，应对社会风险和获得更好的发展机会。社区治理是国家治理的基础部分，社区安则国家安。由于大学生还处在求学阶段，其志愿服务行为受到年龄、经验和时间的限制，传统志愿服务模式无法满足大学生参与社区活动的条件，对其志愿服务的长效机制建立造成了极大影响。因此，建立一个以大数据为基础的志愿服务虚拟网络平台可以有效地解决这些问题。具体来说，网络的便捷性使得志愿活动的组织效率前所未有地提高，很多小规模的志愿活动在互联网的联动下不断开展。比如新冠疫情期间，大量的大学生加入了对社区居民的线上帮扶，从代购生活物资到开展心理疏导，既减轻了社区工作人员的压力，又促进了大学生参与社区事务的积极性。在此过程中，人们越来越将他人的生存和发展与自身联系起来——既然人不能离群索居，那么社会和他人的发展状况也必然影响着自己的生存和发展。正如马克思所说"人的本质不是单个人所固有的抽象物，在其现实性上，它是一切社会关系的总和"①，这是一种自发的、朴素的"社会共同体""命运共同体"意识。由此，大数据模式下的志愿服务具有弹性和灵活性高的优势得到充分的发挥，不仅加强了人与人之间的交流与关怀，更是为社区居民树立了服务他人、服务公益的价值理念，倡导了团结友爱、助人为乐与无私奉献的良好风尚。

---

① 《马克思恩格斯选集》第 1 卷，人民出版社 2012 年版，第 139 页。

（二）专业性

在新时代高校志愿服务建设内容上，大数据模式下的高校志愿服务紧密围绕新时代社会主要矛盾有效开展。以人民群众为本、服务为先，是社会治理的本质特征和基本遵循。面对多样化的社会服务需求，大数据模式下的高校志愿服务更加专业。传统的高校志愿服务由于组织形式欠缺、前期评估缺乏等原因，有许多志愿活动内容没有从志愿者自身专业资源优势出发，项目专业性、技术性不突出，淡化了志愿者自身的价值，影响了参与活动的最终效果。同时各高校发展水平参差不齐，交流不充分，并没有一个统一的志愿服务信息化机制规范促进青年志愿服务的成长。而"利用大数据、区块链等技术对志愿服务的全过程进行重新布局"[1]，才能突破传统志愿服务体系各方面束缚。通过建立以网页为依托，志愿者个人、高校团组织、社会公益机构、项目支持方和社区居民全方位一体化联动机制，借助统一化信息平台，多层次激励模式得以开展，使志愿服务组织形态更为标准，志愿服务行动更为常态化、公开化，有利于志愿者交流、高校交流、项目评估进步、监督学习与资金保障等过程，以专业化来精准满足差异化强、复杂性和情感性高的社区服务需求，促进高校志愿服务精准开展。同时志愿服务作为高校青年学生接触社会的一种方式，已经成为服务基层群众的主阵地、感受社会实践的大舞台、促进成长成才的好课堂。

---

[1] 朱海龙、陈宜：《"互联网+"背景下精准化志愿服务体系构建研究》，《杭州师范大学学报》（社会科学版）2020年第4期。

（三）系统性

在新时代高校志愿服务建设格局上，以在互联网基础上发展起来的大数据、云计算、人工智能等为代表的"第四次工业革命"的迅猛发展为高校志愿服务创造新的生态提供了可行性。由此变革固有思维模式，重塑高校志愿服务生态系统。目前，我国实名注册志愿者总数已超过 1.37 亿、注册志愿团体已达 68 万多个。如何将海量的大学生志愿者带入社区积极有序参与社会治理，发挥出集体影响力，也成为志愿服务新的发展课题。传统模式下的高校志愿服务仍存在执行质量不明、社会认可度不高和活动经费没有保障等问题。由于志愿服务平台的信息化、电子化、公众化、市场化，各层级团组织、大学生志愿服务团队可以依靠信息平台，针对自身专业特色、特长优势，结合地域对特殊领域或者公益机构进行适当的合作探索。一方面通过市场择优的隐形压力促进高校组织和社会机构有意识打造更为健全的志愿服务，另一方面通过优质组织与机构分享自身志愿服务建设经历、特色和思想，组织开展能力培训，进一步提升志愿服务过程的专业性，从而提高志愿服务的成功率。在大数据时代，学生志愿者活动作为一种载体，成功地把不同阶层的人基于共同的价值理念聚集在一起，缔造了一种新型的人际关系，有利于提升整个社会的精神文明，推动社会健康和谐发展。因此分析大学生志愿者活动的发展现状和特点，掌握其发展规律，构建一个标准化、统一化志愿服务生态圈可进一步促进高校志愿者活动的发展，推动我国青年志愿服务迈上一个新台阶，对高校青年志愿服务最大限度地发挥其社会价值和文化价值，具有重要意义。

二 大数据与高校志愿服务相结合面临的多重困境

时代的进步、社会的发展要求大数据与新时代高校志愿服务深度融合，推进高校志愿服务工作实现精细化与超前化。然而，高校志愿服务的创新仍面临着多重困境，主要包括隐私保护和信息安全、融合技术不完善以及数据异化且共享不足等问题。

（一）隐私侵犯和信息安全

我们应当看到，当"信息已经成为一种商品……这些变化可能对隐私构成了侵害"[①]。因此，在运用大数据解决社区治理中大学生志愿服务问题的同时也可能会带来隐私侵犯和信息安全问题。从大学生志愿者的角度来看，如果要注册使用志愿服务的网络信息平台，必须填写身份证号码、手机号等这些个人真实信息，而且志愿者之间可以相互查看部分信息，会存在个人隐私泄露的安全隐患。同样地，志愿者在管理社区居民服务项目的时候能根据大数据提供的信息流对被服务的对象进行动态追踪和监控，借助数据的关联性获取被服务对象的家庭背景、生活习性、行踪位置、人际网络等隐私信息。虽然这些信息对于社区治理的现代化发展的确具有重要意义和宝贵价值，但是，全方位、全景式"监控"使社区居民的个人隐私面临着随时可能被泄露甚至滥用的风险。如果信息系统出现漏

---

① ［美］理查德·A. 斯皮内洛：《世纪道德：信息技术的伦理方面》，中央编译出版社1999年版，第3页。

洞或管理不当，一旦这些信息被不法分子窥视与利用，很可能构成严重的人身威胁。因此，如何科学合理地界定数据采集、数据利用的权利和范围，如何创建和完善信息安全维护的长效机制，在充分挖掘志愿者及社区居民的行为数据与更好地为其提供服务之间寻找平衡点，是大数据技术运用于社区治理中高校志愿服务领域亟待解决的首要课题。

（二）融合技术不够完善

时代的进步、社会的发展要求大数据与高校志愿服务深度融合，推进高校志愿服务工作实现超前化、精细化与常态化。大数据与高校志愿服务的融合是集网络、计算机、通信系统、心理学、思想政治教育等多领域的专业知识于一体，这要求教育者将高校志愿服务体系的内部元素与大数据的技术方法有机结合起来，形成集成化分析。然而，在具体实践过程中，大数据与高校志愿服务在衔接融合上仍然存在诸多的技术"瓶颈"：其一，对系统收集到的结构化与非结构化数据处理不全面，导致在机器处理和集成大数据时造成关键信息遗漏。比如在社区活动中，使用线上打卡功能可以记录每次参与志愿服务的活动时长，在评价志愿者时就可以做到有据可依。但在实际操作中缺乏监控，出现有些志愿者只是开始和结尾时打卡，过程是否参与无从监督，因而存在造假现象。目前有关大学生"被志愿"[①]的新闻屡屡曝光，舆论界的负面声音越来越多。其二，思想信息方面的归纳分析技术存在较明显的滞后性。现在的社区志愿服务平台推广一直带有强制性色彩，有些人认为把注册志愿

---

① 张晓红、苏超莉：《大学生"被志愿"：志愿服务的自愿性与义务化》，《中国青年社会科学》2017年第1期。

服务系统参与志愿服务的种类及时长与个人的相关利益挂钩，是对志愿精神的扭曲，因而认可度也较低。另外，平台的管理者大多没有受到过专业的培训，使用及推广过程中会出现各种问题，又得不到及时解决。时间久了，认可度自然越来越低，到最后可能弃之不用。为破解以上问题，唯有找到大数据技术与高校志愿服务的最佳契合点、为二者融合提供行之有效的技术工具和解决方案，方能将大数据技术和相关程序高效地运用到高校志愿服务的具体工作之中，这无疑是攻克大数据在高校志愿服务领域技术应用难题的关键一步。

（三）数据异化且共享不足

由于数据库的部分原始信息经过了主观性的人工提取和处理，加上数据本身的"混杂性"，造成大数据有可能会遭遇"数据污染"的情况，产生数据异化、数据造假（人为控制和篡改数据）等质量问题，这样获得的分析结果必定存在误差甚至失真。但是，一些崇拜大数据的人主张"数据万能论"，一切数据至上，盲信大数据的绝对权威而忽略其局限性，没有注重对数据来源、数据质量的审慎考究、验证和把关，在对数据分析处理的过程中存在用理性数据否定和排除非理性因素的危险倾向。譬如，对高校志愿服务数据信息的解释以偏概全，过分夸大数据的相关性，完全忽视数据之间的因果规律；过于依赖数据处理机器的程序化分析、机械化判断，甚至丧失了自身的辩证反思能力与理性批判精神，最终沦为"数据洪流的奴隶"[1]。虽然政府出台了《志愿服务信息系统基本规

---

[1] 李楠、张凯：《大数据时代高校志愿服务的创新》，《马克思主义理论学科研究》（双月刊）2019年第4期。

范》，但各个志愿服务平台建设分散、互相之间没有交叉沟通，各自封闭运行，很难做到"同人同城同库"的数据整合和分享，因而资源共享的水平较低。网络平台上的高校志愿服务组织也是"山头林立"，志愿组织数目较多、志愿者在多个组织重复注册、志愿活动的内容重复等方面都存在着交叉重叠的现象。如何有效避免大数据的误判与断层，预防和控制数据泛化，剔除与高校志愿服务目标任务相悖的信息，保留更多客观、科学、有效的分析结果，以保证志愿者数据资源的精确性、真实性和有价性是不容忽视的一大难题。

此外，还应当注意的是，现实社会中的大数据多是独立地掌握于高校、企业、事业单位等单个主体之中，导致出现一片"信息孤岛"和"数据烟囱"景象。可见，实现真正意义上的大数据互联共享之路任重道远。

三 新时代高校志愿服务融入社区治理的现实路径

在大数据信息技术的支持下，要推动高校志愿服务融入社区治理，彰显高校大学生社区志愿服务工作的时代性和创造性，需要从以下几个方面进行。

（一）强化大数据意识，营造高校志愿服务新环境

社区作为现代城市治理的网格单元部分，对社会稳定和城市文明发展起着不可替代的作用。从目前来看，高校志愿服务运用云计算、大数据分析等先进信息化技术手段能提高社会治理综合水平。

因此，我们要发挥高校学生的主观能动性，提高意识形态素养。第一，坚持党建带团建，社区基层党支部和高校志愿者中的学生党员要率先树立大数据理念，充分理解数据作为独立的生产要素在价值形成中起到的重要作用；充分理解大数据时代数据信息的典型性质，尤其是培养海量性、全覆盖式、多维化的数据处理思维。在青年团员志愿者中做好思想宣传工作，增强在数据收集、整合和分析方面的合作意识。第二，在社区空间中打造网络安全与隐私保护相关知识的学习实践专栏，正确理解和认识技术内涵。这里的空间不仅仅指物理上的空间，还包含了社区志愿服务组织、工作人员、居民以及各项社会资源的多方面意涵的概念。开设公益课程，重视数据时代网络行为意识教育，毕竟网络数据安全不仅仅是技术层面的防范，更重要的是从思想上进行武装。第三，大力开发以社区居民需求为核心的志愿服务体系，增加高校志愿者与居民的横向互动，"构建网上网下同心圆"[1]，推动社区共同体精神的重塑。同时倡导自适应的学习方式，开展个性化数字教育引导策略，着力打造共建共治共享新格局。

（二）严格遵守伦理道德，建立健全高校志愿服务新机制

由于大数据的采集和挖掘多数是由智能设备自动完成，被采集对象往往在不知情的情况下暴露了个人隐私。这意味着社区开展志愿活动的透明度加大，每个人都在"裸奔"，都是"透明人"。因此，"加强思想道德建设"[2]，发挥道德教化作用，同时建立健全相关法律制度机制，是保证高校志愿服务在社区治理中体系稳定有序

---

[1] 《习近平谈治国理政》第3卷，外文出版社2020年版，第306页。
[2] 《习近平谈治国理政》第3卷，外文出版社2020年版，第33页。

运转的必然要求。主要包括：一是加快个人信息保护立法，构筑数据安全的法治之网。政府部门需制定并完善信息数据保护等法律法规，以法律手段来规范大数据的采集、公开、传播、销毁的流程，避免侵害或肆意滥用大学生及社区居民个人隐私数据现象的发生。二是建立健全大数据正当收集与使用的规章制度，促进大数据运用更加合理合法有序。主要包括清晰界定社区、学校及其他主体在数据信息的采集与使用等方面的主要权责；同时重视人文关怀，照顾到居民和学生的隐私和心理情绪。三是构建"内外监管、惩防并举、以防为主"的约束机制。包括加强数据监管和保密机制建设，完善大数据安全应用保障与防控体系；一些条件成熟的地区高校可成立具有较高技术水平的大数据信息管理部门或团队，专门从事大数据基础设施的构建、更新和维护，提升数据信息的安全防御系统的整体性能，特别是在风控预警、漏洞监测、病毒防范等方面，确保大数据信息访问、加密、追踪等管理环节的安全，以有效防范和杜绝高校数据信息被恶意盗取或泄露；此外，加强第三方监督，积极营造和谐的外部环境氛围。

（三）夯实人才基础，构建具备大数据技能的复合型高校志愿者队伍

随着大数据的高速发展和广泛运用，社区治理中对高校志愿服务团队中具备扎实的理论功底、精湛的数据处理能力的人才需求日益迫切，但是目前我国高校志愿服务队伍的组成架构和培训系统尚待完善。面对这一问题，必须坚持教育者先受教育的原则，尽快建设一支具备大数据思维特点、较强数据综合分析和专业技术能力的高校志愿者队伍。同时，还应加强大数据技术能力培训，特别是针对分管高校志愿服务队伍的老师和社区对接人员的专项培训，以满

足大数据时代社区志愿服务发展的现实诉求，从而更好地担起学生健康成长指导者和引路人的责任。具体包括：第一，重塑和完善高校志愿服务队伍的整体组织架构，进一步提高这支队伍面对新形势、新任务、新要求的适应能力。立足高校自身特色建立社区志愿者服务大数据中心，借助这一信息平台扩大信息的来源、打通数据传输渠道，全力击破各种"数据壁垒"，对社区中不同家庭、不同工作领域中的居民价值数据资源进行吸纳与整合。第二，跨领域跨学科吸纳复合型人才，将拥有大数据技术的专业型人才适当充实到高校志愿服务队伍当中，发挥人才支撑的基石作用。例如，社区和高校可积极开展与本地大数据相关公司的战略合作，邀请其技术人员加入志愿服务活动中，高效利用人才等优势资源。第三，我们要"树立强烈的人才意识"[①]，加强原有志愿服务专业团队骨干的技术培训，使其掌握社区中志愿服务的内在规律，熟练运用大数据工作技能，比如信息检索、信息筛滤、信息抓取等技术，以数据可视化的方式将社区治理现状与问题生动、形象地呈现出来，从多元化视角诠释和探究社区数据之间的关联度及其发展趋势。

（四）促进数据共享，合力开发社区中高校志愿服务的"智慧仓库"

信息化时代的社区需要智慧治理，不但要运营现代信息技术提升社区的"智力"，而且要"有利于转变传统的社区治理模式，提升社区治理的效率，增强社区居民的生活体验"[②]。通过搭建高校与社区的志愿服务大数据共享平台，一方面，可以极大提升治理的效

---

① 《习近平关于科技创新论述摘编》，中央文献出版社2014年版，第344页。
② 陈跃华：《加快智慧社区建设，破解社区治理难题》，《人民论坛》2019年第2期。

率，包括发现问题更加迅速快捷、回应问题更加及时；另一方面，基层社区的组织样态也发生了极大变化，可以跨越物理空间的限制而发挥作用，使高校志愿服务的社会认可度得到提高，具体表现为以下几个方面。

在社区治理的过程中，通过技术手段的应用，可以使社区居民的动员宣传及相关意见建议的收集工作更加便捷高效。例如，运用移动互联网手段，通过微信群、QQ群等进行广泛动员宣传，广泛征求社区内居民对志愿服务的需求以及意见建议。尤其在针对社区公共安全、公共服务、公共管理等"三公"领域，志愿服务项目的作用更加突出。在公共安全领域，当前很多社区逐渐推广应用了各种智能设备收集了海量居民信息，通过对信息的深入挖掘分析可以提供更加安全的居住生活环境。但数据毕竟是虚拟的存在，这之间需要大量的志愿者参与收集数据。譬如利用物联网技术建立高校志愿服务的"时间银行"，使大学生志愿者在社区服务过程中的时间、地点以及服务内容都可以被即时记载保存，独立的身份识别卡也能够确保志愿者和社区居民的安全。在公共服务方面，智慧手段与志愿服务结合的应用也很广泛。以社区为老服务为例，大学生志愿者拿着电脑走进社区，通过教授老年人学习电脑、智能手机等电子科技产品，使得老年居民能够在社区范围内享受到众多基础性服务，解决了公共服务"最后一公里"的难题。在公共管理方面，立足社区自身特色建立志愿服务大数据共享中心，借助"智慧仓库"这一平台扩大信息来源、打通数据传输渠道，全力击破各种"数据壁垒"，对不同部门、不同领域中有价值的数据资源进行吸纳与整合。另外，"智慧仓库"的功能还体现在，通过建立数据信息管理协同机制与联动机制，进一步提高数据实时同步与交换对接的即时性与便捷性，为数据资源跨时空的顺畅流通提供有利条件。此外，相关教育部门和企事业单位也可以帮助高校进一步丰富高校志愿服务的数据信息资产，进而实现数据开放共享互通的良性循环。

综上所述，在 21 世纪互联网信息技术飞速发展的今天，各行各业正渐渐向网络化、智能化、数据化方向转变，高校志愿服务融入社区治理更是顺势而为。将大数据技术与社区治理现代化恰当地融合在一起，充分发挥高校志愿服务的优势，运用好计算机软件应用对其进行改革与创新，进行高校社区志愿服务路径的创新探索，不但能弥补传统的高校志愿服务活动，而且能够对高校青年成长成才产生积极影响。通过资源匹配、人才培养、项目孵化等多种支持模式，引导高校大学生更专业地参与社会公益创新，通过专业高校志愿者团队培养和高校青年公益人才孵化，让他们深入参与城市社区治理和地区公益服务发展，推动驻地高校和地方政府的融合共建。因此，基于大数据的视角，对新时代高校志愿服务融入社区治理的特点、难点与路径优化进行研究与探索，具有重要的现实意义与指导价值。

门户主体、数字对象与非人交往

——智能社会认识论刍议

张　炯[*]

摘　要：现代社会的智能化发展是一大趋势，同时人类对智能社会的认识也在发生着变化。社会认识主体作为现实的人逐渐以应用登录门户的形式存在，其移动性、即时性与瞬时性等特征重新规划了社会认识的时空格局。社会性存在和社会整体系统的数字化倾向改变了主体自我形塑与确证的内涵与方式。交往的非人化形式虽然处于起步阶段，但未来发展无法限量。人类的社会认识活动要始终保持自觉自省的姿态，守住人类认识社会和改变社会的旨趣。

关键词：智能社会　门户主体　数字对象　非人交往

社会认识论研究传统开辟了一条主体与对象之间相互作用的人类社会自我认识的道路。随着人工智能等高新技术、数字技术的迅猛发展，社会本身也在发生着变化。与此同时，人类社会自我认识的过程也相应地发生变化。这意味着我们在新的历史境遇中有必要把社会认识论的基础理论问题提上议程。所谓智能社会认识论，讨

---

[*] 张炯，华中科技大学哲学学院博士后。

论的是人们如何科学地认识智能社会，而这其中关键的是搞清楚认识主体、认识对象以及认识活动的变化。鉴于此，本文仅从结构及其要素的维度对智能社会认识论进行初步探索，希望能以此为基础引发更为宽广的讨论。

一　门户主体（portal subject）：移动性、即时性与瞬时性

一般而言，现代社会的认识主体是具身化的现实的人。而在智能社会里，认识主体转化为门户化的虚拟的人，即所有认识主体都可以在网络中化身为一个个应用登录账户。在这一转变过程里，主体没有缺席，而是以隐匿的方式继续在场，而这种独特的存在方式所引发的诸多效应值得我们思考。

智能技术的影响无所不在。环顾咖啡店、餐厅、购物中心、地铁、公交、火车站、机场等几乎所有社会场所，我们都会看到人们低着头，视线被锚定在智能手机等设备的屏幕上。对新技术的陶醉使我们无论何时何地都迫切需要查看微信消息、刷微博、刷抖音、发朋友圈等。社会的智能化推动了更广泛的社会变革，而这种变革具体体现在认识主体即门户主体的移动性、即时性与瞬时性。

所谓"移动性"，是指将认识主体从固定的地点或位置移走。在这个移动的过程里，主体的身份也将遭遇分解（如退出应用）和变更（如打开其他应用）。历史地看，主体身份的构建是通过与他人共同呈现的"面对面"的社会互动来实现的。这意味着主体需要"在地"，以及与相邻的"在地"他者或对象发生互动，进而构建社会关系。而实际上我们已经看到，今天发生的智能变化使得跨空间、跨地域的社会互动成为流行。当然，这种"跨越"在很大程度

上并没有降低"面对面"的重要性，例如视频通话或视频会议等经由图像和声音的在线相遇依然是主流。移动性意味着社会的现实主体成为通过各种门户登录的账号，成为智能社会的一员。从智能手机到平板电脑、移动设备的普及意味着认识主体已经从固定位置转移到更大的社交网络。在这一意义上，手机是社会认识主体从具体地方解放出来的最重要工具。随着越来越多的人在"移动中"使用智能手机进行语音、视频通信，主体的认识活动也变得越发灵活。

所谓"即时性"，是指主体以更加即兴的临时活动来代替传统意义上的认识方式。在智能社会中，因技术而造就的多元化交往方式意味着认识活动在不断地协调和安排。门户主体在"即时"的基础上构建自己的社会生活，面对着瞬息万变的即时通信和信息更新，其结果是主体认识社会的方式从"深思熟虑"变为"不假思索"。我们可以随时随地展开认识活动，即时性意味着门户主体在智能时代可以几近任意地重新规划社会认识的时空格局，这在很大程度上使本就作为个体存在的主体更加个体化。在门户的登录与注销（或转入后台运行）的反复操作背后，是一套处理讯息变化、满足自身需求和修复知识短板的逻辑。这是门户主体与智能社会相连接的形式，它意味着主体在面对社会复杂性时需要不断地做出选择。

所谓"瞬时性"，指的是认识主体对认识过程不断加速的着迷。令门户主体恼火的是"等待连接""加载"页面，而更令门户主体疯狂的是"连接失败"的提示。传统的认识过程需要苦心经营，需要一定时间的消化来让知识得到稳定，而衡量一个在线世界功能的标准则是能否快速地连接甚至更快地断开连接。智能社会的不断加速不仅意味着一种新的社会文化的出现，其背后是社会制度和组织结构的变化。全球化发展到今天已经促成了一套万物互联的信息高速生产－流通模式，这种模式已经渗透到我们现在的生活方式中，从而大大缩短了可信的社会互动过程。整个社会从愿意为那些需要长时间积淀的知识而等待，转变为以短期契约来催逼瞬间认知，因而门户主体的认识活动最终选择的是短期倍增而非长期承诺。其优势在于，门户主体可以在设备允许的情况下同时在线进行，这是过去的社会认识活动所不敢想象的。它超出了主体的肉身限度，因为只要精力允许，就可以无限制地接收这个大千世界。

从功能上看，主体的门户化使得认识活动极度丰富。尽管这其中会有诸多问题、遭遇诸多挑战，但是整体的发展趋势已不可挡。智能社会的认识主体正通过门户化认识历史和创造历史。如此背景之下，主体的门户化实际是一种形式的变化，这种新的生存形式使认识主体在进行认识活动的时候有了更多的可能性。但另一方面，门户化也使得认识过程中存在更大的不确定性，这种不确定性反过来也要求主体自身的能力得到实质性的提升。这里倒不是说对门户主体形式进行一种限制（况且这种限制本身也是不可能的），而是说我们作为社会历史发展的一个见证者，作为认识社会的一个主体性存在，我们是否已经自觉到自身的门户化改变？这其中的关键前提在于，我们要认清自己的定位，以及意识到智能社会的认识活动具有更丰富、更多元甚至更深入的可能。

二　数字对象（digital object）：主体的自我形塑与确证

国内社会认识论传统的开创者欧阳康教授曾指出："社会认识客体，从总体上看，可以把它定义为与一定的社会认识主体发生了对象性的认识关系，并为其所力图以观念方式加以掌握的社会性存在。在其外延上，它是包括社会认识主体自身在内的社会历史主体的社会性存在状态、活动方式、活动条件及其对象性结果，是人们生活和活动于其中的整个生活世界和社会世界，是以人的活动为中心而连接和运动起来的自然－人－社会系统。"① 以这一定义为基准，我们可以认为，智能社会认识论意义上的社会认识对象发生了"社会性存在"的数字化、以及"自然－人－社会系统"的数字化。普通人的日常生活已经越发不能与智能技术分开，社会性存在正在被彻底改变。

毫无疑问，数字对象具有技术性质。从历史上尤其从哲学史上的对象来看，数字对象仍然是高度神秘的，它既不是经验，也不是直觉，甚至没有实体性存在。数字对象处于一种与那些从科学中产生的科学对象所共享的状态。一般来说，数字对象由数据及其应用形式组成，这些基本都属于语法化、算法化的过程与结果。在这一意义上，主体对数字对象的认识实际属于技术性问题，纵使数字对象在当下可能呈现出神秘性和不可知性，但随着科学技术的进步、随着时间的推移，对数字对象的认识势必在不断地填充与完善。因而，我们这里主要考虑的是，数字对象之于主体的作用，或者更确切地说，数字对象之于认识主体的建构性功能。而在这一功能里，最为突出和迫切的思考是主体的自我形塑与确证。

马克思曾指出，"对象化和自我确证"② 是现代社会的一组斗争，而在智能社会里，这组斗争在复杂性陡增的同时也敞开了更大的可能空间。数字技术和人工智能的创新发展正在改变自我形塑与确证的真正含义。如果说主体的自我形塑与确证是部分建立在与对象世界的互动上，那么随着技术深入主体的生活经验和结构，主体身份会随着技术创新的展开而改变。社会上的科技发展得越快，主

---

① 欧阳康：《社会认识论导论》，北京师范大学出版社 2017 年版，第 199 页。
② 《马克思恩格斯文集》第 1 卷，人民出版社 2009 年版，第 185 页。

体自我就越会在技术中被重塑。而且这种重塑不是预设的,而是每个人都要适应、调整并设法应对当下社会的智能变革。因此,智能技术不仅仅是一种技术性的外在现象,不只是包围着我们的数字基建和网络平台,还意味着与技术互动的人也能以最亲密和最熟悉的私人方式去体验智能技术,从而获得自我经验。

一般而言,自我的形塑与确证是个体主体通过沉浸在自我-他者的互动经验中而实现。按照精神分析学的说法,我们通过把自己投射到别人身上,同时从别人身上吸取或借鉴来塑造自己。[1] 智能社会中的自我已不是单纯的面对面互动的产物,而是在线互动的产物。在这种情况下,随着数字技术的发展,我们不必诧异可能会出现否认自我身份构建的新阻碍。如雪莉·特克(Sherry Turkle)在《一起孤独》一书中写道:"新设备为自我的新阶段的出现提供了空间,它分裂于屏幕和现实之间,通过技术连接起来。"[2] 人们主要在屏幕上寻求情感上的满足,科技为我们提供了不断扩大的社会联系,让我们比以往更忙碌,但也让我们的情感更枯竭。人们不难感受到,虽然现在每天24小时都保持在线联系,但自己与自己的联系越来越少,也不知道如何与他人进行真诚的交流。不少批评者为这种虚拟自我的病态所困扰。年轻的"数字原住民"(digital n-atives)在智能设备的包围下长大,(门户)主体与数字对象产生联系,只是这种联系并没有丰富自我,反而给当代的社会生活引入了一种"疏离"和"异化"。

然而,这种"疏离"和"异化"的另一面是,认识主体在遭遇新的智能体验时会以不同的方式做出反应,而且反应本身也会不

---

[1] [奥]弗洛伊德:《群体心理学与自我的分析》,熊哲宏等译,载车文博主编《弗洛伊德文集(第6卷):自我与本我》,长春出版社2004年版,第77—81页。

[2] Sherry Turkle, *Alone Together*: *Why We Expect More From Technology and Less From Each Other*, New York: Basic Books, 2011, p. 6.

断更新。认识主体面对数字技术的方式不是单向的自我衰弱过程。不可否认,人们可能会越来越陷入智能结构中,但是应当看到,具有自我意识的人类不会完全盲目地遵循数字媒介的象征形式。认识主体在现实和虚拟的环境之间不断转换,而在转换的同时,会根据不同环境中包含的机会和风险来反思自己的行为。在这一意义上,智能社会里的自我身份特征不是"孤独的",而是"连接的",智能技术扩展了认识主体自我形塑与确证的更多可能。

而且进一步看,数字对象本就是高度个性化(人性化)的作品(创造者、开发者的初衷亦有此意)。智能技术与设备所构筑的空间不是方便认识主体对社会现实的逃避,而是已经成为日常生活的基本背景,认识主体在其中思考和体验着如何在他们所希望拥有的生活和他们所遇到的生活之间进行生活。数字对象提供并回应了主体对自我形塑和确证的渴望,从这个角度来看,数字对象代表着主体可以与更广阔世界进行接触,而不是防御性的自守。

根据克里斯多夫·波拉斯(Christopher Bollas)的说法,人们与世界接触并使用这个世界的对象来赋予他们的身份以生命,每个人都在不知不觉中把生活中的对象赋予了特殊和私人的意义。我们所遇到的和所选择的数字对象,使一种私人的想象成为可能。在日常生活中,我们会不自觉地选择数字对象来表达个人习惯。"当我们遇到对象世界时,我们实质上被对象的结构改变了;被在我们体内留下痕迹的对象内在地转化了。"[1] 表面看,人们每天只是在使用数字对象,但实质上,我们每天都会被特定的对象选择吸引和唤起,因为它们赋予了我们具有习惯意义的自我身份。认识主体总是渴望参与到对世界的表征和概念化之中,因而在智能世界有意无意

---

[1] Christopher Bollas, *Being a Character: Psychoanalysis and Self Experience*, New York: Hill and Wang, 1992, p. 59.

地进行创造性探索。数字对象为门户主体提供了存储、探索、表达情感、焦虑和其他心理冲突的机会,也为个体从新的角度看待自己的生活、研究自身内在复杂性提供了象征形式。

当然,我们强调数字对象之于主体自我形塑与确证的积极一面,并不意味着主体的内在生活会在智能社会"自动地"繁荣起来。相反,在社会的各个层面都可能出现令人不安的病态后果。究其实质,数字对象的复杂性乃至智能社会的不确定性,使得数字化的社会性存在和社会系统难以认识,而突破既有认识极限的过程又是漫长的,是需要时间打磨的。在智能社会里,数字对象随着智能技术的发展而变化。而摆在我们眼前的事实是,社会认识主体的认识能力、水平和素养普遍滞后于技术的发展。但是长远来看,主体不断追求自我完善的过程,实际也是门户主体与数字对象之间互动的成效开始真正显现的过程。在智能社会全面繁荣的情况下,追求真理似乎已经成为一种人人可为却非人人可及的事情。所以,我们必须学会把自己塑造成一个移动的 CPU,一个能够表达不同程度和不同维度素养的认识主体。

三 非人交往(non-human communication): 社会认识中介的新形式

交往在社会认识系统中发挥着中介作用,其功能在于消除认识主体与认识对象之间必然存在的离散状态,从而使二者以间接的方式相互作用。在我们看来,智能社会交往活动的最重要变革发生在日常生活的谈话层面。不仅大量的互联网流量是由机器对机器的通信产生的,而且人对机器的交谈也在显著增加,特别是具有聊天和交谈功能的机器将成为人们生活和工作中的重要组成部分。由人工智能驱动的聊天机器代表了互联网的新应用。聊天机器通过聊天界面执行任务并与用户互动，它们能够自动地进行对话、处理事务和布置工作。机器可以帮助人们管理或整理高度数字化、智能化生活条件下的海量信息流，智能算法在塑造社会秩序方面展现出强大的力量。

传统的社会认识与其说是一个自主的过程，不如说是一个关系形成并起作用的过程，其中"他者"是社会认识活动的基本组成部分。但如果这里的"他者"指的是非人、是机器、是算法、是数据，那么问题在于：这些自动化的交互程序在多大程度上可以起到创造性的转换作用？即认识主体是否可能通过非人交往的方式，以思想和观念的形式去把握对象？

应当说，历史上没有任何一种社会生活形式比如今的高科技智能社会更迷恋认识和创造，智能社会寻找的是具有无限认知力的存在，而聊天机器可以被认为是一种突破传统的理解和产物。大多数情况下，聊天机器遵循一组相对固定的代码，但又不可忽视其自我学习的能力。我们自然有理由认为，自动化服务将成为智能社会生活中至关重要的互动资源。比如，语音助手虽然在操作上很基本，但它们进行的对话与人际对话是类似的，而未来的机器人将越发个性化，聊天机器可能内置与我们有关的一切信息和知识，它们或许会比我们更了解我们自己。

人机对话让社会交往的本质发生了长期的、大规模的转变。正如迪尔德丽·博登（Deirdre Boden）所写，社会性是通过"交谈，交谈，交谈，再交谈"来建构和重构的。[1] 一直以来，面对面交谈是我们交换信息的方式，在这种方式里，人们期待彼此的关注，这

---

[1] Deirdre Boden, *The Business of Talk: Organizations in Action*, London: Polity Press, 1994, p. 82.

是一种"共在"。如今看来,这种规范可能会被彻底解构。聊天机器开创了"社交新规则",它使人们的日常行为融入复杂的、抽象的系统中。安东尼·吉登斯(Anthony Giddens)有言:"现代性的抽象系统为日常生活的延续创造出了较大范围的相对安全。"① 对聊天机器等抽象系统的信任可以为社会组织的日常可靠性提供一种新的安全形式,当我们向聊天机器发出指令,实际都默认了可以通过智能系统来协调和管理日常生活这一事实。可是其中的问题也显而易见,人类谈话的技巧(诸如修辞、停顿、重音、语调、沉默等)能不能被机器语言模仿?进而,社会认识主体通过非人交往所获取的知识存不存在"失真"的可能?

众所周知,人类主体在交际性的对话和互动中表现出相当程度的技巧(如那些只可意会不可言传的技巧)。这种与日常经验形式关联密切的对话很少以一种技术上平稳有序的方式发生。日常对话中充斥着太多的偶然性,甚至在旁人看来支离破碎的谈话也不妨碍交往的双方理解彼此。而内置自然语言处理程序的智能设备则不同,在看似"即时对话"的背后,是机器从一个包含大量代码、脚本以及累积交谈的数据库中提取的过程。布莱恩·克里斯蒂安(Brian Christian)对机器聊天如此说道:"你所得到的回应是贫乏的,不过是之前数不清的谈话片断的拼凑……实际上,用户在和一种真实人的幽灵进行对话,说到底这不过是过去交谈的回音。"② 与其说用户意识到不是在和一个"人"说话,不如说意识到不是在和"一个"人说话。

这里存在的根本问题是,让语言具有精确性的是它在"语境"

---

① [英]安东尼·吉登斯:《现代性与自我认同》,夏璐译,中国人民大学出版社2016年版,第124页。
② Brian Christian, *The Most Human Human: What Artificial Intelligence Teaches Us About Being Alive*, New York: Anchor Books, 2015, p. 25.

中的使用，而这一点恰恰是日常人际交谈和机器语言之间的显著区别。然而，智能机器自我学习和进化更新的能力不容小觑，其在聊天功能上的完善是一个技术问题。如果仅仅从社会存在转换为社会意识这一成果来看，非人交往并不会在根本上影响社会认识主体观念的掌握对象，相反，它还可能会以一种更加规范和有序的形式来促使这一认识的完成。在这种情况下，人类理性思维能力的发展水平与非人交往体系的具体形式以及与智能社会组织方式之间的"共变"①将更加复杂，甚至呈现出相当程度的不平衡性。当然，这并非一个无解的命题，而是需要智能社会结构中的各个环节和要素共同努力去解答，尤其需要社会认识主体自身在变化中坚守住"认识"社会与"改变"社会这一历史使命。

四 结　语

智能社会对我们认识活动的影响是必然的。如今普遍存在的焦虑是，神圣的主体性正在因应用消息的提示音而破碎，捉摸不透的数字对象正在分散认识的聚焦点，不断进化的非人交往正在变更传统的认识路径。但另一方面，智能化同样可以成为社会自我反思的源泉，许多人正在积极地通过智能技术和既定社交形式之间的相互作用来重塑自我身份和社会关系的新形式。智能技术正在改变现代社会，我们无法忽视、自然也无法抵抗这种历史趋势。然而相对于改变而言，对于既定社会的认识与解释是滞后的。或许我们可以且应当在智能社会的境遇里更新或重建一套认识论体系，这一过程的开始仍需立足于主体、对象与交往的结构，三者之间的动态关系决

---

① 欧阳康：《社会认识论导论》，北京师范大学出版社2017年版，第288页。

定了智能化的人类社会的未来发展。这种认识和解释何以可能及如何可能将是理论上需要解决的问题。本文只是在一般性层面讨论智能社会认识论的基本结构与要素，其中的变化和动态还有待进一步展开。

网络信息污染的伦理反思与调控策略

黄露蓉[*]

摘　要： 网络信息技术拓展了人类活动的空间，丰富了人类的日常生活，但由于内在的道德自律不够、外在伦理他律机制不健全等原因，网络虚拟世界呈现出多重伦理困境，主要包括网络信息垃圾污染严重、网络资源分配不公正现象明显、网络世界与现实世界之间价值断裂凸显、网络空间中"人"的价值迷失加剧。我们应该对这些伦理困境保持清醒的自觉意识，并因此摒弃不理性、不负责任的价值态度，主动将网络虚拟世界纳入伦理语境中，对其进行深刻的伦理道德观照，并回归到日常生活世界，锤炼相应的伦理品质，建立相应的伦理机制，积极进行伦理救赎，化解网络虚拟世界面临的伦理困境，从而维护我们共同的网络道德净土。

关键词： 网络信息污染　伦理反思　调控策略

随着人类进入网络时代，网络在人们生活中的影响力与日俱增。作为一种反映现实世界的虚拟空间，如何使网络虚拟世界与人生存的现实世界一样有着相应的内在道德约束而不至于让人为所欲

---

[*] 黄露蓉，重庆邮电大学马克思主义学院研究生。

为？如何保证其内部环境和外部环境不受"污染"？如何促使内部资源和要素能够在集约、协调、平衡和整体发展中实现自由健康流动？人在这种虚拟世界中如何使个性与价值得到彰显？网络社会与现实生活世界如何实现有效衔接和良性互动？这些问题迫使网络虚拟世界必须关注"伦理规范"维度。众所周知，网络从文化属性角度来说，属于科技文化。从人类发展史来看，科技发展与伦理文化的发展是相互统一的关系。科技的发展往往会带来人们思想观念、道德规范的进步与更新。只有加强网络空间的伦理观照，网络才能丰富人的生命，促进人的自由全面发展。否则，网络就会慢慢变成污浊之地，成为人们泄愤、偷窥、消沉、犯罪、制造混乱的"自由场所"。这将会对人的和谐生存与发展带来极大伤害。

一 网络信息污染伦理危机的成因

近年来，网络犯罪、网络暴力、网络审丑、网络谣言等现象四处泛滥，使网络环境遭到严重破坏，引发了诸多伦理道德问题，给人们的日常生活造成了严重的负面影响，这迫使人们不得不将更多眼光投向网络伦理领域，更加关注网络的伦理治理问题，呼唤共同呵护网络道德净土。网络信息污染问题产生的原因复杂多样，既有网络自身特点诱发的信息污染问题，也有传统伦理自身的理论根源，还有网络监控手段不当引发的信息污染问题。

（一）网络自身特点

一方面，网络空间具有开放性的特点。网络空间不是一个封闭的系统，而是一种开放性的时空。这不仅仅是指其在空间上的无限拓展，同时也意味着一种时间上的压缩。互联网以其传播方式的超地域性将地球连接成一个小小的村落。网络是无中心的、开放的，因而将来上网的人会越来越多，在全球性的网络上，任何人都可以通过一台联网的计算机，与整个网络世界、与所有"网民"进行交往。信息可以在网络空间无国家、无地域地传播，人们可以不受时间和空间的限制自由交往，于是，不同的价值取向、思想观念、宗教信仰、风俗习惯和生活方式等在这里不断冲撞与融合。到目前为止，世界上还没有一种传播媒体能够像互联网那样在全世界范围内传播超大容量的信息。互联网是一个空前开放的系统，对其进行控制与管理也就显得异常困难。

另一方面，网络空间具有自由性的特点。在网络时代，人们将不再担心信息的贫乏，令人担忧的倒是大量庞杂无用的乃至有害的信息使人眼花缭乱、无所适从。[①] 当我们畅游在完全开放的、没有中心的网络世界时，发现"无政府""个人至上""绝对自由"等口号充斥其中。因为在网络空间中，人们不必面对面直接打交道，从而摆脱了传统"熟人社会"众多的道德约束。任何人、任何组织都可以在网络上自由自在地冲浪，选择信息，下载、发布信息，也没有严格的新闻审查制度和核查系统，在传统社会中对平面媒体起作用的信息的外在过滤功能也逐渐失效。在网络社会中，谁都没有绝对的发言权，没有谁说了算；但同时谁都有发言权。这样，网络世界就成了一个容许言论真正"自由"的地方。在这里，任何人都可以按照他自己的原则说任何话，做任何事。网络使每个人都可以成为信息的制造者和传播者，其间难免玉石俱存、泥沙俱下。

---

① 李春光：《网络信息污染与技术恐惧的行为调控》，《现代情报》2005年第2期。

（二）传统伦理理论的自身根源

一方面是传统伦理的困惑。建立在传统社会中的道德规范，由于不适应网络运行的新环境，使得传统道德监督和评价受到了网络的冲击，在实践操作上困难重重。一是行为主体的模糊性。任何一种道德都有自己的承载主体，网络伦理作为对人类特定行为的规范，必然首先要确定是对"什么人"的行为进行约束与调整。由于网络环境的虚拟性、网络行为主体的虚拟性、网络交往方式的虚拟性，网络空间成了人类通过数字化方式形成的"虚拟空间"，现实社会中作为行为主体的人们，一言一行要从社会角色出发，考虑自身的身份、地位、尊严等，而在网络这个虚拟的空间中，由于实现了身份的自由，从现实束缚中挣脱了出来，不再是我必须做什么，而是我想如何、我愿如何，网络行为主体变成了一个个"虚幻之我"。现实生活中的各种交往方式都是真实的，并受到各种规范、道德、舆论的监督甚至法律的保护，而在网络这个"虚拟社会"中一切都发生了改变，网络的运行具有"数字化"的特点，人们语言、行为的交往都以数字化的字符在屏幕上传播，我们看到的和听到的形象、图像、文字和声音变成了数字的终端显现，成了数码化的存在。网络空间中人们都躲在了机器背后容易使人们对交流对象的身份和角色的真实性持怀疑态度，认为网上无真言，因而游戏于网上，做出一些有悖于现实社会伦理道德的行为。

另一方面是现实社会道德危机的再现。网络伦理危机的出现并非偶然。互联网作为一种载体和技术支撑，创建了一种全新的生活方式。但是我们也应该看到，它不能脱离现实生活，更不能取代现实生活，只能兼容于现实生活中。因为单纯的网络技术是不可能进行思想交流和社会交往的，网络伦理的主体仍然是现实生活中的人。也就是说，互联网是一个来源于现实社会又与现实社会保持密切联系的世界，人们不仅生活于真实的社会关系中，而且生存于虚拟环境中。网民作为网络世界信息活动的主体，必然会将现实社会的道德问题直接反映到因特网中。人性是丰富而复杂的，在缺失监督和规范的虚拟空间不可避免地复制、放大、翻新现实生活中的种种丑恶行径，导致有悖于现实道德规范的行为产生。因此，网络伦理危机是现实社会生活中人与人、人与社会之间关系在全球化、经济利益多元化、政治多极化等多种冲击中表现出的种种非道德行为在网络空间的再现和延展。

（三）外部因素

一方面，既有法律控制弱化。法律主体难以确定。传统法律要求在知道起诉对象名称的情况下进行起诉，而网络的无中心性以及虚拟性却使网络行为主体难以寻找，任何人、任何法人都可以用非真实的符号上网，屏蔽了主体，造成起诉主体无法成立；网络信息的瞬时性又使得法律上有关证据的收集有一定的难度，法律惩罚难以真正实施。网络法律存在许多"空白地带"。由于网络是一种新生事物，网络信息传播中的问题层出不穷，复杂多样；而法律却相对滞后，只是对一些问题做出反应而很难是预见性的，因而存在着许多"空白地带"。虽然许多相关的政策法规陆续出台，但网络管理滞后问题仍然给网络违规运行留下了巨大的空隙。

另一方面，技术手段软化。技术调控对规范网络信息传播行为有着举足轻重的作用。但是网络技术也常常难以克服自身带来的许多问题。互联网的发展几乎是在无组织的自由状态下进行的，为了方便信息交流的初衷而建立起来的网络结构十分松散，是按一定的协议将不同的计算机连接起来的体系。网络系统容易成为病毒、黑客攻击的目标。网络系统自身的缺陷和漏洞危及网络信息的安全。

二 网络信息污染伦理危机的表现

多种形式的网络信息污染造成网络空间伦理危机。网络作为一种现代技术,为人类实践活动提供了新舞台,拓展了新视域,丰富了人们的日常生活。但与此同时,由于网络空间他律机制不健全、网络主体道德责任缺失等原因,人们在现实世界中出现的伦理观念缺失和道德滑坡现象如同幽灵一般在虚拟世界中重演,从而导致网络虚拟空间面临着资源系统失衡、信息垃圾俯拾皆是、网络主体道德失范、网络主体价值迷失等一系列伦理困境。网络的开放性和虚拟性,使网络在给人们带来信息资源的同时,也带来了信息污染。

一是垃圾信息铺天盖地,成为网络最大的信息污染源。垃圾信息中首当其冲的是垃圾邮件。垃圾邮件主要是指向新闻组或个人的电子信箱发送的未经用户准许、不受用户欢迎的、难以退掉的电子邮件或电子邮件列表。当你打开电子信箱,总会发现容量有限的信箱里"躺"着几封陌生邮件,这些邮件的内容繁多,既有无聊者的空谈,也有恶意骚扰者的邮件病毒;既有邪教迷信的宣传,也有反动言论的煽动,还有不少企业的广告……它们不仅占用了信箱空间,而且还耗费了我们的时间、精力与费用。最让人恼火的是,你刚刚把旧的垃圾邮件清理掉,新的垃圾邮件又会蜂拥而至。"垃圾邮件除了干扰正常信息的传输和使用、耗费用户大量时间、精力和金钱之外,还可能携带危险的网络病毒,防不胜防，造成的破坏日益严重。"①

二是大量有害信息充斥网络，其社会危害性不容忽视。如色情网站规模呈爆炸性增长，色情内容遍及因特网的各个角落，诱使人们堕落的色情陷阱比比皆是；利用互联网传播种族、民族和政治仇恨以及政治谣言等反动内容，严重影响社会的稳定。网上垃圾、无用信息、过时信息、垃圾信息的激增致使信息交通拥挤。不法分子利用互联网传播淫秽黄色信息、散布谣言和恐怖言论等，这不仅有碍网络的纯洁，而且这些有害、虚假信息占用大量宝贵的网络资源，大大降低了网络运行的效率，也使市场经济的"帝王法则"——诚实信用原则受到前所未有的挑战。所有这些，给网民尤其是青少年的成长造成极大的负面影响。尤其值得注意的是，网上有害信息的不良影响已经成为青少年犯罪的重要原因。因此，净化网络环境迫在眉睫。②

三是网民个人隐私受到侵害。为谋取非法利益而有意发布的网络虚假信息的数量及影响难以控制，严重污染网络空间，导致人们之间的信任危机。一些供应商利用网络来坑害消费者，一些不法之徒也利用网络来蒙骗供应商，使电子商务这一新生事物的发展受到极大影响。网民个人隐私受到侵犯。网络与人们的日常生活日益密切，由于计费和网络安全的需要，人们不得不向网络提供许多包含个人隐私信息在内的有关资料，而网络又使人们获得他人隐私变得更为容易，这样互联网客观上成为泄露隐私、窥探隐私、侵犯隐私的便利"场所"。网络隐私侵权的危害很大，对个人而言，正常的生活受到干扰，个人的自由受到限制，尊严受到践踏，甚至可能危及个人人身安全。对网络本身发展而言，网络隐私侵害会影响人们

---

① 刘传良：《网络信息活动失范及其调控策略刍议》，《河南机电高等专科学校学报》2006年第1期。

② 张怡、叶军：《论网络伦理与网络空间的营造》，《图书馆学研究》2000年第5期。

参与网络生活的积极性，使得网络化的进程受到阻碍。对此，世界各国都在积极探索网络中隐私权保护的对策，但从实际情况来看，其还远远不足以规范人们的网络行为。在这种情况下，切实保护网络中的个人隐私权，已经成为新世纪必须要解决的重大伦理问题。

三　网络信息污染伦理危机的调控策略

网络技术在推动人类社会进步的同时，由于网络行为的失范，引发了网络伦理危机。作为一个复杂的社会问题，网络伦理危机需要社会各方面共同努力加以解决。针对网络虚拟世界面临的伦理困境，我们应该发挥道德哲学的否定批判性功能，借助伦理精神的凝聚与感召以及伦理的自律、他律、教化机制，回归伦理世界，搞好预防、控制和惩治工作，提高全社会对网络伦理危机的"免疫力"，将网络伦理危机的损害降到最低，使之不影响人们日常生活中的价值判断和道德评判，不影响政治决策的实施，不影响社会的稳定与团结，从而慢慢消解网络伦理困境引发的道德焦虑。

第一，发挥社会主义核心价值体系的引领作用。"现实生活中公民道德水平的提高是应对网络伦理危机的基础，因此，网络道德重塑必须植根于现实社会的道德建设，利用既有道德的一般原则培养网络道德的生成、运行机制和网络道德规范体系。"[①] "网络是一种虚拟"共同体、网络文化是社会文化在网络上的延伸、随着人类对网络依赖性的日益增强、社会生活中的各种矛盾现象都会毫无例外地出现在网络社会，因此，有必要在形成网络伦理规范的基础上，按社会生活的方式建立一种健康、积极向上的网络文化，从而

---

① 王景云：《网络伦理危机探析》，《学术交流》2009 年第 7 期。

在更一般、更综合意义的基础上维系网络社会的方方面面，保证网络社会的正常运行，以满足人类对网络信息的各种需求。

第二，加强网络伦理道德规范建设。网络虚拟世界的行为同现实社会一样，需要道德规范和原则加以约束，而传统的道德规范在这里失去了应有的力量。世界上很多国家纷纷研究并制定了一系列网络道德规范。在网络社会中，主要依靠网民的道德自律来约束行为，外在的社会舆论和传统习惯几乎失去了作用。因此，要以喜闻乐见的形式，有针对性地对网络主体进行网络道德教育，强化网民自身的道德修养；要充分发挥社会教育、学校教育、家庭教育的合力作用，营造良好的网络文明环境，鞭策不道德行为，消除网络的负面影响，树立自身的道德责任感，使网民的道德人格得到提升，从而养成较强的主体自觉性，在无人监督的情境中做到"慎独"。

第三，有效地实施网络监控。一方面，互联网的发展需要网络立法。"互联网行业管理者要不断健全互联网政策法规，加强对互联网行业的监管，同时也要提倡行业自律。"[1] 从某种意义上说，网络主体责任意识的觉醒，是主动承担应尽责任的关键。网络主体责任伦理教育应注重层次性和阶段性，针对不同的网络群体应采取不同的教育方式。如对大学生而言，应将网络责任与大学生活以及就业结合起来；而对社区公民而言，应将网络责任与社会行为和风尚结合起来。通过这种教育方式，使网络主体在网络世界中永远保持高度价值自觉，从而避免陷入网络围城，成为网络的"奴隶"。与此同时，要建立立体化的责任教育网络，充分利用和整合教育资源，构建学校、家庭和社会相互配合的教育网络，从小培养公民的责任意识，培育尽责、担当、仁爱的责任价值观，使公民在使用网

---

[1] 刘志刚：《当代大学生网络伦理危机探析》，《江苏大学学报》（高教研究版）2005 年第 1 期。

络的过程中一直受到责任伦理的潜移默化影响。另一方面，依靠先进的计算机和网络技术，编制截堵有害信息的软件程序，在一定范围内控制网上不良行为。制定网络规则，约束网络行为，通过计算机机构和网络组织为成员制定一系列相应的规则，这些规则要涉及网络行为的方方面面，如电子邮件的语言格式、通信网络协议、匿名邮件传输协议等如电子邮件的语言格式、通信网络协议、匿名邮件传输协议等，应该指明"应该"或"不应该"的网络行为类型。发挥这些网络伦理规范和行为认同的普遍性，使人在进入网络和使用网络服务器时有较明确的规则，在尊重知识产权和他人隐私权以及建立正确的网络伦理和道德标准方面发挥明显的作用。

第四，关注青少年网络道德教育。青少年已成为网络社会的主要力量，与此相适应，青少年网络道德教育应成为网络伦理建设的重中之重。只有结合青少年的身心特点，结合网络道德的特点，注重人文关怀，才是富有成效的教育。学校、家庭、社会要联合打造有利于青少年树立正确价值观的网络环境。可以通过社区网络实践竞赛、校园网络宣传周、网络文明行为与网络安全知识竞赛等形式，提升青少年参与网络伦理建设的积极性。学校必须在培养学生计算机及网络技术能力的同时，进行网络伦理教育，以渗透的方式教育学生自觉遵守与信息活动有关的道德、法律、法规，促进学生健全的人格发展；通过"思想品德课"等课堂教学，介绍高科技运用的价值观、网络礼仪、网络法规、网络政策，讲解网络文化中的个人价值，引导学生正确认识网络生活与个人成长的和谐关系，帮助学生树立正确的网络伦理价值观；积极开展丰富多彩的社会实践活动，鼓励学生参与网络生活，关注学生的网络生活经验，提高学生的网络道德认知能力，强化学生的良好道德情感，增强学生践履道德行为的信心，使学生树立道德自律意识，并做出正确的道德选择。

第五，加强网络伦理的理论研究与实践探讨。现有网络伦理自身存在理论悖谬。网络伦理建设的目的在于营造诚信、公平、真实和平等一致的网络环境和网络秩序。然而，网络技术的强者是掌握和控制信息的群体而不占有信息的群体则往往是网络技术的弱者，现有的网络伦理规范往往令前者受益，因此即便制定网络伦理规范的目的或动机如何得到足够的改善，但实际的效果仍值得怀疑。网络伦理是要建立良好的网络秩序，用网络伦理所推崇的知识产权、隐私权和秘密信息的保护为积极鼓励来加强对不道德行为的禁止。然而，重要的是，在使网络伦理规范合乎实际的同时，更要使网络伦理规范深入人心，这要求网络主体对自身的道德责任有发自内心的认同，同时也能感到外界对遵守各种网络道德规范的无所不在的强大压力，甚至违约责任。因此，有必要将加入网络视为一种资格，为获取此种资格，网络主体必须做出遵守相应网络伦理规范的承诺，它甚至是一种置于法律规范前提下的契约式承诺。在此前提下，网络行为主体将不得不把伦理规范和网络技术一起加以学习和掌握，从而自觉地培养出网络公德意识和规则意识。

大数据背景下生态治理现代化的实施建议

——以福建省生态云平台为例

叶 燕[*]

摘 要：当前，生态治理现代化离不开大数据技术手段的支持。生态治理现代化助力人与自然生命共同体的构建，是创新科技与环境治理相融合的现代化，也是国家治理与绿色发展协调共进的现代化。福建省生态云平台坚持数据融合共享，建设生态环境大数据平台，有效提升当地政府的科学化决策水平、精确化监管水平和高效化服务水平，给予大数据应用于生态治理现代化的启示：一是要坚持数据融合共享；二是要发挥创新精神；三是要积极打造生态环境大数据平台。

关键词：云平台 大数据 生态治理现代化

---

[*] 叶燕，中共四川省委党校研究生。

一 加强大数据技术应用于生态治理的必要性

作为一种数据集合，大数据具备容量大、类型多、存取速度快、应用价值高的主要特征，是信息化时代发展的必经之路。当前，我国正处于"两个大局"——"中华民族伟大复兴的战略全局和世界百年未有之大变局"[①]的重要战略时期，正处于"数据智能化"和"治理现代化"的交融交汇阶段，大数据、云计算、人工智能、5G 信息技术等科技力量不断涌现，在这样的背景下，国家治理进程中运用大数据技术手段成为不可逆转的趋势，运用数据决策、治理、服务是生态治理现代化的必经之路。

（一）政策性因素

目前关于大数据应用于生态环境治理的说法就政策角度可以追溯到 2015 年 7 月国务院发布的《积极推进"互联网＋"行动指导意见》，该《意见》指出以互联网为基础设施和创新要素，将其融入生态文明建设，辅之以资源环境动态监测，实现生态环境数据互联互通和开放共享，构建面向循环经济的绿色发展新模式。其后，2015 年 9 月国务院发布了《促进大数据发展行动纲要》，该纲要强调，加快大数据部署和深化大数据应用已经成为推动政府治理能力现代化的内在需要和必然选择，强调了大数据技术的应用开发，数据的融合共享，数据要与治理现代化相结合。

国务院生态环境部响应国家号召，在 2016 年 3 月发布了生态

---

① 《习近平谈治国理政》第 3 卷，外文出版社 2020 年版，第 77 页。

环境大数据建设总体方案,指出要建设生态环境大数据平台,总体架构为"一个机制、两套体系、三个平台",这是"十三五"环境信息化建设的起点。"一个机制"即生态环境大数据管理工作机制,"两套体系"即组织保障和标准规范体系、统一运维和信息安全体系,"三个平台"即大数据环保云平台、大数据管理平台和大数据应用平台。这些政策文件均释放出一个信号,那就是需要将大数据应用于生态治理领域中,提高生态治理信息化水平,从而为生态治理现代化的实现提供信息化支撑。

(二) 内生性因素

生态治理现代化,是人与自然和谐共生的现代化,是创新科技与环境治理相融合的现代化,是国家治理与绿色发展协调共进的现代化,助力于人与自然生命共同体的构建。大数据背景下,生态治理现代化的发展离不开当下大数据技术的支撑,科学技术也是一种生产力,积极有效地运用新兴科学技术手段,可以高效率地推动生态治理现代化的发展。

传统的生态治理方式无法满足现阶段生态治理现代化的要求。现阶段,生态治理现代化需要体现出智慧性、智能性。如同金融行业的智能投顾一样,运用大数据分析为客户提供投资决策的智能化意见,对于生态行业而言同样需要生态领域的"智能投顾"。政府在治理生态环境时,采用基于生态环境大数据的分析结果为决策提供科学支持,有助于提升政府的治理效率和水平,减少政府决策的时间成本,使当地政府在与过去同样的时间段里充分发挥主观能动性和创造性,结合大数据技术分析手段,决策出更有优势、更有成效的治理方案。

二 福建省借用大数据引领生态治理转型

运用大数据引领生态治理转型，是新时代生态文明建设的一个亮点。福建省生态治理顺应数据化发展潮流，打造生态云平台为全省生态文明建设提供数据支持。根据福建省2019年生态环境状况公报可知，全省生态环境质量继续保持在优良水平，森林覆盖率达66.8%，继续保持全国首位；全省12条主要流域Ⅰ类—Ⅲ类水质比例96.5%，比全国平均水平高21.6个百分点；县级及以上集中式生活饮用水水源地水质达标率100%；9市1区城市空气质量平均达标天数比例98.3%，比全国平均水平高16.3个百分点。[①] 这些数据均表明福建省在生态治理领域展现出比较高的水平，生态治理效果非常好。

（一）福建省生态环境信息化建设情况

福建省生态云平台2016年7月平台开始建设，2018年初全面建成并投入试运行。梳理2016年至2019年福建省环境状况公报，就环境信息化建设版块，有以下发展进程。

1. 2016年：建设基础期

建设全省环保数据资源中心，完成水、大气、核与辐射在线监控及污染源监管等28个业务系统的整合共享工作，建立"一企一档"数据库；新建环评审批、信访投诉、大气环境质量管理、移动办公等信息化系统；组织建设"环保专网"县级局域网，升级改造

---

① 数据来源于2019年福建省生态环境状况公报。

全省视频会议系统，提高信息化基础能力；完成生态环境大数据平台研究设计和建设的前期工作，将按照"一中心、一平台、两类应用、两支撑"的总体架构，构建覆盖省、市、县三级的生态环境大数据平台和应用体系。①

2. 2017年：初步建成期

重点建设了生态环境数据资源中心、生态环境大数据支撑平台和水、大气、土壤、污染源精细化监管、环境应急、环境监测质量管控等14项大数据及重点业务应用系统，初步构建环境监测、环境监管、公众服务三大信息化支撑体系，是全国首个省级生态环境大数据平台。截至2017年底，已经汇聚了环保系统和省直相关单位及互联网数据107类8亿余条，开发对外服务接口200余个，为实现环境决策科学化、监管精准化、服务高效化提供信息化支撑。②

3. 2018年：建设完成期

福建省生态云平台实现省、市、县三级"共建、共享、共用"。根据2018年福建省生态环境状况公报可知，截至2018年底，生态云平台共汇聚了环保系统和省直相关单位及互联网数据126类90多亿条430T，开发对外服务接口212个。③

4. 2019年：完善提升期

截至2019年底，生态云平台共汇聚生态环境系统和省直相关单位及互联网数据132类93.5亿多条840T，开发对外服务接口436个，④为实现生态环境决策科学化、监管精准化、服务高效化提供信息化支撑。

---

① 数据来源于2016年福建省生态环境状况公报。
② 数据来源于2017年福建省生态环境状况公报。
③ 数据来源于2018年福建省生态环境状况公报。
④ 数据来源于2019年福建省生态环境状况公报。

（二）福建省生态云平台的优势

1. 科学化决策优势

生态环境数据资源是政府生态领域决策科学化的基础，在一定程度上反映出一个地区经济社会发展水平和发展方式，是衡量该地区产业布局结构、生态环保意识和责任的一个重要标志。根据生态环境数据的智能分析结论，当地政府可以将其作为推进生态文明建设和绿色发展的重要决策依据。

从系统规划来看，福建省生态云平台的数据处理层有两个部分：环保推进引擎和常规大数据处理。常规大数据处理的功能是为上层及推荐引擎的数据统计、数据分析、数据预警、数据挖掘提供支撑平台。而环保推荐引擎旨在完成数据挖掘与专题分析任务，为上层提供判定结果。福建省生态云平台在数据层面分为核辐射专题、碳排放大数据专题、温室气体排放专题以及基础数据源（企业能源消耗、工业能源消耗、交通能源消耗、居民生活消耗和其他排放数据），根据不同的专题，形成各种分析的专题数据库。在进行生态治理决策时，可以根据各个相关专题的分析结果整合起来进行综合考量，且所有的数据都有相应的对接来源，方便掌握数据的准确性，节省了传统生态治理方式的时间成本，有利于决策的科学性考量。

2. 精确化监管优势

福建省生态云平台运用大数据技术将各种生态数据资源整合起来，积极调动各方力量，对生态环境进行高效协同的多元治理。通过平台对生态环境数据的分析，有利于当地政府为强化环境监管找准发力点，同时可以具有针对性地制定监管制度和监管规范。

其监管的精确化体现在以下几个方面。

第一，精确化使用。在平台监管层面，不同类别的用户有不同的监管场景。在福建省生态云平台的规划设计说明中，不同的用户具有不同的监管使用场景。比如对于生态环保的领导而言，其可以用大屏查看全局实时信息情况，以及核辐射大气实况，查看相关汇总报表，指挥环境突发事件处理；对于生态环保专家而言，其可以使用多级分析报告，生成各类分析结果，导入环保知识库，搜索各类数据；对于生态环保工作者而言，其可以输入各类数据，依据决策系统认领分发任务；普通市民可以订阅环保信息，上传个人采集数据。

第二，精确化管控。福建省生态云平台可以通过云端自动识别预警、热点网格、走向分析等，分地市精准确定污染企业名单并进行精细管控。当地政府可以通过生态云平台和资源卫星技术等排查疑似问题，划分网格单元，同时融合企业、生态环境监管人员、专家和第三方等力量形成网格队伍，延伸监管条线末梢，形成全覆盖、反应及时、响应高效的监管网络。统计显示，2019年，福建省收集处理各类环境监管线索9.7万多条[①]。同时，建立一个360度数字化图库，对一些工业园区和重点监管企业进行侧写，实时视频管控排污口和风险点等，将数据实时联网上传。

3. 高效化服务优势

生态云平台可以大大降低政府的时间成本，提高政府的服务效率，具有服务的高效化优势。平台可以列出企业主体责任清单，帮助企业健全环境管理档案，自动归集环境行为数据，执行绿色信贷联动等信用奖惩，让企业自己管理自己、自己约束自己，有利于形成企业之间的良性互动。同时，平台加强环境信息公开，畅通公众监督渠道，开发福建环境App，鼓励公众及时反映各类生态环境违

---

① 数据来源于2019年福建省生态环境状况公报。

法行为；建立信访举报回访制度，引导公众利用云平台进行评价建议，参与生态环境保护；建立搜索引擎，实时查询、汇聚各类生态环境信息等。这些功能和措施均为生态云平台的服务水平提供了支持，使得福建省生态云平台具有高效化服务的优势。

三 大数据应用于生态治理现代化的建议

（一）坚持数据融合共享

"大数据时代的国家生态治理，既需要高屋建瓴的视野，也离不开前沿技术的支撑。大数据能否带来智慧，关键在于对多种数据源的集成与融合。"[1] 也就是说，打造生态环境大数据平台，需要有多种生态数据源的集成和融合，生态环境数据的融合共享非常重要。福建省生态云平台就是将生态环境数据全汇聚起来，实时动态抓取监测数据、应用系统使用数据和互联网数据等，将其汇聚在一起实时上传，为之后的数据分析奠定广泛的数据基础。

坚持数据的融合共享，可以使数据发挥"1+1>2"的效果。生态环境大数据的整合利用，对当下生态治理走向现代化意义重大。但不可否认的是，"数据孤岛"现象仍制约着数据共享的融合和利用。当地政府可以通过整合生态环境各方面的数据，挖掘数据之间的关联性，不断完善共享机制和平台；也可以明确数据化服务目标，建立有效的服务机制，推动数据技术与生态治理深度融合。

---

[1] 孙荣：《国家生态治理现代化的云端思维》，《情报科学》2017年第7期。

(二) 发挥创新精神

现代化的发展离不开科技,科技的发展离不开创新。党的十九届五中全会指出:"坚持创新在我国现代化建设中的核心地位,把科技自立自强作为国家发展的战略支撑。"[①] 国家治理现代化进程离不开创新的支撑,绿色生态作为国家治理现代化的其中一个方面,同样离不开创新精神的支撑作用。

创新是一种内生动力。福建省生态云平台的建设就是利用了大数据时代的机遇,从科技创新的角度,将生态治理的实际操作与大数据分析的科技智慧相融合。大数据时代,生态治理实现现代化需要发挥创新精神。充分利用大数据的特征优势,加快构建符合地方实际的生态大数据平台,为当地政府科学决策、精准监管、高效服务提供信息化支撑。

(三) 积极打造生态云平台

大数据技术应用于生态治理已经成为不可逆转的趋势。在大数据时代,地方政府需要积极打造符合地方需要的生态环境大数据平台,以提升当地政府的服务水平、决策水平和监管水平。地方政府可以根据当地实际情况进行生态环境大数据平台规划设计,完成基础平台的搭建和数据接口的开发,形成一个生态环境大数据中心,并展现基于大数据的生态环境数据智能化收集、智能化核算分析、智能化发布和智能化监管体系的面貌。

---

① 《中共中央关于制定国民经济和社会发展第十四个五年规划和二〇三五年远景目标的建议》,《人民日报》2020年11月4日第1版。

例如福建省生态云平台。首先，通过可测量、可核查的生态环境数据，为福建省的生态环境现状评估、趋势预测、潜力分析、目标制定与跟踪，提供决策服务。其次，形成智能化的生态环境采集、核算、分析、发布、监管体系，构建科学合理的低生态环境辅助决策与管理体系，为政府及相关部门开展生态环境监管和科学决策提供支持，实现对生态环境城市建设管理机制的创新，在全国范围内形成良好的示范作用和推广价值。再次，实现对生态环境重点污染源、生态环境动态变化的有效监管，并为建设生态环境交易市场体系奠定基础。最后，通过对资源利用的统一精确管理，辅助政府精细化决策，提升资源合理利用的效果，从而改善环境，提高居民生活环境的质量。

民族地区智慧城市建设及路径探析
——以青海省玉树市为例

郑昊霖 陈璐鹏[*]

摘 要： 在我国智慧城市建设的热潮下，民族地区在城市建设上也应抓住机遇，利用好大数据、信息化平台等现代技术，促进自身的建设和发展。青海省玉树市在经历地震之后，抓住机遇，成为西北民族地区较早一批提出"建设智慧城市"口号的城市。在智慧城市建设的过程中，需要不断地克服原有的发展窘境和动力不足等问题，从转变经济模式、强化配套设施、提升市民素质、发挥区域优势上下功夫，从而实现用科技为民众服务。

关键词： 智慧城市 玉树 青藏高原

现代社会是一个知识融合和信息爆炸的时代，随着全球信息技术的飞速发展和中国城市化进程的深入推进，城市信息化特别是智慧城市将成为城市发展的主题。[①] 智慧城市是人工与智能的结合，是新一代信息技术变革的产物，也是一种新的城市发展理念和形

---

[*] 郑昊霖，青海民族大学研究生。陈璐鹏，青海民族大学研究生。
[①] 徐静、谭章禄：《智慧城市框架与实践》，电子工业出版社2014年版，第3页。

态，其本质是在现代科技的助推下，提高城市的管理和服务水平，推动科技创新和产业发展，进而实现人民生活水平的不断提升。科学技术的飞速发展促进了城市的发展和城市治理体系的不断完善。在城市发展的过程中，各种"城市病"也随之而来，如环境污染、交通拥堵等，这些问题需要运用科学技术来解决。

一 玉树市智慧城市的发展背景及建设现状

青海省玉树藏族自治州（简称"玉树州"）地处青藏高原腹地，地势南北高、中间低，西高东低，气候特征为高寒性气候，全州总面积26.7万平方千米，下辖1市5县。藏学界认为，藏语中"玉树"一词意为玉氏部落，本为部落名称，其中"玉"为藏语"ཡུལ"之音译，可能是该部落第一代头人之名称，"树"为藏语"ཤུལ"，有遗址、后人之意，此处应理解为后人。"玉树"既是地名，又是一个民族地方政权的名称。[①]"玉树州"是整体自治州之名称，"玉树县"为州下辖行政县的名称，在地震之后，玉树县于2013年经国务院批准更名为玉树市，为县级市。

（一）灾后功能定位与政策要求

玉树市原本是玉树州的一个小县城，东西狭长，南北较窄。2010年4月14日，玉树州发生地震，最高震级达7.1级，震中区域便是玉树县城附近。震后的玉树满目疮痍，所有公共设施近乎报

[①] 桑丁才仁：《玉树藏文名称辨析——兼论玉树名称之由来》，《中国藏学》2005年第1期。

废,人民财产受到了极大的损失(详见表1)。

表1　　　　　　　　　　玉树县受灾情况一览

地点	具体乡/镇	受灾人数	灾害面积（平方公里）	受灾程度
玉树县	结古镇	106642	992	极重灾区
玉树县	隆宝镇、仲达乡、安冲乡、巴塘乡	46910	7030	重灾区
玉树县	上拉秀乡、下拉秀镇、小苏莽乡	69624	22423	一般灾区
合计	8个乡镇	223176	30445	—

面对这种情况,国务院印发了《玉树地震灾后恢复重建总体规划》,该文件着力解决灾后重建工作,明确指出要将玉树县建设成为"高原生态型商贸旅游城市、三江源地区的中心城市、青海藏区城乡一体发展的先行地区"。在党的领导与政府的政策、资金的有力扶持,以及全国各地的关心和帮助下,玉树县得到恢复和发展。悠久的藏传佛教文化和现代化的城市规划建设,使得玉树一跃成为青海省内独具特色的现代高原旅游城市。2013年,玉树县撤县设市,从原来的小县城一跃成为具有现代化气息的高原特色城市,人民的生活水平也得到提升。2015年,玉树市的灾后重建工作基本完成,但该地区依旧面临着生态环境脆弱、缺乏资源供给、公共基础设施不完善等问题。在这种情况下,为解决城市发展动力不足的问题,玉树市委、市政府提出建设"智慧城市"的规划。

（二）依托平台助推智慧城市建设

城市的智能化水平是城市发展水平与核心竞争力的重要体现。习近平总书记在浙江考察时强调:"运用大数据、云计算、区块链、人工智能等前沿技术推动城市管理手段、管理模式、管理理念创新，从数字化到智能化再到智慧化，让城市治理能力与治理水平现代化的提高更快。"智慧城市利用现代信息技术、智能技术提高政府的治理能力，根据群众需求提供更加精准的服务，从而满足人民日益增长的美好生活的需要。[①] 智慧城市的实现和运作，离不开现代技术平台的支持。因此，各地政府要充分利用智慧的手段建设城市，以智慧的理念管理城市，以智慧的方式发展城市，从而使城市实现健康可持续发展。玉树市在提出建设"智慧城市"理念之后，便开始在线上与线下联动方面下功夫，最大限度地发挥城市资源效能、提升政府的公共服务能力。同时，玉树市以便捷群众生产生活为落脚点，开发社会治理、公共服务等应用程序，实现"前端让政务服务最优化，中端让城市管理精细化，末端让数据智能化"，从而做到让信息"多跑路"，让群众"少跑腿"的智慧城市管理目标。近年来，玉树市智慧城市管理服务中心聚力城市数字网络化管理模式，依托中心三大平台，树立四个理念，及时对城市基础设施、基础环境、生产生活等进行数字化、信息化的实时处理，实现了城市功能系统与城市硬件设施以及城市居民的协同联动和无缝对接。[②]

（三）惠民服务系统化、便利化、精细化

博伊德·科恩博士认为，智慧城市是借助信息通信技术来更加智能和有效地利用资源，从而降低成本、节约能源，提高服务水平和生活质量，减少环境污染，为城市装上整体性的神经系统，能够

[①] 陈德权、王欢、温祖卿：《我国智慧城市建设中的顶层设计问题研究》，《电子政务》2017年第10期。

[②] 玉树市智慧城市管理服务中心：《大数据促发展，建设高原玉树特色智慧城市——玉树建设特色智慧城市经验分享》，《工程建设标准化》2020年第4期。

使城市以人的智慧作为支撑，高效地运转，更好地为民众服务。当前，开放、协同、服务、创新成为现代城市发展的内在要求，也是现代城市治理的重要特征。智慧城市正是先进技术手段与现代城市发展需求之间双向互动发展、螺旋式上升的过程与结果。这一过程与结果主要体现在用新一代信息技术不断提升现代城市治理水平，充分发挥智慧城市在现代城市这一复杂庞大的系统内解决问题、转型提升、创新发展、提供示范等的综合效能。简单来讲，智慧城市是将人的智慧与先进的科技相结合，实现社会新的发展和进步，从而更好地为人服务。玉树市智慧城市管理服务中心通过综合施策提供惠民服务，提升群众的幸福感和获得感。

城市管理与公共服务方面：通过整合玉树市各路段、街道和小区的监控，初步实现全天候、不间断、非接触、全自动的社会管理服务模式。针对突发情况，不同区域有自己专属的网格员将事件及时上报，每个事件都具备相应的定位功能，通过核实资料，由呼叫中心、指挥中心和决策中心共同发力，实现城市管理的精细化、网格化和高效化。

便民服务方面：通过建立智慧便民手机App，完善12345政府综合服务热线，设立一键通救助服务、智慧小区建设工程等一系列措施，让智能服务以老百姓的需求为导向，让智能手机"走群众路线，当众人眼睛"。

政府服务方面：依托中心数据，通过促进各种数据互联互通，实现各项数据和服务的线上办理和线上服务，从而提升办事效率，降低办事成本。

城市社会治理方面：（1）推进生态管理点对点视频互动管理模式，牢固树立"绿水青山就是金山银山"的发展理念，实时监测各项自然动态，初步实现了区域生态管控；（2）推进健康预警服务，努力缩小监管半径、消除监管盲区、及时发现和处理食品药品的安全问题；(3) 面对突发事件，利用线上平台多方联动，及时迅速地做出响应。不断完善玉树市地质灾害监测预警数字示范公共服务平台，建立必要的软件和硬件设施，建立综合治理防控体系，提升城市对突发性地质灾害的预警和处置能力。

(四) 建筑风格注重民俗传统与现代化相结合

玉树市民族文化底蕴深厚、宗教信仰影响广泛，地域文化具有丰富多样、开放兼容、和谐共生性等特征。地震不仅对当地居民的生命和财产造成巨大损害，也对当地的文化遗产造成了巨大破坏。玉树市有特殊的民族、宗教文化，在重建规划工作中不仅要正确认识这些特殊性，还要尊重和维护特殊性。在玉树市重建过程中，不仅要加入现代化城市的元素，更需要对民俗传统做到有机结合。为了更好、更准确地延续地方民俗传统文化，对当地藏传佛教文化做到尊重、保护和发扬，玉树市在重建规划中，积极与当地民俗专家进行研究和讨论，确保重建工作的合理有效。由于玉树地区地处偏远，情况特殊，中华人民共和国成立后，其社会形态是由半农奴半封建社会直接转变为社会主义社会，虽然社会形态发生了变化，但是其土地制度一直没有改革。当地的土地除国有、集体所有之外，还有很多人的土地是祖传的，土地性质便是"私有"。因此，在地震前，结古镇78.63%的居民是院落式房屋，2010年8月发布的《玉树州结古镇灾后重建权益处置规定》中，基本原则第三条便是"坚持土地公有制"，以建立起一种新的土地管理模式，对工作流程也进行了重新规划。此外，规划组还通过自下而上地广泛征求和采纳群众意愿，使规划方案最大限度地维护民众利益，最终建成了"民族特色、地域风貌、时代特征"相结合的符合本地居民意愿的新家园。

二 玉树智慧城市建设中存在问题及困境

(一) 自然条件制约，先天发展不足

一般而言，地理位置、气候条件、自然资源都是促成城市建设和发展的重要先天因素，这些可以有效地吸引人才，聚集资本，而自然资源匮乏或长期难以利用的地区，其城市化水平总是落后于资源丰富或基础条件较好的地区。①

受自然条件的制约，玉树市智慧城市基础建设和发展条件极为艰苦，特殊的自然条件决定了玉树市智慧城市建设的艰巨性、复杂性和特殊性（详见图1）。

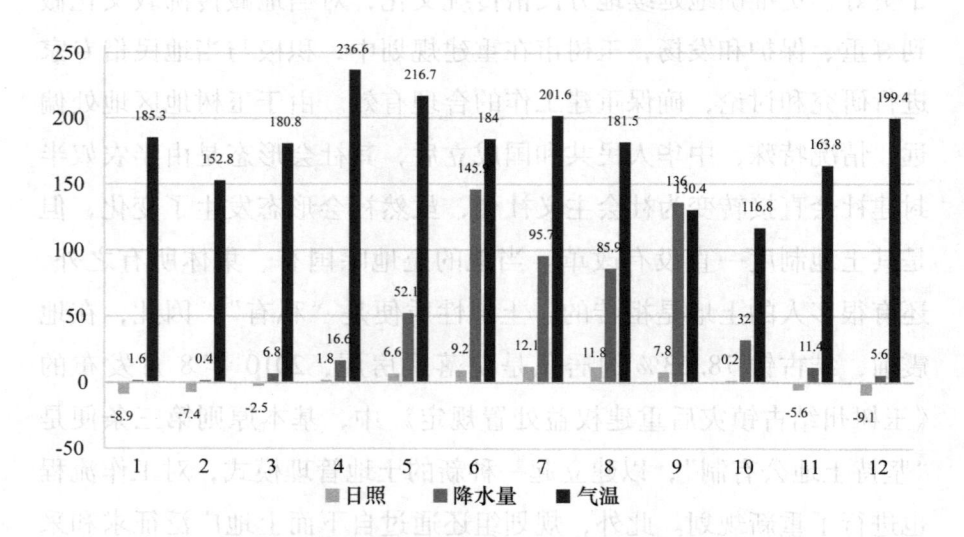

图1 玉树市月平均日照时数、降水量、气温

---

① 丁悦：《高海拔地区建设生态旅游城市的态势分析——以青海玉树州为例》，《青海民族大学学报》（社会科学版）2013年第1期。

玉树市境内平均海拔4000米以上，一年中的寒冷周期持续近8个月，大雪、冰雹、低温、干旱、霜冻等自然灾害频繁，空气含氧量极低，生态环境脆弱，是全国生存环境最恶劣的地区之一。该地区由于高寒低温，空气极度稀薄，生存环境恶劣，人群机体病变率高达98%，人群机体的早衰、早老、早死现象突出，各类机械也容易受到影响，实际功率只能发挥到平原地区的60%左右。建筑工人在此极易疲劳，劳动效率低下，施工效率受到很大阻碍。特别是灾后重建阶段，高寒气候大大延长了可能的施工期，峡谷地形增加了施工难度，这些都给玉树的基础设施建设和智慧城市发展带来了很大挑战。

（二）人才流失严重，不利于城市发展

人才储备是智慧城市建设的重要推力。由实物资本存量增加带来的产量增加，只相当于人力资本存量增加带来产量增加的1/4。随着经济发展，人才需求越来越多样化，高精尖人才尤其是掌握高新技术的人才极为稀少，甚至出现了人才断层现象。在对人才的培养和人才自主选择上，各地马太效应尤其明显。弱势地区培养人才实属不易，加之培养成功后，大多选择更好的平台去发展，这就导致弱势地区人才大量流失。由于缺乏相应财政资金的配套，精英型人才在对弱势地区的选择上就更为慎重，这很大程度上导致了弱势地区在发展和建设智慧城市时陷入了人才引进的恶性循环。

根据表2，截至2018年底，玉树市常住人口为11.4万人。从城乡划分来看，城镇常住人口33839人，占常住人口比重29.68%，乡村常住人口为80161人，占常住人口比重为70.32%。但根据其年内人口变动数据来看，截至2018年底，青海省内迁入玉树市的人口数为1507人，由青海省外迁入玉树市的人数仅为297人。由

玉树市迁出到青海省内的人口数为 1774 人，迁出到青海省外的人口数为 118 人，人口净迁出 88 人。人口的大量迁出也在一定程度上导致了玉树市在智慧城市建设中的人才结构失衡问题的出现。当地公共事业方面的人才跟不上新城市的发展，外来人才进入当地，又需要一定时间去适应和了解当地文化。专业技术型人才无论在数量上和机构上，还是在素质和能力方面都普遍低于全省的平均水平。

表 2　　　　玉树州户籍统计人口数及变动情况（2018 年）

地区			玉树州	玉树市	杂多县	称多县	治多县	囊谦县	曲麻莱县
年末数	总户数		112075	32399	15672	18078	11834	22648	11444
	总人口数	合计	414476	114000	69218	61226	34740	101226	34066
		男	207444	57011	34537	30809	17223	50792	17072
		女	207032	56989	34681	30417	17517	50434	16994
	总人口中	城镇人口	69988	33839	6370	9794	6190	8380	5415
		乡村人口	344488	80161	62848	51432	28550	92846	28651
年内人口变动	出生		9801	2125	2296	941	675	2502	1262
	死亡		3870	800	271	1405	302	694	398
	迁入	省内	2325	1507	141	65	95	451	66
		省外	430	297	28	18	7	47	33
	迁出	省内	2513	1774	52	148	266	198	75
		省外	1288	118	21	35	10	1077	27

（三）"市"与"民"的不相适应，产生新矛盾

随着灾后的新玉树城市的建成，大量周边牧民涌入城市，给城市的发展带来了诸多问题。由于新城市在各项政策和资金的扶持下，整体建设较快，城镇化的速度远超牧民的接受速度。牧民由于长期处于旧有的生产生活方式和思想认知里，面对日新月异的城市

生活，无法做到及时跟上时代步伐，转变心态，转换角色。因此，全面形成市民意识还需要很长的时间。对于新出现的"掌上 App 服务"，各项智能设施，如物联网、共享单车等，也需要一定时间才能接受、学习和运用（详见图 2）。

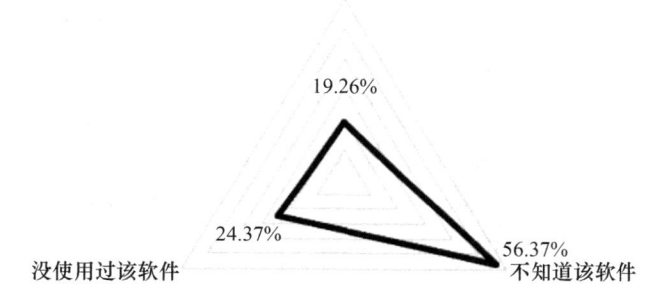

使用过该软件 19.26%
没使用过该软件 24.37%
不知道该软件 56.37%

图 2　玉树市智慧管理服务中心掌上 App 使用率

此外，大量农牧民的涌入，也对新玉树的城市就业容量提出了新的挑战。如何切实有效地解决农牧民生活就业问题，建立起相应的产业支撑，是新城市充分发挥"最大就业容纳器"的必然要求，更是当前亟待解决的社会问题。

由于玉树市的发展和建设依旧处于初级阶段，且地理位置特殊，身处三江源国家生态保护区内，自然条件恶劣，生态环境尤为脆弱。因此，在进行城镇化的同时，环境污染和资源浪费等城镇化过程中易出现的问题也势必对玉树市的自然环境保护提出新的挑战。

（四）财政自给力量不足，基础设施欠账较多

玉树州辖区虽然辽阔，但大都是雪地、高山、沙漠、戈壁等不适宜人居住的地区，地形、气候等自然条件明显处于劣势，不少地方不具备城镇建设的条件，难以快速形成密集且相互呼应的城镇群。因此，其财政自给能力尤为薄弱，大多依靠国家财政补贴及其他收入（详见表3）。

表3　　　　　　　　青海省2018年财政收支情况一览

地区	财政总收入	国家财政补贴及其他收入	地方公共财政预算收入	地方公共财政预算支出	地方公共财政预算收入占收入合计的比重	占支出合计的比重
西宁市	3372887	2443432	929455	2974767	27.6%	31.2%
海东市	2482822	2295498	187324	2160078	7.5%	8.7%
海北州	825694	781294	44400	792951	5.4%	5.6%
黄南州	967312	935703	31609	860416	3.3%	3.6%
海南州	1148351	1043865	104486	1074340	9.1%	9.7%
果洛州	923536	900429	23107	887838	2.5%	2.6%
玉树州	1276569	1255565	21004	1009233	1.6%	2.1%
海西州	1571980	1027199	544781	1381802	34.9%	39.4%

资料来源：本数据来源于青海省财政厅。

根据《青海统计年鉴2018》得知，2018年，玉树州财政总收入为1276569元，而财政补贴及其他收入为1255565元，国家财政补贴占财政总收入的98.35%，地方公共预算财政收入仅为21004元。薄弱的财政自给能力，导致当地的基础设施建设先天性发展迟缓，同时存在底子薄、欠账多、投入缺口大等问题。在这样的条件下，玉树当地的经济发展受到很大程度的制约，经济发展严重滞后又反过来影响和制约该地区的基础设施建设，导致基础设施建设存在"难度大、成本高、见效慢"等问题。这些都制约着该地区的经济发展和城镇化水平。

三 进一步建设玉树市智慧城市的思路及路径

(一) 转变经济发展模式，实现变"劣"为"优"

目前，我国城市化的快速发展，为玉树市加快城市化进程提供了良好的外部条件。城镇化发展规律表明，城市化历程大体可以划分为早期、中期和晚期三个阶段（详见表4）。根据青海省统计局数据显示，2018年，玉树市城镇化率为29.68%，接近中期加速发展阶段。因此，在智慧城市建设的热潮下，玉树市要抓住发展机遇，转变经济发展模式，实现用"科技支撑发展，以创新引领未来"的发展目标。

表4 城市化水平一览

城市化水平	10%至30%	30%至70%	70%以上
	早期阶段	中期阶段	晚期阶段

加快转变经济发展方式须打破思维定式。玉树市之所以经济发展落后，产业发展不足是重要原因之一，这就需要打破思维定式，把不利的因素转换为有利的条件，努力建设高原生态旅游城市。玉树市资源禀赋强、文化悠久，具有丰富的旅游资源和人文资源。由于自然环境的影响，玉树市人口流动少，其原有的自然资源并未被过度开发和破坏，这也使得高原独有的自然风貌得以保存。每年的7—8月份是玉树旅游的黄金季节，这为玉树市打造高原生态旅游城市奠定了基础。转变经济发展方式需科技引领支撑，科技是实现发展的第一生产力，创新是引领发展的第一动力。相关单位应利用

现代科技助推玉树农牧业规模化、规范化、多元化发展。相关单位应通过建立高标准温室大棚项目、特色农产品展销会等促进玉树市畜牧业转型，充分发挥本地区"玉树牦牛""玉树黑青稞""扎什加羊"等优势资源，围绕优化育种、提升产业附加值来促进特色产业升级。相关单位应转变经济发展方式，拓宽推广渠道，通过定点帮扶、对口支援等方式，学习和借鉴其他地区产业发展经验，打造属于自己的"玉树名片"；利用好青洽会、特色农产品展销会等交流平台和"抖音""快手"等网络平台，把本地区的"黑青稞""藏羊""牦牛"等特色农牧产品进行有效推广。

（二）强化配套设施建设，实现筑"巢"引"凤"

党的十九大报告提出"创新，协调，绿色，开放，共享"五大发展理念，落实到具体城市建设上，如何把握和处理好创新智慧与生态旅游之间的关系，是落实中央城市工作会议精神必须面对的问题。建设创新智慧城市和生态旅游城市二者并不矛盾，生态旅游城市需要为旅行者提供衣、食、住、行、游等一系列的服务，智慧城市则是在生态旅游城市建设的基础上为其注入科技的创新力，使其获得新的动力，在原有基础上实现新的飞跃，二者实现的前提都是必须有完善的基础设施保障。

因此，玉树市要加快基础设施建设，做到智慧创新与生态旅游的有机结合，从而提高智慧城市生态旅游的综合服务水平：(1) 完善城镇和景区内部道路网之间的建设，提供便捷的旅游路线；(2) 增强景区的辐射性，完善景区周围的餐饮、娱乐、休闲、购物等场所的建设；(3) 增强住宿环境和周边文创的民俗性，打造符合当地民俗特色的住宿环境和设施；(4) 打造一支高素质、高水准的藏汉双语服务型人才队伍，切实提高服务质量和服务水平；(5) 利用现代科学技术，投放自助式智能一体机，满足不同游客需求。总之，要不断强化配套设施建设，最终实现筑"巢"引"凤"。

（三）加大宣传教育力度，提升当地市民综合素质

智慧城市在互联网、大数据、物联网、云计算等新型信息技术与科技创新思维结合下实现城市全方位的感知、数据化的互联、智能化的服务以及全民参与的协同创新，是继网络城市、数字城市、智能城市后的一种更高形态，将是城市发展的必然趋势。一方面，通过智能化系统和大数据实现城市各领域的全面监测、实时记录和整合分析。在政务、教育、交通、医疗、环境保护、产业发展等各方面做出智能响应，实现人与物、物与物、人与人之间的互联互通；另一方面，新兴科技指向以用户创新、开放创新、协同创新、大众创新为主要特征的可持续创新，营造全民参与、大众创新的社会氛围。

玉树市智慧城市建设能够推进智慧政府和智慧政务的建设，促进政府治理模式和治理能力的现代化，从而更好地为人民服务。但是，在建设智慧城市的进程中，玉树市出现了智慧城市与群众互动不足和难以相互适应的矛盾。其原因是2010年玉树市地震前，该城市的发展和建设比较落后，震后由于国家财政和全国各地的驰援，玉树得以较快地进入智慧城市的建设，高效率的智慧城市建设速度使得原来的农牧民群众一时难以适应新的生产生活方式，从而出现智慧城市与群众难以相互适应的矛盾。

在智慧城市的建设中，市民与政府的互动是极为重要的。通过与市民的互动和市民的反馈，一来可以使市民了解未来玉树市城市建设规划以便更好适应城市化，二来可以推进智慧城市的顺利落成和早日完工。在下一步智慧城市的建设过程中，在相关政策和智能

应用的普及上，要加大宣传教育力度，注重与市民互动交流，聆听市民意见，及时整理和反馈。

要充分发挥社会组织的力量，让它们做政策的解读者和实践者。社会组织有其独特的工作技巧，能够充分发挥政府与市民之间的桥梁作用，尤其在民族地区它们有着丰富的经验和专业的知识技能，能够做到对政策的正确解读和有效宣传，从而实现政策的宣传和智能应用的普及上的多元参与。

要大力培养专项人才，助推智慧城市建设。对待人才，不能仅依靠外来人才的引进，同时也要注意本土人才的培养。鼓励人才进行深造，在录取和选用时对本土人才适当给予政策性倾斜；录用后，及时进行培训和外出交流，不断提升人才综合素质，使本土型人才真正做到"靠得住，留得下，干得好"。

（四）发挥区域特色优势，实现内部"造血"与外部"输血"相结合

"智慧城市"不是一句口号，而是切实为民众服务的一种选择。智慧城市的建设需要因地制宜，在建设过程中可以借鉴和交流成功经验，但是要避免"生搬硬套"和简单的"拿来主义"。每个区域都有其特殊的环境和条件。因此，不同的地区要根据本地的实际情况，因地制宜地发展和建设智慧城市。

玉树市有独特的自然条件和丰富的旅游资源，在智慧城市的建设中，首先要把国家最新政策和自身特色做到有机结合。其次，在公共服务和智能化推行上，除了要考虑生态环境，还需要考虑产业发展、脱贫攻坚以及民俗文化。此外，在整个智慧城市的建设阶段，也要做到与时俱进，发挥本区域的特色优势。智慧城市的实现，外部"输血"是助力，内部"造血"才是根本，要明确玉树

市智慧城市的定位和目标。在国家政策的助推下，努力挖掘本地特色，实现内部"造血"与外部"输血"相结合，让智慧城市发展到新高度。

四 未来高原智慧城市展望

历史经验表明，每一场科技革命都将推动生产力发展和社会各个领域的变革。谁率先赢得了技术革命，谁便占领了世界经济发展的制高点，获得新一轮经济发展的话语权。智慧城市借助新一代的物联网、云计算、决策分析优化等信息技术，将人、商业、运输、通信、水和能源等城市运行的各个核心系统整合起来，使城市以一种更智慧的方式运行，进而创造更美好的城市生活。玉树市的智慧城市建设，毫无疑问地促进了城市的发展和进步。

（一）利用大数据平台对先进科技文化输入

由于先天因素的限制，玉树市各项设施起步较晚，其智慧城市之所以得以成功实施，很大程度上依赖于政策和各项资金的扶持。因此，要抓住机遇，利用好大数据平台，不断学习先进的科学技术，创新发展理念，做到博采众长，因地制宜，最终制定出符合自身特色和发展的智慧城市建设方略。

（二）利用大数据平台推动民俗文化输出

玉树有着丰富的自然资源和历史悠久的民族文化，要利用好建设智慧城市这个契机，把玉树市优秀文化展现到更广阔的舞台上，推进更高层次的繁荣和发展。

（三）凸显智慧城市建设带来的发展优势

在输入与输出中，促进民族团结和文化繁荣。一种文化要想实现繁荣，需要不断地推陈出新，革故鼎新。要利用好大数据平台，在输入与输出中促进民族团结和文化繁荣，不断铸牢中华民族的民族共同体意识，实现民族的大团结、大发展。玉树市民对灾后重建的城市整体是满意的，在今后的发展中，更要注重市民参与，不断挖掘自身特色，不断凸显智慧城市建设带来的新的发展优势。

四

四

附录一

大数据与社会认识论：追本溯源、领域拓展及其实践探索

——"大数据与社会认识论"学术研讨会综述

胡志康[*]

摘　要：大数据作为最新信息科学技术的代表正引发一场技术和思维革命，它给政府部门、产业界和学术界等带来了新的解决方案和发展方向的同时也改变了人们的思维方式，在此背景下对大数据的研究已经成为当今哲学研究尤其是社会认识论研究关注的重点课题。从社会认识论的视角开展大数据的研究应该包括分析探索大数据技术本身和它的哲学意涵、大数据所形塑的社会和以此为思考立足点的社会认识论研究再出发以及对大数据的实践探索等方面。社会认识论与大数据研究的结合实现了对大数据时代社会所特有的活动结构、方式、方法、规律的重新认识，它具有高度的时代性和鲜明的实践导向性。

关键词：大数据　社会认识论　实践

---

[*] 胡志康，华中科技大学哲学学院、国家治理研究院博士研究生。

以大数据、人工智能、云计算为代表的前沿科技在实现传统社会向智能社会转变的同时，也在丰富着我们这个时代的时代精神，马克思主义哲学作为时代精神的精华，必须对这类科技背后深层次的认识问题加以把握，而这也恰恰是社会认识论的任务。在这个背景下，社会认识论一方面是对这类科技本质的认识，另一方面是对这类科技如何形塑和改变整个社会的认识的探讨。因此，将社会认识论与大数据研究结合是我们反思构成人类社会前途命运重要因素的必然要求，也是将人类社会科技最新发展动态和理论实践运用的一次积极尝试，必然会为新时代中国社会的发展提供更坚实的理论基础。

一　追本溯源：大数据技术及其本质

大数据以其独特的算法体系和强大的描述、预测和分析能力，前所未有地改变了世界的认识体系，引发了整个信息技术体系的变革以及人类生存、生活、交往方式乃至世界观的变革。对大数据追本溯源是我们认识大数据的第一步。基于社会认识论的大数据研讨，首先需要强调的是大数据本身作为科学技术所具有的科学意涵，其次需要强调基于哲学尤其是基于社会认识论视角对它的认识，再次我们还应当意识到它作为一种治理技术所引起的国家治理效应与变革。华中科技大学欧阳康教授分别从科技、马克思主义哲学、社会认识论和国家治理四个视角指出：大数据的产生引领了包括人工智能等科技领域的变革并赋予其新的活力；大数据作为现代科学技术成果是马克思主义哲学的一种思想资源并成为其当下的一个研究主题；社会认识论研究已经将与社会、人、认识、价值、政治等相关的几乎所有领域囊括在内，大数据也不例外；大数据能够为国家治理现代化提供更多先进的研究方法，特别是习近平总书记明确提出要把大数据运用到国家治理重点区域。

大数据技术的本质可以从数据世界、算法内核和技术逻辑三个维度进行解读。首先，大数据强调整个世界的可数据化维度。南京大学哲学系蓝江教授通过可说性与可数据化的类比建构了实体－语言－数据的关系，一切实体都可以经由语言（算法语言）实现数据化。实体－语言关系把实体转化为可说之物，而语言－数据关系把实体转化为数据。因此，数据成为今天大数据时代一切实体的存在方式。北京大学哲学系张梧助理教授借助于康德哲学"物自体"与"现象"的范畴与关系表明，现实的个人最终可以成为一种超现实的数据存在，并且这种存在是对前者的反映，也比前者更为"本真"，当然，这里"本真"主要是在批判意义上指明不是"现实人"源于"数据人"，而是"数据人"源于"现实人"。华南理工大学闫坤如教授在概括大数据时代的特征时指出，"万事万物皆可数据化"，这种数据既是一种社会财富，同时也会给人类社会带来一定的风险。她认为大数据时代存在着"数据统计陷阱"，从主客二维角度加以分析表现为主体的主观认识误区和客体的数据有效性、复杂性问题。

其次，大数据强调算法的核心地位，即构成大数据的是算法。中国科学技术大学张贵红博士认为大数据本质上是一种数据密集型科学，它的算法模型为水平建模。对于人们关于大数据建模的因果关系和解释性存在困惑，他认为这是由于因果关系、机制和解释的混淆造成的，大数据旨在确定适合预测和操纵的因果关系，但这种因果关系又缺乏足够的解释性，所以这种以数据为依据的因果关系方法从根本上是有缺陷的，这种因果关系方法应被视为大数据科学的必要非充分方面。长沙理工大学余乃忠教授认为大数据时代并不意味着因果关系不复存在，而是由传统的一一对应关系变成一对多、多对一、多对多等关系。北京大学张梧助理教授从康德哲学中的"先验统觉"概念入手，他提出数据从某个角度看确实使康德哲学从一种思想的主观性变成了一种客观的社会现实，而大数据算法就是"先验统觉"。他接着补充到大数据时代的"先验统觉"是一种幻象，因为这种算法工具不是"先验的"而是"社会的"，在数据分析的"黑箱"之外，目标导向的输入、参数指标的设置、数据模型的建立、数据结果的应用等算法过程是由社会所支配的。

再次，大数据作为一种科学技术，本质上是一种技术逻辑。浙江大学李哲罕研究员从政治学角度对大数据技术逻辑进行了分析，他认为大数据的本质是一种大量的信息资源，而信息资源是否被资本或权力逻辑操控是我们应该关注的重点。他指出在大数据的采集、分析、处理等方面，个人会处于一种劣势地位，在晚期资本主义背景下人们需要依靠国家从而与各种大经济体、跨国企业和资本势力进行对抗。扩展到国家层面，我们需要让全球范围内的权力逻辑和资本逻辑相互制衡，让大数据得到透明规范的应用，从而让发展中国家和欠发达国家避免被大公司资本支配。湖南大学刘光斌教授对大数据技术的社会应用展开了批判，他认为从应用功能上看，大数据的影响是双重的，其在促进社会进步的同时也出现了功能的异化——数据容易被背后的资本操纵；从应用规范上看，大数据给人们带来便利的同时存在着使用的安全隐患，存在合理性合法性问题；从应用伦理来看，数据平台在我们使用数据时重塑了我们生活的意义，数据平台带给我们方便的同时也变相地疏远了人们的关系，对人存在的意义产生了影响。华中科技大学欧阳康教授认为数据的价值在很大的成分上取决于数据技术，数据的技术问题基本上决定了数据的结果，甚至决定着数据价值的正面和负面。数据技术正是一种霸权，虽然技术霸权在整个社会生活中一直存在，但是大数据加剧了这种霸权的影响，因为如果没有强大的技术，再多再全面的数据都无法得到有效的利用。

二 领域扩展：社会认识论研究再出发

当前的社会认识论研究是在一种新的社会形态——智能社会背景下进行的，将大数据纳入社会认识论领域来研究的原因之一就是大数据在形塑我们当下的智能社会具有举足轻重的作用。因此，大数据研究可以看作社会认识论研究领域的一种扩展，也可以看作对原有社会认识的反思与再认识，比如，我们如何认识大数据借助于技术跨越的实现所推动的社会发展，以及伴随这种发展而来的数据本身作为一种财富和资本引起的技术霸权、社会不公平等问题。这样看来，大数据所形塑的社会构成了今天我们思考社会认识论的新的立足点，这也就是社会认识论研究的再出发。这种再出发可以从大数据引起的社会复杂性研究、社会认识研究和社会伦理价值的演变等三个维度加以说明。

首先，关于社会复杂性研究，大数据形塑社会的一个维度是增加整个社会的复杂程度。华中科技大学欧阳康教授从以下四个方面对大数据时代的社会复杂性进行了研究。一是关于社会的本体存在复杂性的问题，这是我们全部研究的前提和基础。大数据构成了一个更加复杂的社会世界，而这个世界无论是从其要素，还是从其关系、结构、运行方式、进化方式，甚至它的隔离、崩溃和灾变都变得越来越复杂。二是社会价值的变化。数据正在变成一种权力和财富，也变成了影响社会公正的一个重要因素。大数据的渗入使得原有的价值体系变得极度复杂，可能会超出我们现有的价值分配体系、社会掌控能力和对大数据的合理应用。三是认识意义的挑战。认识论研究现在面临着在大数据条件下数据的真实性和虚假性的问题，它所提出的挑战可能是前所未有的。四是社会历史的发展运行逻辑。由于以上三个方面的变化，社会的存在、演进方式都发生了巨大的变化，过去我们关注常态逻辑，而现在发现异态逻辑对我们的影响更为严峻。在此背景下，他认为面向复杂数据社会的社会认识研究需要做到：关于社会和整个社会认识论，它的视野需要拓展到与大数据相关的极为复杂的世界；关于研究方式的拓展，我们要能够学习运用大数据的理论和方法来应对已经高度数据化的世界；最后我们需要积极地开展跨学科的研究，我们几乎所有人都需要对自己有一番革命性的改造，才可能真正跨学科。

其次，关于社会认识研究。大数据形塑社会的另一个维度是改变我们的认识方式和认识结构。长沙理工大学余乃忠教授认为大数据时代对人之知其"是"的认识范式进行了颠覆，传统的"实事求是"认识范式发生了根本性翻转，出现了五种新的认识范式：第一种是"非实事"求是，大数据技术能够让人们通过虚拟世界的事来获得认知；第二种是"或是"，大数据让人们对因果关系的预测性重视程度超过了准确性，相关关系成为连接事物的桥梁；第三种是事为"恒是"，电子储存和即时链接取代了人类的记忆选择，数据成了本源和真理；第四种是"不可是"也是"是"，大数据的发展会使得认识越多未知世界越小，之前不可能认识的知识也能为人们所认识；第五种是"是"其不是，面对无限的对象世界，认识有限的人类必须使用分化知识的还原法去加以把握。华中科技大学王晓升教授指出如果我们只是通过数据方法来认识社会现象，我们一定会忽视社会中无法被数字化的东西或者不直接呈现出来的东西。而社会中那些不直接呈现出来的东西无法直接被认识，必须借助于中介等直观的东西才能认识，并且我们还要采取否定的态度来利用这种直观的中介去分析和逼近那个不可见的东西，在逼近这些现象时我们所用来概括的概念也只能以否定的形式出现。王晓升认为这种否定的辩证法可以让我们看清社会认识的本真。华中科技大学张炯博士后认为进入大数据时代社会认识论的基本结构产生了新的形式。社会主体中出现了门户主体——智能设备分布界面，认识的对象出现了数字对象，社会认识中介出现了非人交往等新形式。他指出相对于智能社会的变化，我们对社会的认识和解释是滞后的，还需要对智能社会建立更新更全面的认识体系。

再次，关于社会伦理价值的演变。大数据形塑社会的第三个维度是赋予传统伦理价值以新形态，这可以看作社会伦理价值的一种时代演变。华东师范大学潘斌教授认为在人工智能和大数据时代境遇下，传统的电车难题的新表现形式为无人驾驶电车难题，同时也面对着新形式的伦理审视：从智能主体演进到伦理主体的合法性正当性问题，无人系统能否获得人类信任问题，算法正义性问题等。伦理问题也制约着人工智能在无人驾驶领域的应用，除技术本身外，需要找到一个具体可信任的伦理原则，企业和政府制定的相关政策中需要把汽车安全运行和公众利益的最大化纳入无人驾驶的算法中。华中科技大学吴畏教授着眼于智能软件的社交推荐现象，他认为大数据与人工智能通过全新的机器语言定义了人类社交间的"信任"，并以此为依据进行相关的社交推荐。大数据通过自己的机械语言描述改变了个人的生存环境进而改变了社会，它重新描述了一个可计算可设计人与人关系的全新"社会"，传统数据学科越来越成为一种偶然性的科学，成为被算法绑架的科学。上海大学陈海博士从社会认识论的视角解读常识和道德常识。他认为常识道德更多是针对个体而言的，而道德常识是针对群体或社会而言的，在大数据时代通过对道德常识加以社会认识论的研究，能够让道德常识获得和其他知识等同的认识论地位。

三 实践探索：大数据治理的合理应用

马克思在《关于费尔巴哈的提纲》中写道："哲学家们只是用不同的方式解释世界，而问题在于改变世界。"科学地认识世界和合理地改变世界是马克思主义哲学的双重旨趣，以大数据为代表的智能技术让我们似乎看到了由传统社会转变为智能社会的路径，如何正确应用大数据于我们的国家治理、社会体系建设、社会组织团体的运行、个人的全面健康发展，这既是顺应时代发展也是符合中国基本国情的重要议题。关注现实问题、回应现实、依据科学的认识和正确的价值取向对大数据技术进行合理的应用，是我们理论研究工作者的品格和任务。对大数据的实践探索可以从数字治理、公共安全治理、舆论治理、教育文化治理等四个方面展开。

首先，关于数字治理。数字治理是我国面临全方位数字化、信息化、智能化转型机遇下必须解决的难题。华中科技大学董慧教授认为大数据有一种内在的生命力、创造力、竞争力，具体表现为数字活力，它为当今的万物互联、数据爆炸式增长的数据空间创造了条件。解决数字治理难题的关键是让数字活力得到科学的表达，她提出了三点加强大数据活力建设的意见：一是加强数字活力的伦理内核建设，人民性是数字活力理论的内核价值依靠；二是完善数字活力的制度规范准则，中国特色社会主义制度是其根本依据；三是推进社会治理共同体的实现，明确的社会治理目标能为群众提供智能、高效的环境，发挥大数据在社会治理中的科技支撑作用。山西大学高策教授提出了黄河中部三大都市圈的建设问题，他认为黄河都市圈由于历史、地理等原因导致经济发展落后于南方，为了改变这种相对落后的势态，他提出利用大数据等新型产业发展机会，改变三大融资圈互相割裂发展的状况，克服三大城市圈经济上各自为政的短板，促进黄河流域上游一体化。

其次，关于公共安全治理。良好的公共安全体系建设是社会其他活动得以稳定运行的基础。北京信息科技大学张云筝教授提出应加强大数据技术在社会公共安全体系建设的运用，她认为通过建立公共安全基础数据资源中心进而充分发挥大数据预测和描述事物的特点，为政府和企业决策提供客观科学的依据从而提高决策水平。目前大数据实践应用中存在数据共享困难、数据挖掘和利用不充分、数据来源不客观、技术团队落后等问题，对此她提出四点加强公共卫生安全体系建设的建议和方法：第一，以大数据技术为支撑，推动社会治理的预警决策指挥与防范处置的有效衔接；第二，注重数据库资源的建设，使数据库足够大足够全面；第三，重视公共安全体系的评估、预警、防控、监督各环节，实行数据的动态建设和动态管理；第四，健全和完善公共安全数据平台的量化指标机制。

再次，关于舆论治理。数字时代的民意表达具有多向度的特点，如何对民意表达进行有效研究具有重要意义。上海大学陈新汉教授从社会认识论的视域分析了民众意愿在数字时代的表达情况。他认为维护自身利益的价值诉求是人们意愿表达的动因，也是我们研究的出发点。大数据时代下，自媒体给民意表达带来了信息源和传播渠革命，也让其越来越多地成为社会舆论的发酵平台。他提出要站在人的生存和实践的立场上对民众意愿通过自媒体表达的大数据进行诠释，通过这种大数据诠释可以做到对民众意愿的表达具有敬畏，从而最广泛地促进不同主体间形成价值共识，凸显伪舆情和舆情中的非理性成分并予以引导和批判。陕西省社会科学院助理研究员王景华批判了改革开放以来社会思潮的二元对立思维方式，她认为这种思维方式只是一种外在性和形式性的探讨，而没有对这种社会思潮的本质进行分析。针对当前的社会背景，她提出了四条提升社会思潮的引领路径：一是立足于世界文化总体发展进程促进民族文化自觉，二是立足于我国现代化建设实际国情科学认识社会，三是立足于改革开放交往实践科学看待我国现代化建设，四是通过促进社会经济持续健康发展回应人们对美好生活的向往。

最后，关于教育文化治理。教育文化治理现代化是高校思想政治教育发展的重要议题。中南民族大学宫丽教授认为核心价值观是文化治理的一个重要工具，但在实践中存在着知与行的矛盾，意识形态的安全难以保障以及方式方法不当等问题。在大数据时代，核心价值观的践行获得了更好的机遇，具体表现为：通过大数据网络舆情分析，教育主体可以了解到人们对社会主义和价值观的认同情况；网络社群组织的兴起为实现多元主体参与文化治理提供了条件；利用大数据及时捕捉网络不健康、不安全的言论，及时纠偏和追责，维护网络环境安全；利用大数据开展法德共治效果评估，进而完善文化治理的制度保障机制。湖北工业大学冯旺舟副教授探讨了如何将大数据应用于大学生社区志愿服务，他认为当前志愿服务中存在居民信息隐私保护、多形式技术无法融合、数据封闭和共享不足等问题。他提出推进大数据在大学生社区志愿服务的应用时应当做到：一是加强社区和志愿者的大数据的意识，培养工作人员相关专业技能，营造志愿服务的良好环境；二是完善信息数据保护法律法规，收集和使用数据时严格遵守伦理道德；三是促进数据共享集合社会资源，合力开发高校志愿服务的智慧仓库。

附录二

中国辩证唯物主义研究会社会认识论专业委员会理事会成员名单

2019年11月29日，中国辩证唯物主义研究会社会认识论专业委员会成立大会在华中科技大学召开。中国辩证唯物主义研究会常务副会长庞元正受研究会委托出席会议，来自中共中央党校、中国人民大学、复旦大学、北京大学、北京师范大学、浙江大学、南京大学、吉林大学、武汉大学、中山大学、华中科技大学等高校及中国社会科学出版社等出版机构的数十家理事单位代表出席会议。会上成立了中国辩证唯物主义研究会社会认识论专业委员会，秘书处挂靠华中科技大学哲学系。会上，与会理事单位代表结合学术影响力、地域和单位代表及专业委员会工作需要等原则，逐项选举产生中国辩证唯物主义研究会社会认识论专业委员会首届理事会的理事、常务理事、会长、副会长、秘书长、副秘书长等，并颁发证书。推选过程严格规范、符合程序。具体名单如下：

会长

　　欧阳康

副会长（6名，排名不分先后）

　　赵剑英　陈新汉　马俊峰　王晓升　邹诗鹏　吴　畏

秘书长

吴兰丽

副秘书长（3名，排名不分先后）

潘　斌　杨国斌　赵泽林

常务理事（23名，排名不分先后）

卜祥记　马俊峰　王晓升　王福生　叶泽雄　刘同舫
许斗斗　吴兰丽　吴　畏　吴　静　邹诗鹏　张云筝
张　亮　陈新汉　欧阳康　郑召利　赵剑英　胡敏中
袁祖社　夏建国　徐　瑾　董　慧　魏书胜

理事（70名，排名不分先后）

卜祥记　万小龙　马军海　马迎辉　马俊峰　王时中
王晓升　王景华　王福生　方环非　叶泽雄　田勤耘
刘玉军　刘同舫　刘　宇　刘启航　刘　玲　刘　琼
刘歆立　刘露晓　许斗斗　孙德忠　李白鹤　李秀敏
李明书　杨　松　杨　玲　杨国斌　杨淑静　吴兰丽
吴　畏　吴　静　何　丹　谷生然　邹诗鹏　张云筝
张宏程　张　亮　张　梧　张登巧　张　楠　陈新汉
武小西　欧阳康　罗天强　季岐卫　郑召利　定光莉
赵泽林　赵剑英　胡敏中　种海峰　秦际明　袁祖社
夏建国　徐　敏　徐　瑾　唐　瑭　盛新娣　彭金富
董　慧　韩东屏　韩金起　程新宇　谢　俊　熊治东
潘建屯　潘　斌　薛秀军　魏书胜

2021年10月29日，中国辩证唯物主义研究会社会认识论专业委员会召开了会长办公会（扩大），部分理事出席会议。会长办公会（扩大）通过了增选理事和常务理事的建议。社会认识论专业委员会理事会以通信投票方式选举了新增的22名理事和其中的4名常务理事，名单如下：

常务理事（4名，排名不分先后）

闫坤如　李哲罕　余乃忠　蓝　江

理事（23名，排名不分先后）

刘光斌　蓝　江　李哲罕　李学锋　张明海　邵南征

宫　丽　徐　强　李春燕　张贵红　赵　伟　朱琳玲

陈明益　高斯扬　李家丽　余　扬　余乃忠　闫坤如

张　炯　孟小非　姜权权　熊翔宇　李雨燕